2017
中国水利发展报告

中华人民共和国水利部 编

中国水利水电出版社
www.waterpub.com.cn
·北京·

图书在版编目（CIP）数据

2017中国水利发展报告 / 中华人民共和国水利部编
. -- 北京 : 中国水利水电出版社, 2017.3
ISBN 978-7-5170-5261-6

Ⅰ. ①2… Ⅱ. ①中… Ⅲ. ①水利建设－研究报告－中国－2017 Ⅳ. ①F426.9

中国版本图书馆CIP数据核字(2017)第054920号

书　　名	**2017 中国水利发展报告** 2017 ZHONGGUO SHUILI FAZHAN BAOGAO
作　　者	中华人民共和国水利部　编
出版发行	中国水利水电出版社 （北京市海淀区玉渊潭南路 1 号 D 座　100038） 网址：www. waterpub. com. cn E－mail：sales@ waterpub. com. cn 电话：(010) 68367658（营销中心）
经　　售	北京科水图书销售中心（零售） 电话：(010) 88383994、63202643、68545874 全国各地新华书店和相关出版物销售网点
排　　版	中国水利水电出版社微机排版中心
印　　刷	三河市鑫金马印装有限公司
规　　格	170mm×240mm　16 开本　25.75 印张　382 千字
版　　次	2017 年 3 月第 1 版　2017 年 3 月第 1 次印刷
印　　数	0001—3000 册
定　　价	**88.00** 元

《2017 中国水利发展报告》

编 委 会

前　言

2016年，是党和国家事业发展进程中不平凡的一年，也是水利系统肩负重大任务、水利事业取得显著成效的一年。

党中央、国务院高度重视水利工作，习近平总书记对长江流域保护与开发、防汛抗洪抢险救灾等工作多次作出重要指示，主持审议通过了全面推行河长制意见，在2017年新年贺词中特别指出“每条河流要有‘河长’了”。李克强总理深入灾区指挥防汛抗洪抢险救灾，亲临国家防总、水利部考察指导防汛工作，对节水供水重大水利工程建设、水利薄弱环节建设、水利改革创新等提出明确要求。

一年来，在党中央、国务院坚强领导下，各级水利部门攻坚克难、开拓创新，实现了“十三五”水利改革发展良好开局，有力支撑了经济社会持续健康平稳发展。

防汛抗旱减灾取得全面胜利，成功抗御了长江流域1998年以来最大洪水、太湖历史第二高水位流域性特大洪水和北方地区暴雨洪水，最大程度保障了人民群众生命财产安全。节水供水重大水利工程新开工21项，投资规模突破8000亿元。新增高效节水灌溉面积2182万亩，综合防治水土流失面积5.44万km^2，新增农村水电装机容量200万kW。农村饮水安全巩固提升工程启动实施，受益人口超过3900万，民生水利惠及更多百姓。水资源消耗总量和强度双控行动部署实施，19条重要跨省江河流域完成水量分配工作，节水型社会建设全面推行，最严格水资源管理制度约束作用得到进一步强化。《农田水利条例》颁布出台，农业水价综合改革意见、水权交易管理办法等政策实施，依法科学管水能力进一步加强。

2017年，是党的十九大召开之年，是实施“十三五”规划的重要一年。我们要以习近平总书记系列重要讲话精神为引领，丰富完善治水兴水管水思路。以供给侧结构性改革为主线，加快推进重大水利工程建设，补齐补强水利基础设施短板。以生态优先绿色发展为导向，统筹推进城乡水生态文明建设。以全面推行河长制为牵引，加快构建现代水治理体制机制。以实现“三个转变”为目标，全面提高水旱灾害综合防御能力，确保人民群众生命安全和城乡供水安全。

蓝图已绘就，奋进正当时。2017年，我们要以更加昂扬向上、奋发有为的精神状态，凝心聚力，真抓实干，全力完成水利改革发展各项任务，努力实现水利工作再上新台阶，以优异成绩迎接党的十九大胜利召开！

在《2017中国水利发展报告》的编辑及出版过程中，得到了许多领导的关心与指导，凝聚了许多专家学者的智慧与心血，我谨代表编委会表示衷心的感谢！同时希望广大读者提出宝贵意见和建议。

水利部副部长　党组成员 

2017年3月

目　录

年 度 综 述

凝心聚力加快水利改革发展 以优异成绩迎接党的十九大胜利召开

陈　雷

一、2016年水利工作成效显著，“十三五”水利改革发展实现良好开局

2016年是党和国家事业发展进程中非常重要的一年，也是水利工作肩负重大任务、经受重大考验、取得重大成效的一年。以习近平同志为核心的党中央高度重视水利工作。一年来，习近平总书记多次发表重要讲话、作出重要指示，系统阐述了长江经济带建设生态优先、绿色发展的战略定位，明确提出了防汛抗洪抢险救灾的总体要求，主持中央全面深化改革领导小组第28次会议审议通过《关于全面推行河长制的意见》。李克强总理深入一线现场指挥防汛抗洪抢险救灾并主持召开座谈会，亲临国家防总、水利部考察指导防汛工作，主持国务院常务会议研究部署灾后水利薄弱环节和城市排水防涝能力补短板建设。在党中央、国务院的坚强领导下，各级水利部门攻坚克难、开拓创新，实现了“十三五”水利改革发展良好开局，为经济社会持续健康发展提供了有力的水利支撑和保障。

第一，汛情南北并发多年少有，防汛抗旱防台风夺取全面胜利。受厄尔尼诺和拉尼娜现象共同影响，2016年我国遭受多年少有的特大洪涝灾害。国家防总、水利部认真贯彻落实习近平总书记和李克强总理重要讲话重要批示精神，以及汪洋副总理等中央领导同志的要求，会同流域防总、地方党委政府和广大军民，超前部署、科学调度、团结抗洪、合力减灾，科学防范了长江流域1998年以来最大洪水、太湖历史第二位流域性特大洪水、海河流域罕见暴雨洪水，成功抗御了“尼伯特”“妮妲”“莫兰蒂”“莎莉嘉”等强台风袭击，有效应对了点多面广的局部严重洪涝、山洪泥

石流灾害以及北方冬麦区冬春旱和部分地区夏伏旱，大中型水库无一垮坝，大江大河干堤无一决口，江河湖库险情得到有效控制，与2000年以来均值相比，农作物受灾面积、受灾人口、死亡人数、倒塌房屋分别减少14%、27%、49%、57%，最大程度保障了人民群众生命安全、减轻了洪涝灾害损失。

第二，重大工程建设势头强劲，提前超额完成年度目标任务。新开工引江济淮、云南柴石滩水库灌区、福建平潭及闽江口水资源配置等21项重大水利工程，172项节水供水重大水利工程已开工106项，在建工程投资规模超过8000亿元，圆满完成《政府工作报告》确定的年度目标任务。加快推进在建工程建设进度，江西浯溪口水利枢纽、青海湟水北干渠扶贫灌溉等14项工程主体工程基本完工并发挥效益。投资计划执行全面提速，年度中央投资计划完成率达到95.5%，其中重大水利工程中央投资计划完成率96.4%，其他工程中央投资计划完成率94.7%，为经济持续平稳增长作出了积极贡献。

第三，民生水利工作持续加力，人民群众获得感进一步增强。以精准对接建档立卡贫困人口为重点，启动实施农村饮水安全巩固提升工程，完成投资240亿元，受益人口3900多万。完成30处大型灌区和40处大型灌排泵站更新改造，新增高效节水灌溉面积2182万亩，超额完成《政府工作报告》提出的2000万亩年度目标任务。田间渠系配套、小型水利工程、雨水集蓄利用及河塘清淤整治成效显著，冬春农田水利建设再掀高潮，中小河流治理、病险水库水闸及淤地坝除险加固、抗旱水源工程建设加快实施。水利行业扶贫、片区扶贫、定点扶贫和对口帮扶力度加大，水利援藏援疆援青、水利移民工作扎实开展。

第四，节水优先方针深入落实，“三条红线”刚性约束作用凸显。全面落实最严格水资源管理制度，完成“十二五”期末考核任务。联合发展改革委开展水资源消耗总量和强度双控行动，完成19条重要跨省江河流域水量分配工作，强化水资源论证和取水许可管理，加快水资源承载能力监测预警机制建设，用水总量得到有效控制。深入开展节水型社会建设，严格计划用水和定额管理，实施全民节水行动、水效领跑者引领行动，推行合同节水管理，加大非常规水源利用力度，水资源利用效率和效益进一步提升。加快落实水污染防治行动计划，严格水功能区管理、入河排污口监管和饮用水水源地保护，重要江河湖泊水功能区水质稳步提高。

第五，江河湖泊保护力度加大，水生态文明建设取得丰硕成果。加强河湖空间用途管制，组织开展河湖管理范围划定及水利工程确权划界，严厉打击河道非法采砂，强化涉河建设项目监管。全面推进城乡水生态文明建设，科学实施江河湖库水系连通，加快推进南水北调东中线一期工程受水区地下水压采和河北地下水超采综合治理试点。有序实施黄河、黑河水量统一调度，圆满完成南水北调东中线一期工程年度水量调度工作，向受水区年度供水 43 亿 m^3。新增水土流失综合治理面积 5.44 万 km^2，实施坡耕地改造 400 万亩，新增农村水电装机 200 万 kW。

第六，水利改革攻坚深入推进，体制机制创新实现重大突破。全面推行河长制、农业水价综合改革、水流产权确权等一批涉水领域支柱性、标志性重要改革举措出台实施，中国水权交易所挂牌运营，农田水利设施产权制度和运行管护机制改革取得积极进展，水资源税改革试点进展顺利。加大简政放权力度，简化整合水行政审批事项，网上受理率超过 80%，办结满意率达到 100%。水利投融资体制改革不断深化，全国落实水利建设投资 6780 多亿元，较上年增加 16.5%；国家开发银行、中国农业发展银行、中国农业银行大口径水利贷款余额达到 10228 亿元，同比增长 8.9%。

第七，依法科学管水不断加强，水利公共服务能力进一步提升。《农田水利条例》颁布实施，《水权交易管理暂行办法》制定出台，河道采砂严重违法行为适用刑法司法解释发布施行，水利改革发展“十三五”规划等一批重要规划印发实施。开展“七五”水利普法，配合全国人大常委会做好《中华人民共和国水法》执法检查，水行政执法能力和水平持续提升。水利建设市场监管力度加大，水利工程建设管理、资金管理、质量安全管理不断强化，全年未发生重特大生产安全事故。水文、水利信息化工作持续推进，中国水利水电科学研究院、南京水利科学研究院国家级科技创新基地基本形成，水利科技成果连续三年跻身国家科技进步一等奖。水利国际交流合作不断深化，中国水利影响力和话语权进一步增强。

第八，管党治党责任层层夯实，水利党风廉政建设呈现新气象。深入学习贯彻习近平总书记系列重要讲话和十八届五中、六中全会精神，扎实开展“两学一做”学习教育。进一步强化全面从严治党政治责任，认真贯彻党章和党内政治生活、党内监督、廉洁自律、纪律处分等党内法规，制定水利部党组贯彻《中国共产党问责条例》实施办法，对落实“两个责任”不力的严肃追责问责。严格执行中央八项规定精神，修订印发水利部党组实施办法，狠抓中央国家机关工委专项巡视整改落实。坚持挺纪在前，加强纪检监察力量，完善廉政风险防控体系，发挥巡视监督利剑作用，综合运用监督执纪“四种形态”，严肃查处各类违纪行为。加强干部选拔任用、监督管理和教育培训，着力建设高素质水利干部人才队伍。水利精神文明建设和水文化建设不断深化，水利新闻宣传、水情教育和舆论引导力度加大，水利出版和文博工作成果丰硕，离退休干部、社团组织建设、后勤保障等工作取得新成效。

同时，也要清醒地看到存在的问题和不足，主要是：防汛抗旱防台风体系还存在不少薄弱环节，水利仍然是国家基础设施的明显短板；水治理体制机制尚不健全，水利改革攻坚和水法治建设的力度还需进一步加大；从严管党治党和党风廉政建设还要不断深化。

二、认真贯彻党中央治国理政新理念新思想新战略，加快推进水治理体系和能力现代化

党的十八大以来，以习近平同志为核心的党中央，紧紧围绕实现“两个一百年”奋斗目标和中华民族伟大复兴中国梦，举旗定向、谋篇布局、攻坚克难、强基固本，提出了一系列治国理政新理念新思想新战略，开创了党和国家事业发展新局面。习近平总书记多次就治水发表重要讲话、作出重要指示，明确了“节水优先、空间均衡、系统治理、两手发力”的新时期水利工作方针，就水安全保障、防灾减灾救灾、江河湖泊保护等作出重大部署，形成了治水兴水管水的重要战略思想，为做好水利工作提供了有力思想武器和科学行动指南。李克强总理强调，水是生命之源、生活之本、生态之基，水利不仅是实现粮食稳产的必要和先决条件，也是支撑新

型工业化、城镇化、农业现代化的重要基础，就节水供水重大水利工程建设、水利薄弱环节建设、水利改革创新等提出明确要求。各级水利部门要深入贯彻党中央治国理政大政方针，全面落实中央兴水惠民决策部署，自觉肩负党和人民赋予的神圣使命，着力构建与全面建成小康社会相适应的水安全保障体系。

第一，以系列重要讲话精神为引领，丰富完善治水兴水管水思路。习近平总书记系列重要讲话，是中国特色社会主义理论体系的最新成果，也是治水兴水管水的根本遵循。要深入学习贯彻习近平总书记系列重要讲话精神，积极践行新时期水利工作方针，不断开创治水兴水管水新局面。要牢固树立以人民为中心的发展思想，顺应人民群众对美好生活的向往，把增进人民福祉、促进人的全面发展作为水利工作的出发点和落脚点，坚持普惠性、均等化、可持续方向，从国情水情民情出发，着力构建保障民生、服务民生、改善民生、惠及民生的水利发展格局，不断提高水利发展成果的共享水平。要牢固树立绿水青山就是金山银山的强烈意识，像保护眼睛一样保护生态环境，像对待生命一样对待生态环境，坚持以水定需、因水制宜、量水而行，充分发挥水资源的基础性、先导性、约束性作用，加快形成节约水资源、保护水环境、涵养水生态的生产生活方式，推动绿色、循环、低碳发展，为子孙后代留下水清地绿的美好环境。要牢固树立山水林田湖是一个生命共同体的系统思维，强化山水林田湖整体保护、系统修复、综合治理，统筹推进水资源全面节约、合理开发、高效利用、综合治理、优化配置、有效保护和科学管理，协调解决水资源、水环境、水生态、水灾害问题，为实现“两个一百年”奋斗目标奠定坚实的水利基础。

第二，以供给侧结构性改革为主线，补齐补强水利基础设施短板。党的十八大以来，党中央及时作出经济发展进入新常态的重大判断，形成以新发展理念为指导，以供给侧结构性改革为主线的政策框架，作出“三去一降一补”战略部署，把加强基础设施薄弱环节、加强生态环境保护列入补短板的重点内容，把重大水利工程和灾后水利薄弱环节建设纳入扩大有效投资的关键领域。要紧紧抓住推进供给侧结构性改革的重要机遇，针对薄弱环节，补齐水利短板，加快完善水利基础设施网络。要抓紧补齐防灾减灾短板，在加快推进大江大河大湖治理和流域骨干控制性工程建设的同时，针对去年洪涝灾害中暴露出的突出问题，扎实开展灾后水利薄弱环节建设，重点抓好中小河流治理、小型病险水库除险加固、重点区域排涝能力建设、农村基层防汛预报预警体系建设以及城市易涝点整治，着力完善防汛抗旱防台风综合防灾减灾体系。要抓紧补齐农业节水短板，适应农业由总量不足转变为结构性矛盾的阶段性变化，把农业节水作为方向性、战略性大事来抓，纳入农业供给侧结构性改革的重要任务，加快完善国家农业节水政策支持体系、农业节水技术和产品标准体系、农业节水激励机制，大规模实施农业节水工程，着力开发一批种类齐全、系列配套、性能可靠的农业节水技术和产品，全面提高水土资源利用效率和效益。要抓紧补齐供水保障短板，按照确有需要、生态安全、可以持续的原则，科学规划、有序建设一批重点水源工程和水资源配置工程，积极推进江河湖库水系连通，加快实施农村饮水安全巩固提升工程，大力提高区域水资源水环境承载能力，切实解决好资源性、工程性、水质性缺水问题，为经济社会持续健康发展提供坚实的水资源保障。

第三，以生态优先绿色发展为导向，统筹推进城乡水生态文明建设。习近平总书记强调，生态文明建设是“五位一体”总体布局和“四个全面”战略布局的重要内容，要求把生态文明建设作为一项重要任务，扎实工作、合力攻坚，坚持不懈、务求实效。水是生态系统的控制要素，水利是生态文明建设的重要任务。要切实贯彻新发展理念，严守水资源水环境水生态红线，共抓大保护、不搞大开发，努力走向社会主义生态文明新时代。在水资源节约方面，要进一步落实最严格水资源管理制度，实行水资源消耗总量和强度双控行动，全面实施节水增产、节水增效、节水降耗、节水减排，加强再生水等非常规水源开发利用，大力推进节水型社会建设。严格重大规划和建设项目水资源论证，强化水资源承载能力刚性约束，促进经济结构转型升级。在水环境保护方面，要加快实施水污染防治行动计划，实行水陆统筹、联防联控和流域共治，强化水功能区监管，优化入河湖排污口布局，严格控制入河湖排污总量，加强饮用水水源地保护，全面提升水环境质量。在水生态修复方面，坚持自然恢复与人工修复相结合，全面加强水源涵养、水土保持、水域岸线管制，积极推进重点流域和区域水生态保护和修复。严格地下水开发利用总量和水位双控制，逐步实现采补平衡。大力推进水生态文明城市建设和农村水系综合整治，建设人水和谐的海绵城市和美丽乡村。

第四，以全面推行河长制为牵引，健全完善水治理体制机制。当前和今后一个时期，是全面深化水利改革的攻坚期。要坚定改革信心，加大改革力度，以全面推行河长制为重点，统筹推进水利改革攻坚，不断提高水利改革的精准化、精细化、精深化水平，加快构建现代水治理体制机制。在完善河湖管护模式方面，要加快建立以党政领导负责制为核心、以节水治污控源和生态保护修复为重点、覆盖省市县乡四级的河长体系，着力构建责任明确、协调有序、监管严格、保护有力的河湖管理保护机制，为维护河湖健康生命、实现河湖功能永续利用提供坚实的制度保障。在健全流域综合管理体制方面，要充分发挥长江、黄河等七大流域管理机构的优势和作用，强化流域水资源统一规划、统一调度、统一监管，加强部门间、区域间涉水事务统筹协调，完善流域议事决策和执行机制，探索形成综合专业相统筹、流域区域相协调、部门行业相协同的流域管理体制机制。在创新水利投融资体制方面，要充分发挥公共财政资金的引导撬动和聚集放大作用，加大开发性金融支持力度，用好过桥贷款、抵押担保贷款(PSL)、融资担保、专项建设基金等政策，通过政府与社会资本合作(PPP)、参股控股、特许经营、股权债权融资、政府购买服务等方式，更多地吸引社会资本参与水利建设运营。在深化水价水权水市场改革方面，要加快农业水价综合改革，建立精准补贴和节水激励机制，全面推行城镇居民阶梯水价和非居民用水超定额累进加价制度，扎实做好水流产权确权试点工作，充分发挥中国水权交易所作用，积极培育水权水市场，抓好水资源税改革试点工作。

第五，以实现“三个转变”为目标，全面提高水旱灾害综合防御能力。随着工业化城镇化快速推进、经济财富迅速集聚，灾害造成的综合损失和社会影响越来越大，人民群众对防灾减灾的要求和期望越来越高。习近平总书记明确要求，坚持以防为主、防抗救相结合，坚持常态减灾和非常态救灾相统一，努力实现从注重灾后救助向注重灾前预防转变，从应对单一灾种向综合减灾转变，从减少灾害损失向减轻灾害风险转变。水旱灾害防御是防灾减灾救灾工作的重要领域，也是衡量执政党领导力、检验政府执行力、评判国家动员力、体现民族凝聚力的重要方面。要紧紧围绕“两个坚持、三个转变”的总体要求，加快转变防汛抗旱减灾工作思路，全面提升水旱灾害综合防御能力。要落实预防为先方针，把确保人民群众生命安全和供水安全作为防汛抗洪和抗旱减灾的首要任务，强化水旱灾害的监测预警，落实灾前预防各项举措，完善以行政首长负责制为核心的防汛抗旱责任制，构建政府统一指挥、部门协调联动、军民联防联控、社会广泛参与的防汛抗旱组织体系。要发挥减灾综合效益，深入研究全球气候变化背景下洪水、干旱和台风灾害的特点和规律，统筹上下游、左右岸、干支流，兼顾防洪减灾和蓄水兴利，综合运用“拦分蓄滞排”等防洪措施和“蓄引提调连”等抗旱措施，充分发挥防汛抗旱防台风减灾体系的综合效益。要有效防控灾害风险，在城镇规划、产业布局中充分考虑流域区域洪水特点和山洪地质灾害风险，加强洪水影响评价管理，及时消除安全隐患，最大程度降低灾害风险。强化蓄滞洪区分类管理，加快推进蓄滞洪区工程和安全设施建设，妥善安排超标准洪水出路。全面普及防灾减灾知识，不断提高公众防灾避险和自救互救能力。

第六，以打好水利扶贫攻坚战为重点，着力夯实全面小康水利基础。脱贫攻坚是全面建成小康社会最艰巨的任务。当前，贫困地区水利基础设施薄弱的状况尚未彻底扭转，因水致贫现象仍较突出。要认真贯彻精准扶贫、精准脱贫基本方略，着力构建“五位一体”水利扶贫工作格局。在行业扶贫方面，要紧紧围绕解决贫困地区和贫困人口饮水、供电、防洪、抗旱、农业生产、水土保持等重点问题，集中力量开展行业帮扶，既要抓好重大项目建设，发挥工程辐射带动作用，又要建设一批中小水利工程，配套完善水利基础设施；既要重视工程体系建设，又要注重非工程措施建设，强化水资源管理与保护，深化水利改革创新，探索建立贫困地区水利水电资源开发资产收益扶贫制度。在定点扶贫方面，要聚焦建档立卡贫困村、贫困户脱贫，扎实推进农村饮水安全巩固提升、千塘万亩特色产业支撑、小型水库水源保障、贫困户产业帮扶、贫困户转移就业技能培训、贫困学生勤工俭学帮扶、水利建设技术帮扶、专业技术人才培训等八大工程。在片区联系方面，要坚持区域发展与精准扶贫相结合、中央支持与地方负责相结合、政府主导与社会参与相结合，进一步健全片区跨区域合作协调机制，全力打好“十三五”滇桂黔石漠化片区扶贫攻坚战。在对口支援方面，要加大资金、项目、人才、技术支持力度，继续做好援藏援疆援青工作，推动安徽金寨、青海贵德、江西宁都、河北阜平、甘肃临夏等地区水利扶贫规划和方案的实施。在老区建设方面，要按照区别对待、精准施策的原则，优先支持老区重大水利工程和民生水利建设，不断加大水利投入力度，尽快改善贫困老区水利基础设施，促进老区全面振兴发展。

三、深入贯彻落实党的十八届六中全会精神，全面强化水利系统从严管党治党责任

党的十八届六中全会专题研究全面从严治党重大问题，审议通过《关于新形势下党内政治生活的若干准则》和《中国共产党党内监督条例》，明确习近平总书记的核心地位，在党的发展历程中具有里程碑重大意义。水利系统各级党组织和广大党员干部要深刻理解和准确把握十八届六中全会精神，进一步增强“四个意识”特别是核心意识、看齐意识，自觉在思想上政治上行动上同以习近平同志为核心的党中央保持高度一致，切实把全面从严治党要求贯穿于水利改革发展的各领域和全过程。

第一，坚持教育从严，抓好思想政治建设这一根本。加强思想政治建设，是从严管党治党的首要任务。水利系统各级党组织要狠抓理想信念这个“压舱石”，深化“两学一做”学习教育成果，深入学习习近平总书记系列重要讲话精神和党中央治国理政新理念新思想新战略，坚持用马克思主义中国化最新成果武装头脑、凝心聚魂、固本培元，教育引导水利系统广大党员干部厚植理想信念，坚定“四个自信”，筑牢共产党人的精神支柱和政治灵魂。要深入领会习近平总书记系列重要讲话蕴含的坚定信仰追求、历史担当精神、真挚为民情怀、务实思想作风和科学思想方法，深刻

把握不忘初心、继续前进的根本方向和实践要求，自觉向党中央看齐，向党的理论和路线方针政策看齐，向党中央决策部署看齐，始终做到党中央提倡的坚决响应、党中央决定的坚决执行、党中央禁止的坚决不做，确保中央兴水惠民决策部署落地生根。

第二，坚持领导从严，抓住主体责任落实这个关键。从严管党治党是各级党组织的职责所在、使命所系。水利系统各级党组织要自觉担负起全面从严治党的政治责任，坚持把管党治党与水利业务工作一同谋划、一同部署、一同落实、一同检查、一同考核，着力落实组织领导之责、学习教育之责、监督管理之责。领导干部特别是主要负责同志，要坚持以身作则、率先垂范、以上率下，带头履行“一岗双责”，做到守土有责、守土担责、守土尽责。要以贯彻落实问责条例为抓手，细化责任分工，明晰责任边界，强化压力传导，完善上下贯通、环环相扣的责任链条，形成齐抓共管、整体联动的工作格局，推动全面从严治党向基层延伸，确保从严管党治党责任全面落实。要建立健全党建工作考评体系和量化考核、激励约束机制，加快推进党建述职评议考核全覆盖，强化基层党组织党建工作责任制落实，推动管党治党持续走向严实硬。

第三，坚持预防从严，抓实日常监督管理这道关口。全面从严治党，必须把“严”字体现在日常工作中，关口前移，防微杜渐。要加强对党员干部的教育和管理监督，严格执行述职述廉、诫勉谈话和个人有关事项报告等制度，完善权力运行制约监督机制。要开展严肃认真的党内政治生活，用好批评和自我批评这个锐利武器，在咬耳扯袖、红脸出汗中纯洁党性。要加强自上而下组织监督、自下而上民主监督和同级相互监督，着力构建党委（党组）全面监督、纪律检查机关专责监督、党的工作部门职能监督、党的基层组织日常监督、党员民主监督的党内监督体系，形成党内监督的强大合力。要完善党务公开和政务公开制度，继续深化行政审批制度改革，强化水利资金管理、建设管理、市场管理，加强对水利基层单位、国有企业以及社团组织的监督管理，切实把廉政风险防控措施落实到水利改革发展的各个环节。

第四，坚持作风从严，抓强基层水利单位这个末梢。作风问题本质上是党性问题，作风建设永远在路上。水利系统各级党组织和广大党员要认真贯彻执行中央八项规定精神，全面加强作风建设，不断巩固扩大作风建设成果。要针对基层群众反映强烈的突出问题，深入开展正风肃纪，持续释放越往后执纪越严的强烈信号，防止“四风”问题反弹回潮。要把落实中央八项规定精神融入日常管理、化为岗位职责，把责任和压力传导到末梢神经，全天候、全方位、全覆盖推进行业作风建设，推动作风建设规范化、常态化、长效化。要加强对基层水利单位贯彻落实中央决策部署情况的督导检查，引导水利系统党员干部积极践行“三严三实”要求和水利行业精神，敢于担当、主动作为，勤勉敬业、履职尽责，始终保持风清气正、干事创业、为民务实的良好作风。

第五，坚持执纪从严，抓牢纪律规矩约束这把戒尺。没有规矩，不成方圆，加强纪律建设是全面从严治党的治本之策。水利系统各级党组织要坚持有权必有责、有责要担当，用权受监督、失责必追究，把纪律规矩立起来、严起来、执行到位，为推进水利改革发展提供坚强纪律保证。要组织开展形式多样的党章党规党纪学习教育，进一步强化水利系统广大党员的党章意识、纪律意识、规矩意识和组织意识。要加大党内监督力度，健全经常性管理机制，用好巡视巡察利器，发挥震慑遏制治本作用。要坚持挺纪在前，注重抓早抓小，运用“四种形态”，对苗头性倾向性问题及时进行约谈函询、诫勉谈话，对顶风违纪问题严肃查处，以零容忍态度惩治腐败行为，使钢规铁纪真正成为带电的高压线。

四、扎实做好2017年水利工作，为党的十九大胜利召开营造良好氛围

2017年是党的十九大召开之年，是实施“十三五”规划的重要一年，是供给侧结构性改革的深化之年。做好2017年水利工作，要全面贯彻党的十八大和十八届三中、四中、五中、六中全会精神，深入贯彻习近平总书记系列重要讲话精神，按照中央经济工作会议、中央农村工作会议部署，坚持稳中求进工作总基调，牢固树立和贯彻落实新发展理念，适应把握引领经济发展新常态，积极践行中央新时期水利工作方针，以夯实水利基

础、保障国家水安全为主线，以转变水利发展方式、推动绿色发展为重点，以加快灾后水利建设、提高防灾减灾能力为抓手，以深化水利改革、完善水治理体系为动力，统筹推进水利改革发展、建设管理和防灾减灾各项工作，确保防洪安全、供水安全、粮食安全和生态安全，以优异成绩迎接党的十九大胜利召开。

第一，立足于最不利情况，扎实做好防汛抗旱防台风工作。据初步分析，2017 年我国气候年景总体偏差，极端天气情况可能多发重发，防汛抗旱防台风形势不容乐观。要按照最近召开的国家防总全体会议部署，立足于防大汛、抗大旱、防强台，提前做好各项防范工作。要针对地方集中换届情况，及时调整充实各级防指负责人和组成人员，及早明确江河重要堤防、水库水电站、重要设施防汛责任人，落实农村地区、边远山区、城乡结合部等薄弱环节的防汛责任，加强新任领导防汛抗旱业务培训，加大对责任制落实情况的监督检查。要加快水毁灾损水利工程修复，汛前完成修复任务，全面恢复防洪功能，确保度汛安全。要提前部署迎汛度汛工作，提早落实预案方案，切实抓好汛前检查、隐患排查和整改落实，统筹做好江河洪水、山洪泥石流、台风灾害防御以及城市防洪排涝，确保大江大河、大型和重点中型水库、大中城市的防洪安全，努力保证中小河流和一般中小型水库安全度汛。当前，要着力抓好北方河流防凌汛工作，落实受旱地区抗旱保春耕保春灌保人饮措施，加强三峡、小浪底、丹江口等骨干水库调度，做好长江、珠江枯水期咸潮上溯应对准备。

第二，落实国务院常务会议部署，抓紧灾后水利薄弱环节建设。最近，国务院常务会议审议通过《关于灾后水利薄弱环节和城市排水防涝补短板行动方案》，总投资规模 6300 亿元，其中灾后水利薄弱环节建设投资 3200 亿元，力争到“十三五”末完成中小河流治理、小型病险水库除险加固、重点区域排涝能力建设、农村基层防汛预报预警体系建设任务。水利部已组织编制了加快灾后水利薄弱环节建设实施方案，近期将会同有关部门召开视频会议进行动员部署，并加强工程建设的指导支持和督促检查。各地要细化实化灾后水利薄弱环节建设目标任务，建立健全工作目标责任制、绩效考核制和问责制，按照建设一批、开工一批、储备一批的方式，压茬推进项目前期工作，小型项目原则上直接编制审批初步设计报告。要协调落实建设资金，强化开工准备和施工组织，确保项目顺利实施、及早发挥效益。

第三，开工建设一批重大水利工程，确保完成年度建设任务。2017 年是加快推进 172 项重大水利工程建设的关键一年。一方面，要狠抓西江大藤峡、淮河出山店、陕西引汉济渭、贵州夹岩、西藏拉洛等在建工程进度，加快投产一批重大水利工程。另一方面，要深入推进云南滇中引水、黑龙江锦西灌区、吉林西部供水等重大项目前期论证，力争新开工 15 项重大水利工程，在建投资规模超过 9000 亿元。各地要细化年度实施计划，逐项落实工作责任，强化前期绿色通道、按旬统计分析、按月调度会商、跟踪督导检查等行之有效的工作机制，确保年度重大水利工程建设中央水利投资计划完成 90% 以上。进一步推进太湖治理，具备条件的项目要加快实施。抓好东北三江治理、进一步治淮等大江大河治理，推进重要蓄滞洪区建设。抓紧编制出台全国海堤建设方案，着力解决海堤建设历史欠账多、标准低的突出问题。继续推进西南等工程性缺水地区中型水库建设，进一步提升供水安全保障能力。

第四，大力发展高效节水灌溉，统筹推进农村水利设施建设。围绕“十三五”新增 1 亿亩高效节水灌溉面积的目标要求，抓紧充实完善高效节水灌溉总体方案，落实责任分工，全面实施区域规模化高效节水灌溉行动，在东北粮食主产区、西北水资源紧缺区、华北地下水超采区、南方水生态保护区和农业规模化种植区建设一批高效节水灌溉工程，稳步推进牧区高效节水灌溉饲草料地建设，确保全年新增 2000 万亩高效节水灌溉面积。完成 30 处大型灌区和 150 处中型灌区节水配套改造、40 处大型灌排泵站更新改造规划中央投资任务，新建一批现代化灌区。抓好小型农田水利项目县建设和山丘区“五小水利”工程建设，解决好“最后一公里”问题。大力开展冬春农田水利建设，力争超额完成年度建设任务。聚焦精准扶贫、精准脱贫，加快实施农村饮水安全巩固提升工程，进一步扩大受益范围。

第五，着力落实最严格水资源管理制度，加快实施双控行动。强化

"三条红线"管控，组织做好2016年度考核工作。健全水资源消耗总量和强度双控指标体系，将指标分解落实到全国县以上行政区，全面完成市县两级行政区水资源承载能力评价工作。统筹重要江河水量统一调度，完成20条跨省江河流域水量分配。健全国家用水定额标准，搞好省级用水定额评估工作。开展县域节水型社会达标建设，建成一批节水型企业、单位、社区。公布灌区和企业水效领跑者名单，开展合同节水管理试点示范。强化水功能区监督管理，落实《长江经济带沿江取水口排污口和应急水源布局规划》，严格入河排污口监管，开展重要饮用水水源地安全评估。全面完成10298个地下水监测站点建设任务，基本建成国家地下水监测系统。总结推广河北地下水超采综合治理试点经验，进一步扩大试点范围。启动第三次全国水资源调查评价。

第六，积极开展江河湖库水系连通，深入推进水生态文明建设。出台《河湖水系连通工程技术指南》，大力推广济南、扬州、许昌等河湖水系连通的做法和经验，抓紧做好已建成项目的总结评估和验收工作，2017年再启动实施一批河湖水系连通项目，构建布局合理、生态良好，引排得当、循环通畅，蓄泄兼筹、丰枯调剂，多源互补、调控自如的现代化水网格局。加快105个水生态文明城市试点建设，做好30个试点城市的评估和验收工作，打造山青、水净、河畅、湖美、岸绿的美好家园。加强水土流失综合治理、坡耕地综合整治和生态清洁小流域建设，完成5.4万km^2治理任务。发展绿色小水电，抓好农村水电扶贫工程和新一轮增效扩容改造，新增农村水电装机100万kW。巩固水利风景区建设成果。

第七，扎实做好全面推行河长制工作，协调推进各项水利改革。认真贯彻落实中办、国办印发的《关于全面推行河长制的意见》以及十部委视频会议部署，年底前全面完成省级工作方案出台、主要河湖名录确定、河长制办公室组建、主要任务分解落实等工作，建立健全工作制度和运行机制，确保河长制取得实实在在的成效。深化水行政审批制度改革，加快转变政府职能，扎实做好"放管服"工作。深化水利投融资体制改革，用好过桥贷款、开发性金融、专项债券等金融支持政策，争取扩大水利专项建设基金规模和范围。会同国家发展改革委出台政府和社会资本合作建设重大水利工程操作指南，拓展社会资本参与水利工程建设的渠道。制定出台深化农田水利改革的指导意见，深入推进农业水价综合改革，开展水流产权确权试点工作，抓好100个农田水利设施产权制度改革和创新运行管护机制试点。总结河北省水资源税改革试点工作经验，大力推进水权流转和水权交易市场培育。

第八，强化依法治水依法管水，加快水利科技创新步伐。牢固树立法治思维和依法行政理念，推动《大中型水利水电工程建设征地补偿和移民安置条例（修订）》尽快出台，加快节约用水、地下水管理等立法进程。健全水行政执法体系，提升水政监察能力，强化水利综合执法，开展河湖管理保护等执法行动，及时排查化解水事矛盾纠纷。深入贯彻落实国家创新驱动发展战略，推进水利科技体制机制改革，加强水利科研平台建设，组织重大水利科技问题联合攻关，重点抓好“水资源高效开发利用”等一批重大科技项目，推广转化100项先进实用水利科技成果，加速水利科技成果的转化应用。加强水文行业管理，加快国家防汛抗旱指挥系统二期工程、国家水资源监控能力建设项目等水利信息化重点工程建设。加强水利国际交流与合作，推动中国水利全面登上国际舞台。

第九，进一步加强水利建设管理，健全完善运行管护机制。针对水利建设进入施工高峰、市场空前活跃的特点，切实加强水利建设市场监管，全面建立市场主体信用档案，健全守信激励和失信惩戒机制。坚持质量至上，修订完善水利建设质量管理规章制度，严格落实项目法人、勘测设计、施工监理、质量检测、工程管理等单位责任，加强质量监督能力建设，组织开展全国水利建设质量巡检，确保水利工程建设质量。坚守安全生产红线，健全水利安全生产责任体系和监督执法体系，建立事故风险和隐患双重预防机制，推进水利安全生产标准化和信息化建设，坚决杜绝重特大生产安全事故。坚持建管并重，大力推进水利工程标准化管理，分类落实水利工程运行管护主体、责任、经费，提高水利工程管护的专业化、集约化、社会化水平。当前，财政专项转移支付预算编制环节实行源头整合改革，采取“大专项+任务清单”管理方式。各地要按照中央财政水利发展资金使用管理的有关要求，根据年度水利重点工作细化实化资金支出方向和具体任务指标，确保资金用于清单明确的水利建设任务。要用好来之不易的公益性水利工程维修养护中央财政补助经费，切实把水利工程管理好、效益发挥好。

第十，认真落实从严管党治党要求，统筹抓好党的建设各项工作。深入贯彻党的十八届六中全会和习近平总书记系列重要讲话精神，按照中央部署全力做好迎接党的十九大和十九大精神学习贯彻工作。扎实推进“两学一做”学习教育，开好党员领导干部专题民主生活会，组织党员开展民主评议，抓好整改落实。着力强化从严管党治党责任，深入开展党建述职评议考核和落实党风廉政建设责任制考核，持之以恒抓好中央八项规定精神的贯彻落实，实现水利部党组对直属单位政治巡视全覆盖，保持惩治腐败的高压态势。加强水利干部队伍建设，实施水利人才战略，加大基层水利人才能力建设力度。推进水利智库建设，充分发挥水利参事咨询和科技咨询作用。广泛开展水文化建设和行业精神文明创建，积极培育和践行社会主义核心价值观。创新水利新闻宣传方式，加强水情教育和舆论引导，抓好水利出版精品工程。扎实做好水利系统离退休干部、水利社团管理、水利信访、后勤保障等工作。

（编者注：本文选自水利部陈雷部长 2017 年 1 月 5 日在全国水利厅局长会议上的讲话）

发展战略篇

《水利改革发展“十三五”规划》解读

水利部规划计划司

根据《中共中央关于制定国民经济和社会发展第十三个五年规划的建议》（以下简称《建议》）和《国民经济和社会发展第十三个五年规划纲要》（以下简称《纲要》），以及国家关于“十三五”规划编制工作的总体要求，为科学谋划做好“十三五”水利改革发展工作，国家发展改革委、水利部、住房和城乡建设部组织编制了《水利改革发展“十三五”规划》（以下简称《规划》），经国务院同意后，已由三部委联合印发实施。《规划》紧扣2020年实现全面建成小康社会的奋斗目标，研究提出了“十三五”时期水利改革发展的总体思路、发展目标、主要任务、总体布局和政策措施。

一、规划编制的主要考虑

第一，认真贯彻落实中央决策部署。全面贯彻落实党的十八大和十八届三中、四中、五中、六中全会精神，深入学习贯彻习近平总书记系列重要讲话精神，根据《建议》和《纲要》有关要求，以及国务院常务会议关于在关键领域和薄弱环节加大补短板工作力度的部署，将新发展理念贯穿《规划》始终，坚持节水优先、空间均衡、系统治理、两手发力，以改革的精神、创新的理念，科学制定水利改革发展五年规划。

第二，科学认识“十三五”水利改革发展所处的阶段。如何判断当前我国水利发展所处的阶段、如何把握“十三五”水利发展的总体定位，是编制“十三五”规划时必须回答的问题。2011年中央1号文件曾提出“水利设施薄弱仍然是国家基础设施的明显短板”，经过“十二五”时期的快速发展，水利发展滞后的局面有了明显改观，但与经济社会发展要求和各方面需求相比，仍有较大的差距。从与国际上其他国家经历的发展对比看，发达国家伴随着工业化、现代化发展进程，水利发展大致经历了4个发展阶段。低收入阶段，水利面临的问题主要是防洪减灾；中下收入阶段，主要通过水资源综合利用改善生活生产条件；中上收入阶段，随着资源环境压力加大，开始强调水资源节约与水环境治理；高收入阶段，人们对生存环境提出了更高要求，强调低影响开发、水生态修复、河流再自然化。预计2020年我国人均GDP将达到1.2万美元，总体上属于中上收入阶段，但我国区域差异大、发展不平衡，既存在发达国家第一、二阶段已解决的防洪、灌溉、供水等问题，也面临着第三、四阶段出现的水生态环境问题。因此，规划提出“十三五”时期水利仍处于补短板、破瓶颈、增后劲、上水平的发展阶段，对于未来五年的谋划必须充分考虑这一阶段的特征并遵循水利发展客观规律。

第三，明确“十三五”水利改革发展主线。特殊的自然地理和气候条件决定了我国是世界上治水任务最为繁重、治水难度最大的国家之一。从现实情况看，水已经成为我国严重短缺的产品，成为制约环境质量的主要因素，成为经济社会发展面临的严重安全问题。加快水利改革发展，不仅事关农业农村发展，而且事关经济社会发展全局；不仅关系到防洪安全、供水安全、粮食安全，而且关系到经济安全、生态安全、国家安全。2014年，习近平总书记就保障国家水安全发表重要讲话，从治国理政、文明兴衰、民族永续发展的高度，深刻阐述了保障国家水安全的重大战略和实践问题。因此，必须从全面建成小康社会、实现中华民族永续发展的战略高度，重视并解决好水安全问题。基于这些考虑，规划编制过程中把全面提升水安全保障能力作为主线贯穿始终。

第四，突出“十三五”水利改革发展重点领域。党的十八大以来，中央提出“五位一体”总体布局和“四个全面”战略布局，谋划“十三五”水利改革发展必须紧紧围绕这一顶层设计和战略方向。实现全面建成小康社会目标，加快新型工业化、城镇化、信息化和农业现代化发展，实施“一带一路”建设、京津冀协同发展、长江经济带建设等重大战略，要求加快完善水利基础设施网络体系，更加精准有力地发挥水利对区域协同发展的先行引导作用，强化水资源管理，全面提升水利保障经济社会发展的能力。同时，要着力解决好水利发展中不平衡、不协调、不可持续的问题，加快推进水利公共服务均等化，强化保障和改善民生。全面深化改革、全面依法治国、全面从严治党，需要水利重点领域改革实现新突破，全面加强水利法治建设，进一步完善水利体制机制，推进水治理体系和治理能力现代化。大力推进生态文明建设，实现生态环境质量总体改善，建设美丽中国，要求加快转变用水方式，着力缓解水资源水环境约束趋紧的矛盾，推进水利在绿色发展、可持续发展方面迈出新的步伐。因此，《规划》编制突出了四个重点领域，即全面建设节水型社会、健全水利发展体制机制、完善水利基础设施网络、保护和修复水生态环境。

二、规划实施中需要重点把握的几个问题

（一）全面推进节水型社会建设

按照“节水优先”的方针，从节水制度、节水行动和节水机制三方面全面推进节水型社会建设，强化水资源对经济社会发展的刚性约束，构建节水型生产方式和消费模式，基本形成节水型社会制度框架，进一步提高水资源利用效率和效益。节水制度方面，通过完善用水总量控制指标体系、节水技术标准体系、节水政绩考核等措施，落实最严格的水资源管理制度，实施水资源消耗总量和强度双控行动，形成倒逼机制，推动经济结构优化和产业转型升级。节水行动方面，继续把农业作为主攻方向实施重大农业节水行动，加强灌区骨干渠系节水改造，推进区域规模化高效节水灌溉发展。同时统筹推进工业、城镇生活节水。节水机制方面，通过合理制定水价、完善财税优惠政策、推行合同节水管理等，充分运用市场机制和价格杠杆促进节约用水。

（二）着力改革创新水利发展体制机制

按照全面深化改革的要求，“十三五”期间着力加大水利重点领域和关键环节改革攻坚力度。水价改革方面，深入贯彻落实《国务院办公厅关于推进农业水价综合改革的意见》，通过健全农业水价形成机制、建立农业用水精准补贴机制和节水奖励机制、加强农业用水计量设施建设等措施，使农业用水价格总体达到运行维护成本水价，实现总体上不增加农民

负担、促进节约用水、有利于农田水利体制机制创新、保障工程良性运行的目标。河湖管理方面，要全面推行河长制，强化地方政府在水域岸线管理、水资源保护、水污染防治等方面的责任。按照中央的要求完成水流产权确权试点，从水域、岸线等水生态空间确权和水资源确权两方面开展工作，着力解决权属不清、监管不力的问题。工程管理方面，积极推进水利工程管养分离，深化小型水利工程管理体制和产权制度改革，明确工程所有权和使用权，落实管护主体、责任和经费，促进工程良性运行。水利投融资体制机制方面，加快完善多渠道水利投入稳定增长机制，在加大各级公共财政投入力度的基础上，鼓励和引导社会资本参与水利工程建设运营，同时要完善金融支持水利政策，用好过桥贷款、专项建设基金、抵押补充贷款等优惠政策。

（三）加快完善水利基础设施网络

针对水利基础设施发展现状和全面建成小康社会的目标要求，《建议》将水利作为需加快完善的八大基础设施网络之首，《纲要》在构筑现代基础设施网络一篇中单设强化水安全保障一章进行部署。“十三五”期间，完善水利基础设施网络，一是完善江河综合防洪减灾体系。要以大江大河干流及重要湖泊治理、控制性枢纽建设、蓄滞洪区建设等为重点，继续完善大江大河大湖防洪减灾体系，同时进一步加强中小河流治理、山洪灾害防治、重点易涝区治理、海堤等防洪薄弱环节建设，使“十三五”全国洪涝灾害和干旱灾害年均直接经济损失占同期 GDP 的比重分别控制在 0.6% 和 0.8% 以内。二是优化水资源配置格局。在科学论证的基础上，加快重点水源、重大引调水和抗旱水源工程建设，鼓励非常规水源利用，“十三五”期间新增供水能力 270 亿 m^3，城镇供水保证率和应急供水能力进一步提高。三是进一步夯实农田水利基础。大规模推进农田水利建设，完成 434 处大型灌区续建配套和节水改造，开展大中型灌区现代化改造试点；在有条件地区新建一批节水型、生态型大型灌区，到“十三五”末全国农田有效灌溉面积达到 10 亿亩以上；继续推进区域规模化高效节水灌溉，“十三五”期间发展高效节水灌溉面积 1 亿亩。四是实施农村饮水安全巩固提升。进一步提高农村集中供水率、自来水普及率、供水保证率、水质达标率，改善农村供水条件，到2020年农村自来水普及率达到80%以上，农村集中式供水工程供水率85%以上，水质达标率和供水保障程度进一步提高。

（四）大力推进水生态治理与保护

针对日益严峻的水生态问题，《规划》提出，要把山水林田湖作为一个生命共同体，通过系统治理和生态修复等综合措施，不断改善水生态状况。一要加大水资源保护工作力度，加强水功能区监督管理，实施排污口综合整治，全面开展饮用水水源地安全保障达标建设。二要科学确定和维持河湖生态流量，将生态用水纳入流域水资源统一配置和管理，合理安排重要断面下泄水量，维持重要河湖、湿地及河口基本生态需水，重点保障枯水期生态基流。三要加强重点河湖水生态修复与治理，严格河湖生态空间管控，划定河湖生态保护红线，有序推动河湖休养生息，以京津冀“六河五湖”、西北内陆河、重要湿地等为重点，推进河湖的生态修复。四要加强水土保持生态建设，推进重要江河源头区、重要水源地和水蚀风蚀交错区，以及重点区域的水土流失综合治理。五要加强地下水保护和超采区综合治理，严格地下水水量和水位双控制，强化地下水资源开发利用管理。

（五）健全完善规划实施机制

“十三五”水利改革发展任务重、要求高，各地要根据国家“十三五”水利改革发展总体部署和要求，结合本地实际，组织编制好区域水利改革发展规划，把《规划》确定的主要目标、重点任务、重大举措进一步细化落实到相关部门和地区，明确分工，精心组织，加强协调，强化政策支撑，增强要素保障，严格落实防汛抗旱、饮水安全保障、水资源管理、水库安全管理等行政首长负责制，切实做好组织实施工作。国家有关部门各司其职，密切协作配合，形成工作合力，同时加强对地方工作的指导和支持，推动落实好《规划》各项任务。

王九大　周智伟　马　越　刘　洋　执笔

汪安南　乔建华　审核

切实发挥水利在“一带一路”建设中的重要支撑作用

水利部国际合作与科技司　水利部规划计划司

我国政府提出的推进“丝绸之路经济带”和“21 世纪海上丝绸之路”（以下简称“一带一路”）建设，是根据全球形势深刻变化，统筹国内国际两个大局作出的重大决策，是实施全方位对外开放战略的“先手棋”和突破口，对于我国构建开放型经济新体制，打造全方位对外开放新格局具有决定性意义。水利是“一带一路”合作重点领域的组成部分，应加强与“一带一路”沿线国家的水利交流合作，全面提升我国水利国际影响力，服务好国家外交大局和水利改革发展。

一、水利推进“一带一路”建设面临的形势

（一）国家对水利推进“一带一路”建设提出了具体要求

“一带一路”贸易畅通要求中国与“一带一路”沿线国家开展在水电、水生态环境保护、海水淡化等方面的经济合作。政策沟通要求中国加强与沿线国家在治水理念和政策方面的沟通交流，民心相通要求与沿线国家加强在防灾减灾领域的交流合作，并大力实施水利人才交流和技术援助。合作机制建设需要水利的参与。中俄、中哈、中柬、中泰、中新（新加坡）、中印（印度尼西亚）、中匈、中埃（埃及）、中阿（阿尔巴尼亚）等双边水利合作机制是政府间双边合作机制的重要组成。跨界河流是连接我国与周边“一带一路”国家的桥梁和天然纽带，“一带一路”建设要求加强跨界河流政府间合作，努力打造与周边国家的命运共同体。

（二）国际社会期待中国在国际涉水事务中发挥更大作用

水问题已经成为全球共同关注的重大问题，联合国《2030 年可持续发

展议程》中单独设立了水目标。国际社会在高度肯定中国治水成就的同时，也期待中国在国际涉水事务中发挥更大的作用，帮助发展中国家提升治水管水能力和水平。“一带一路”大部分沿线国家水旱灾害频发、水资源开发利用程度低、管理水平落后、水利基础设施薄弱，借鉴中国治水经验、加强与中国水利合作的意愿十分强烈。

（三）水利改革发展应依托“一带一路”建设“引进来”“走出去”

当前中国水安全呈现出新老问题相互交织的严峻形势，需要通过水利“引进来”，学习借鉴“一带一路”沿线治水理念和技术，为加快推动水利改革发展提供科学支撑。“走出去”是国家重大发展战略，也是推进“一带一路”建设的重头戏。国内水利行业要保持长期的竞争力，必须要面向国际市场，输出优势领域产能，以解决水利工程勘察设计、施工、建设、设备制造等相关企业的发展问题。

二、水利推进“一带一路”建设的措施与成效

（一）强化顶层设计，为推进“一带一路”建设提供重要依据

水利部编制了《水利部贯彻落实〈丝绸之路经济带和21世纪海上丝绸之路建设战略规划〉实施方案》，分析了水利推进“一带一路”建设面临的形势，提出了贯彻落实“一带一路”建设的指导思想、基本原则、重点领域和主要内容、近期重点任务、保障措施，为切实推进“一带一路”建设提供了重要依据。

（二）持续深化多双边交流，为落实“一带一路”建设搭建平台

水利部已与沿线10多个国家签署了水资源领域的合作协议或谅解备忘录，充分发挥双边固定合作交流平台作用，利用多种渠道，积极推进与“一带一路”国家在水利领域的政策交流、技术分享和工程技术援助。水利部积极落实中国政府与匈牙利、土耳其等13国政府签署的共同推进“一带一路”建设谅解备忘录，于2016年3月出台《水利部落实共同推进“一带一路”建设合作谅解备忘录3年工作安排方案》，明确未来3年与13国开展合作的工作计划和进度安排。

多边合作方面，利用多边合作交流机制推动与沿线国家合作，充分利用总部（秘书处）设在中国的国际涉水组织，先后在埃及、印度等沿线国家组织召开河流泥沙国际学术研讨会、国际沙棘协会理事会会议等国际会议，加深相互了解，拓宽合作领域。与沿线国家加强在联合国工发组织、联合国粮农组织等联合国机构和国际大坝委员会、国际灌排委员会等国际组织的沟通、协调与配合。推动与沿线国家在中欧水资源交流平台等多边合作机制下开展合作。加强与沿线国家在国际水事活动中的合作，积极出席和参加在沿线国家举办的国际会议，派高级别代表团出席了 2015 年 6 月在塔吉克斯坦举办的落实“生命之水”国际行动十年高级别国际会议；派专家代表团出席了 2016 年 7 月在新加坡召开的新加坡国际水周等。

（三）积极推进跨界河流合作，营造有利周边环境

积极推进与哈萨克斯坦、俄罗斯、蒙古等国的跨界河流政府间合作，在防洪减灾、水文信息共享、工程建设、联合科研等方面开展了一系列卓有成效的合作，成为国家双边合作的重要内容之一。同时，积极开展与周边国家在应急救灾领域的合作，成功实施对缅甸伊洛瓦底江防洪咨询援助、对湄公河下游国家应急补水、对哈萨克斯坦增加水文报汛频次、与俄罗斯携手应对乌苏里江大洪水等联合行动，保障了河流沿岸人民生命财产安全，体现了我负责任大国形象，配合了周边外交大局。此外，积极推动澜沧江—湄公河合作机制在水资源领域的合作，加强对湄公河流域国家人员培训和技术交流，不断提升务实合作水平，努力打造区域水资源合作旗舰品牌。

（四）拓宽水利“走出去”广度深度，开辟“一带一路”新前线

在开拓海外市场方面，中国水利企业积极贯彻“走出去”战略，业务已遍及东南亚、南亚、中东、非洲、南美等 70 多个国家和地区，绝大多数为“一带一路”沿线国家，实现了从以工程施工为主，逐渐向工程施工、咨询设计、设备出口的全方位“走出去”转变。长江勘测规划设计研究院、黄河设计公司等水利水电设计咨询单位利用自身在勘测设计、规划、标准规范、人才等方面的优势，开拓性地承揽了海外规划咨询等业务，咨询设计质量和水平得到了有关国家的高度肯定。中水珠江规划勘测设计有

限公司参建的巴基斯坦风电光伏一体化项目是落实“一带一路”建设第一批完成的项目，也是被中央电视台选入丝绸之路宣传片的首个能源项目。在标准国际化方面，目前已完成24项水利技术标准英文翻译，内容涵盖筑坝技术、小水电建设、水文、泥沙、水土保持等中国水利技术优势领域。中国标准已在东南亚、非洲、拉美部分国家应用于流域综合规划、工程设计、施工管理等领域，为中国水利技术输出和企业开拓国际市场奠定了基础。

（五）创新开展能力建设，惠及众多沿线国家

水利部及部属有关单位利用多种资金和援外渠道，加大与相关国家的能力建设合作，惠及众多“一带一路”国家。2016年6月，水利部与亚洲开发银行联合举办了南南合作水管理经验交流会，面向蒙古、塔吉克斯坦、巴基斯坦等周边10国，围绕水政策与水管理体系、防洪抗旱减灾、水利规划建设管理、水生态保护与修复等4个议题深入开展经验交流。水利部国际小水电中心、农村电气化研究所于2015年9月联合举办了科技部2015年度“南亚、东南亚国家小水电技术国际培训班”，来自阿富汗、孟加拉国等12国小水电技术和管理人员参加了培训。黄河水利委员会2015年10月举办亚专资“气候变化适应与水资源管理培训”，来自泰国、越南等10国水利技术及管理人员参加了培训。水利部农村电气化研究所2016年举办了3期商务部援外培训班，即亚洲国家小水电及农村电气化官员研修班、非洲英语国家农村电气化研修班以及卢旺达水电技术海外培训班，来自18个国家共76名学员参与了培训和研修，受到有关国家广泛赞誉。

三、未来工作思路

为更好地服务“一带一路”建设战略规划，水利部将进一步强化顶层设计，加强同“一带一路”国家在跨界河流、多双边水利领域的交流与合作，加快推动中国水利“走出去”，强化能力建设合作。

（一）进一步强化顶层设计

编制“一带一路”建设水利合作专项规划，系统总结“一带一路”建设水利合作已有的基础、成效、经验及工作进展，分析沿线国家“一带一

路”建设水利合作需求和中国优势领域，提出“一带一路”建设水利合作的总体思路、战略目标以及战略布局，提出“一带一路”建设水利合作的重点领域和合作途径，提出“一带一路”沿线水利合作重点国家的“一国一策”方案。以“一带一路”建设为统领，编制水利“走出去”专项规划。

（二）深化同沿线国家多双边合作

一是深化同沿线国家双边合作与交流。落实共同推进“一带一路”建设合作谅解备忘录3年工作安排方案，推动与波兰、罗马尼亚、马来西亚等国签署新的水资源领域合作协议或谅解备忘录；积极落实已签署的双边合作协议或谅解备忘录；加强与沿线国家的政策沟通和技术交流；积极开展研究中心与实验室的共建活动。二是加强与沿线国家多边合作与对话。充分发挥中欧水资源交流平台作用，与平台沿线国家开展在应对气候变化和洪水预报领域的合作与交流；与相关国家加强在新加坡国际水周等有影响力的国际水事活动中的合作，争取相互支持与配合。

（三）推动跨界河流合作有序开展

继续做好与有关周边国家跨界河流政府间合作，在多双边机制下积极推进与周边国家在跨界河流防洪减灾、水文信息共享、人员培训和技术交流、联合科研等领域的务实合作，充分发挥澜沧江—湄公河合作机制的平台作用，进一步提升中国与周边国家在跨界河流水资源领域互利共赢合作水平，既维护好中国的水资源权益，又服务好中国周边外交大局。

（四）加快推动水利“走出去”

加强与亚洲基础设施投资银行、金砖国家银行、丝路基金等金融机构沟通合作，推动加大对面向“一带一路”沿线国家的水利基础设施合作项目的支持力度。继续推动巴基斯坦境内主要河流水电开发规划编制；推动马来西亚、印度尼西亚、尼泊尔、孟加拉国、缅甸等国流域水资源规划、防洪规划、灌溉规划编制及水电项目设计咨询工作；推动柬埔寨、老挝国家水资源综合规划编制。继续推动筑坝技术、小水电、灌排、水土保持、水文、泥沙等领域技术标准国际化。积极参与南亚、东南亚国家水利基础设施建设和小水电开发。推动水电装备和水文仪器设备出口。

（五）进一步强化能力建设合作

依托科研院所、高等院校、在华国际培训中心，打造一批集科研、教育、培训为一体的国际水利人才培训基地，根据对象国不同级别、不同层次、不同专业的人员，有针对性地在小水电、农村电气化、防洪减灾、节水灌溉、水利规划管理、水利工程设计施工和运行管理等领域举办境内外培训，加强能力建设领域的合作。接收经济发展水平不高的国家的行政或技术人员到中国的科研院所、高校进行学习工作交流。

郝　钊　池欣阳　常　远　杨　研　廖四辉　执笔

李　戈　审核

水利助力京津冀协同发展

水利部规划计划司

水利部高度重视京津冀协同发展水利工作，经京津冀协同发展领导小组审核同意，2016 年 5 月，水利部印发《京津冀协同发展水利专项规划》（以下简称《规划》），并召开工作会议部署落实，加强工作指导督促，落实各项措施，助力京津冀协同发展。

（一）《规划》的目标

《规划》到 2020 年，京津冀地区水资源利用效率显著提高，水源涵养保护能力显著增强，区域内水资源超载的局面得到基本控制；重要河湖生态功能逐步恢复，地下水基本实现采补平衡，水源地得到有效保护，水功能区水质明显改善，水生态环境恶化趋势得到基本遏制；现代水安全保障体系基本建成，防洪除涝减灾能力显著提高，应对风险能力显著提升；水资源协同治理、统筹调配与综合管控体系基本建立，初步实现利用高效、空间均衡、人水和谐的局面。

到 2030 年，京津冀水资源承载能力进一步提升，在全国率先建成节水型社会，水生态文明水平进一步提升，一体化协同水治理管控能力进一步增强，水安全保障程度进一步提高，基本实现水利现代化。

（二）《规划》的主要任务

为发挥好水利在京津冀协同发展中的引导约束与保障支撑作用，实现规划目标，《规划》提出了节约用水与水资源配置、水资源保护与水生态修复、防洪排涝减灾体系建设、水利管理体制改革与机制创新等方面的建设任务。

一是强化节约用水，合理配置水资源。全面实行用水总量控制制度，大力推进节水型社会建设。加强农业、工业、生活和服务业的节水工作，加大污水处理回用、海水利用等非常规水源利用；完善区域水资源配置工程体系，加快南水北调东中线、河湖渠系连通、引黄工程等水资源配置工程建设；实行本地水、外调水，地表水、地下水，新鲜水、回用水统筹合理调配。建立特殊枯水年水资源应急储备体系。

二是保护饮用水源地，综合治理重点河流。以纳入全国重要饮用水水源地名录的密云—怀柔、潘家口—大黑汀、岳城水库、岗南水库等地表水水源地和地下水水源地为重点，加强水源涵养与水源地保护，保障城乡饮水安全。开展永定河、潮白河、蓟运河、滦河、大清河等重点河流水系的水资源保护与水生态修复综合治理，加强地表水功能区达标建设，控制入河污染物排放总量，提高水环境承载能力，扭转有河皆污的局面，恢复河流水生态环境功能。

三是治理地下水超采，恢复湖泊湿地生态功能。在保护永久基本农田的基础上，通过高效节水灌溉、调整种植结构、置换水源、退减灌溉面积、回灌补源等措施，开展地下水超采区综合治理，逐步实现地下水的采补平衡，恢复地下水战略储备与生态功能。以白洋淀、衡水湖、北大港、南大港、七里海等重点湖泊湿地修复为重点，采取退耕还湖还湿、生物净化、构建生态河流廊道等措施，增加湖泊湿地面积，保障基本生态用水，逐步修复河湖湿地生态功能。

四是加强水利薄弱环节建设，完善防洪除涝减灾体系。贯彻“上蓄、中疏、下排、适当地滞”的流域防洪方针，加强骨干河流、蓄滞洪区等防洪薄弱环节建设，构建以河道堤防为基础、大型水库为骨干、蓄滞洪区为依托的防洪工程体系，完善“分区防守、分流入海”的防洪格局。加强城市排涝体系建设、中小河流治理和山洪灾害防治、河口治理和沿海防潮体系建设，完善主要河系超标准洪水防御措施方案。

五是深化水利改革，创新水管理体制机制。完善流域管理与行政区域管理相结合的水资源管理体制，建立京津冀水资源管理委员会，协调解决区域水资源、水环境、水生态等重大问题。推进水价改革和水权水市场建设。建立鼓励社会资本投资水利的机制。整合共享区域水监测信息，建立流域区域水资源环境安全监控预警平台。

石海峰　杨　威　王　晶　执笔

汪安南　高敏凤　审核

加强长江流域水利规划工作
推进实施长江大保护

水利部长江水利委员会

为促进长江流域水利发展，服务好长江经济带建设，水利部长江水利委员会（以下简称“长江委”）在水利部领导下，强化规划约束引领作用，不断完善水利规划体系，根据长江经济带发展水利支撑保障工作需要，组织编制了《长江经济带发展水利专项规划》。针对长江经济带沿江取水口排污口布局不合理、应急供水保障能力不足、水资源管理制度不完善，以及局部地区岸线利用布局不尽合理、开发利用程度过高、岸线资源浪费等问题，组织编制了《长江经济带沿江取水口、排污口和应急水源布局规划》《长江岸线保护与开发利用总体规划》。上述三项规划已由水利部分别于 2015 年和 2016 年印发，对支撑长江经济带发展、切实推进长江大保护实施发挥了规划引领和约束作用。

一、《长江经济带发展水利专项规划》内容简介

依据长江流域综合规划及防洪、水资源等相关规划，科学制定 2020 年和 2030 年长江经济带水利建设目标与控制性指标，提出了水资源保护与水生态修复、河道综合治理、节约用水与水资源配置、防洪排涝与抗旱减灾、水利管理体制与机制创新等方面的建设任务。

在水资源保护方面，推进水功能区达标建设，改善水环境。实行纳污总量控制，严格控制入河（湖）排污总量；加强入河排污口优化布局与整治，取缔禁止排污区内 296 个排污口，迁建敏感水域内 346 个排污口，全面推动入河排污口规范化建设；加强水源地安全保障达标建设，实施 1072 个水源保护区隔离防护与污染源综合治理。

在水生态修复方面，促进水生态保护与修复，维护水生态系统健康。

加强长江中下游干流与洞庭湖、鄱阳湖等主要江河湖泊生态修复，科学恢复和调整江湖关系；强化重要生态保护区、水源涵养区、江河源头区和湿地的保护；实施江河湖库连通、生态需水保障、水源涵养、湿地生态修复、重要生境恢复、小流域生态综合整治等措施；完善生态系统结构与功能，维护水生态系统健康，加快实施493项水生态保护与修复工程；加快中西部重点地区和西南石漠化地区水土流失综合治理，加强国家级水土流失重点防治区的监督管理。

在河道综合治理方面，综合治理干支流河道，助推黄金水道建设。维持现有河道治理工程的稳定，使其继续发挥对河势的控制作用；治理新增崩岸险情，维持岸坡稳定与堤防安全；系统开展长江宜宾以下干流，汉江、湘资沅澧四水等主要支流河道综合治理，协调河道整治与航道治理的关系；合理开发利用岸线，为提高黄金水道航道标准提供基础条件。

在节约用水与水资源配置方面，强化节约用水，合理配置水资源。实行用水总量控制，推进节水型社会建设；完成下浒山等30处重点水源工程，引汉济渭、滇中引水等15处重大水资源配置工程，九江城区河湖连通工程等9项河湖连通工程与四川李家岩等9个城乡饮水工程建设；加快69处灌区续建配套及节水改造工程和24处新建灌区建设；基本解决城市缺水问题，推进农村饮水安全巩固提升，支撑新型城镇化建设和产业转型升级。

在防洪排涝与抗旱减灾方面，加强薄弱环节建设，完善防洪排涝与抗旱减灾体系。加快蓄滞洪区建设，重点建设钱粮湖、共双茶等13处蓄滞洪区；加快乌江、汉江、湘资沅澧四水等重要支流、湖泊堤防建设；加快资水金塘冲等防洪水库建设；推进重点中小河流治理及539个县级行政区山洪灾害防治；加强城市防洪排涝基础设施建设和重要涝区治理；抓紧国家防汛抗旱指挥系统工程、重点地区洪水风险图编制等防洪非工程措施建设；抓好抗旱应急水源工程及旱情监测预警、抗旱管理服务体系建设。

在水利管理体制与机制创新方面，深化水利改革，创新管理体制机制。完善流域水法规体系，健全流域管理与行政区域管理相结合的水资源管理体制，建立跨地区和部门协调及生态补偿、稳定投入、公众参与、综合执法、应急响应等机制，建立控制性水利水电工程联合调度管理等制度，健全河湖保护与管理制度，加强水行政执法能力建设，完善流域水利综合监测站网，推进水利信息化建设。

规划实施后，将进一步保护水资源，修复水生态，维持河势稳定，提升供水保障能力，补齐防洪抗旱短板，强化流域综合管理，为长江经济带发展提供强有力的水利支撑与保障。

二、《长江经济带沿江取水口、排污口和应急水源布局规划》内容简介

规划提出了沿江取水口、排污口整治及布局规划意见，提出了沿江地级以上城市应急水源布局规划意见，提出了建立健全取水口、排污口和应急水源的管理制度和执法监管体系的管理规划意见。

取水口布局方面。针对生活取水口提出了“适宜取水区”和“不宜取水区”的分区概念，其中适宜取水区为水质目标满足Ⅲ类或优于Ⅲ类水标准的水域，不宜取水区为水功能区水质达不到生活用水水质要求的水域。规划提出取水口分区河段长12117km，区划湖库面积5793km^2，适宜取水区划分河段长度及湖库面积分别占划分总数的93.5%、88.5%，不宜取水区分别占6.5%、11.5%。进一步提出了生活取水口布局在适宜取水区内；取水口取水总量以各城市用水总量为约束；工业、农业和生态等取水口的设置应避免影响生活取水，同时满足用水总量控制要求等取水口布局意见。

排污口布局方面。按照水功能区限制排污总量及水质保护要求，将排污口设置水域划分为禁止排污区、严格限制排污区和一般限制排污区。规划提出入河排污口设置水域分区共涉及953个水功能区，区划河段长16557km，湖库总面积6795km^2。禁止排污区、严格限制排污区、一般限制排污区划分河长分别占划分总数的16.6%、24.8%、58.6%，湖库面积分别占划分总数的93.9%、5.8%、0.3%。进一步提出了排污口布局应满足水功能区限制排污总量的要求；禁止排污区新设和扩大排污口；排污区内原则上不得新建和扩大排污口，对现状排污口提出整治、改造、归并、深度处理、规范化建设等排污口布局意见。

应急水源布局方面。提出了上海—黄浦江、南京—长江、武汉—汤逊湖、成都—李家岩水库等11个省会城市的应急水源布局和应急水源应以河流、水库、湖泊等地表水源为主，地下水源为辅；应急备用水源应当具备不少于7天的供水能力，且供水水质应优于Ⅲ类水标准；提高城市供水系统安全程度和应对突发事件能力，结合实际编制应急供水预案等突发水污染事故时保障城市用水安全的规划意见。

管理能力建设方面。严格用水总量控制，严格入河排污口管理和监督，加强重要饮用水水源地安全保障达标建设，加强取水口、排污口和饮用水源地监测监控体系建设，建立部门间信息交流和共享机制，健全流域与区域间的执法联动机制，建立公众参与和公民听证制度。

规划实施后，将提高长江经济带城市供水安全保障程度，增强应急供水保障能力。通过优化布局取水口和入河排污口，将使集中式饮用水水源地水质全面达标，水功能区主要污染物入河量控制在限制排污总量范围之内，区域水污染物排放总量控制在环保部门下达的总量控制指标以内，江河、湖泊水质有明显改善，规划区内城市供水安全保障程度将得到显著提高。

三、《长江岸线保护和开发利用总体规划》内容简介

岸线是一定水位下水域与陆域的交线，通常指水陆边界一定范围内的带状区域。《长江岸线保护和开发利用总体规划》规划范围河道总长度6768km，岸线总长度17394km。规划按照岸线保护和开发利用需求，划分了岸线保护区、保留区、控制利用区及开发利用区等四类功能区，并对各功能区提出了相应的管理要求和保障措施。

（1）岸线保护区方面。规划范围内共划分岸线保护区516个，长度为1964.2km，占岸线总长度的11.3%。其中，长江干流划分岸线保护区229个，长度为1344.8km，占干流岸线总长的16.2%；支流和湖泊共划分岸线保护区287个，长度为619.4km，占支流和湖泊岸线总长的6.8%。岸线保护区应根据保护目标有针对性地进行管理，严格按照相关法律法规的规定，规划期内禁止建设可能影响保护目标实现的建设项目。按照相关规划

在岸线保护区内必须实施的防洪护岸、河道治理、供水、航道整治、国家重要基础设施等事关公共安全及公众利益的建设项目，须经充分论证并严格按照法律法规要求履行相关许可程序。

（2）岸线保留区方面。规划范围内共划分岸线保留区 1034 个，长度为 9306.3km，占岸线总长度的 53.5%。其中，长江干流划分岸线保留区 356 个，长度为 3279.5km，占干流岸线总长的 39.5%，支流和湖泊共划分岸线保留区 678 个，长度为 6026.8km，占支流和湖泊岸线总长的 66.4%。在岸线保留区管理方面，规划期内，自然保护区缓冲区内划定的岸线保留区不得建设任何生产设施；自然保护区实验区内划定的岸线保留区不得建设污染环境、破坏资源的生产设施，建设其他项目，其污染物排放不得超过国家和地方规定的污染物排放标准；饮用水水源二级保护区内的岸线保留区禁止建设排放污染物的建设项目；水产种质资源保护区内的岸线保留区禁止围垦和建设排污口；国家湿地公园等生态敏感区内的岸线保留区禁止建设影响其保护目标的项目。

（3）岸线控制利用区方面。规划范围内共划分岸线控制利用区 817 个，长度为 4642.8km，占岸线总长度的 26.7%。其中，长江干流划分岸线控制利用区 381 个，长度为 2700.3km，占干流岸线总长的 32.5%；支流和湖泊共划分岸线控制利用区 436 个，长度为 1942.5km，占支流和湖泊岸线总长的 21.4%。岸线控制利用区管理重点是严格控制建设项目类型，或控制其开发利用强度。

（4）岸线开发利用区方面。规划范围内共划分岸线开发利用区 232 个，长度为 1480.4km，占岸线总长度的 8.5%。其中，长江干流划分岸线开发利用区 108 个，长度为 987.1km，占干流岸线总长的 11.9%；支流和湖泊共划分岸线开发利用区 124 个，长度为 493.3km，占支流和湖泊岸线总长的 5.4%。岸线开发利用区管理，应符合依法批准的省域城镇体系规划和城市总体规划，需统筹协调与流域综合规划，防洪规划，取水口、排污口及应急水源地布局规划，航运发展规划，港口规划等相关规划的关系，充分考虑与附近已有涉水工程间的相互影响，合理布局，按照“深水深用、浅水浅用”“节约、集约利用”的原则，提高岸线资源利用效率，充分发挥其综合效益。

规划实施后，将规范流域岸线的使用，进一步强化防洪、供水、通航安全及河势稳定保障，发挥岸线的多种功能，实现岸线资源有效保护和合理利用，维系优良生态环境，助推长江绿色生态廊道建设。

张明光　陈广才　李　翔　执笔

马建华　审核

水利规划计划工作综述

水利部规划计划司

一、2016 年工作进展和成效

2016 年是“十三五”的开局之年，也是水利改革发展进程中极不平凡的一年。水利规划计划部门紧紧围绕水利中心工作，全面完成年度目标任务，为水利改革发展提供了有力支撑和保障。

（一）水利建设投资计划执行全面加快

全年共落实水利建设投资 6781 亿元，较上年增加 16.5%。安排中央水利建设投资 1415.89 亿元，其中重大水利工程投资占 42.4%，中西部地区投资占 86.2%，民生水利投资占 56.9%。2016 年，各地累计完成年度中央投资计划 95.5%，其中重大工程完成 96.4%，其他工程完成 94.7%，均超过年度目标，达到历史最好水平。全国共有 21 个省（自治区、直辖市）完成中央投资计划 50 亿元以上，其中，黑龙江、河南、湖北、四川、贵州、新疆等 6 个省（自治区）完成投资超过 100 亿元。据国家统计局 2016 年统计数据，全国水利管理业固定资产完成 8725 亿元，同比增长 20.4%，比全国固定资产增幅高出 12.3%，为保障国家经济平稳健康发展作出了重要贡献。

（二）重大水利工程建设目标超额完成

通过早动员早部署，制定年度实施方案，细化责任分工，狠抓各项措施落实，全面推动重大水利工程前期工作。2016 年新开工建设引江济淮、浙江舟山大陆引水三期、福建平潭及闽江口水资源配置、四川土溪口水库、贵州黄家湾水库等 21 项重大水利工程，超额完成《政府工作报告》提出的“再开工 20 项重大水利工程”年度目标任务。172 项重大水利工程已开工106项，在建规模超过8000亿元，其中，云南牛栏江滇池补水、河南河口村、江西峡江、天津永定新河治理二期等14项工程主体建成或基本完工，陆续发挥效益。

（三）水利规划工作取得新成效

2016年，中央层面审批水利规划25项，是近年水利规划审批较多的一年。一是国务院批准了《水利改革发展“十三五”规划》，已由国家发展改革委、水利部、住房和城乡建设部联合印发实施。二是国家重大战略水利规划扎实推进，印发实施《京津冀协同发展水利专项规划》《永定河综合治理与生态修复总体方案》《长江岸线保护和开发利用总体规划》《长江经济带沿江取水口、排污口和应急水源布局规划》。三是国家及区域层面重点水利专项规划积极推进，印发《耕地草原河湖休养生息规划》《“十三五”全国水利扶贫专项规划》；联合山西、吉林、云南等省人民政府，分别印发《汾河流域生态修复规划（2015—2030年）》《吉林省水利现代化规划》《云南省供水安全保障网规划》。四是流域综合规划审批加快推进，按照国务院关于流域综合规划审批权限的意见和有关要求，商国家发展改革委提出流域综合规划审批工作程序，印发了相关规划审查意见。

（四）重点领域水利改革取得新突破

制定印发了《水利部深化水利改革领导小组2016年工作要点》，积极推动重点领域水利改革攻坚。《关于全面推行河长制的意见》《水流产权确权试点方案》《关于推进农业水价综合改革的意见》《水权交易管理暂行办法》《“十三五”水资源消耗总量和强度双控行动方案》等一批含金量高、影响力大的重要改革政策举措相继出台，河湖管护、水权水价等领域的改革取得突破性进展。各地大胆实践探索，江西省、福建省、浙江省等地在河长制方面发挥了示范作用，河南省完成了南水北调受水区首宗跨区域水量交易，贵州省积极推进小型水利工程管理新模式。规范和指导社会资本参与水利工程建设，湖南莽山水库、广东高陂水利枢纽、重庆观景口水库、贵州马岭水利枢纽等4个试点项目吸引社会资本约占工程总投资的22%。

（五）规划计划基础工作进一步加强

推动出台了重大水利工程项目建设管理、水生态治理和中小河流治理等其他水利工程、农村饮水安全巩固提升工程、水文基础设施等 4 项中央预算内投资项目管理办法和中央财政水利发展资金使用管理办法，印发实施了《简化整合投资项目涉水行政审批实施办法（试行）》，修订水利规划管理办法，不断完善规划计划制度体系。修订印发水利服务业统计制度、水利建设投资统计报表制度，及时编发中央水利建设投资统计月报、旬报，做好水利综合统计和水利建设投资统计年报工作，出版水利统计年鉴、发布水利发展统计公报等。强化规划计划和统计培训，做好水利扶贫和援疆援藏援青水利工作。

二、2017 年工作思路和重点

2017 年是实施"十三五"规划的重要一年，是供给侧结构性改革深化之年。水利部将继续全面贯彻党的十八大和十八届三中、四中、五中、六中全会精神，深入学习贯彻习近平总书记系列重要讲话精神，主动适应引领经济发展新常态，坚持新发展理念和稳中求进工作总基调，紧紧围绕全面建成小康社会宏伟目标，积极践行中央新时期水利工作方针，以保障国家水安全为主线，以实施水利改革发展"十三五"规划为抓手，以加快重大水利工程和灾后水利薄弱环节建设为重点，统筹推进规划、前期、计划、改革、统计等各项工作，以优异成绩迎接党的十九大胜利召开，为全面建成小康社会提供坚实的水利保障。

（一）大力推进重大水利规划审批实施

做好《水利改革发展"十三五"规划》目标任务分解落实，抓紧制订工作方案，细化工作措施，落实责任，抓好实施，强化规划目标指标和重点任务进展情况的监测评估。继续推进京津冀协同发展、长江经济带发展等水利专项规划实施。做好全国水资源保护规划成果报批及全国治涝规划编制等工作；全面启动第三次全国水资源调查评价工作。积极协调加快流域综合规划环评审查，加快推进水利规划编制审批进度。

（二）加快推进重大水利工程建设

印发2017年加快推进重大水利工程项目前期工作责任分工方案，按照成熟一项、开工一项的原则，确保2017年新开工15项，在建项目投资规模超过9000亿元。继续发挥部际联席会议、督导检查、旬统计分析、月调度会商和年考核激励等机制作用，督促各地加快推进拟开工项目前期工作，加快在建工程建设进度，确保工程质量和安全，及时完工一批、投产一批项目，尽早发挥工程效益。同时，统筹加快农村饮水安全巩固提升等面上水利项目建设。

（三）重点加强灾后水利薄弱环节建设

抓紧印发《加快灾后水利薄弱环节建设实施方案》，进一步明确中小河流治理、小型病险水库除险加固、重点区域排涝能力建设和农村基础防汛预报预警体系等建设目标任务。督促地方及时分解下达相关建设资金，尽早启动项目建设。同时，落实属地管理和工作主体责任，做好项目组织实施，层层分解目标任务和工作责任，加快项目前期工作，积极落实地方建设资金，建立健全绩效考核和问责制，力争“十三五”期末完成灾后水利薄弱环节建设任务。

（四）着力落实水利建设投资和计划执行任务

进一步加强与有关部门的沟通，积极争取增加中央水利建设投资规模，确保重点建设任务投资需求。督促地方抓紧做好年度水利建设任务的资金需求测算和资金筹措方案，用足用好金融支持水利的政策，多渠道落实好地方水利建设投资。按照突出重点、统筹推进的原则，编制各类项目中央投资计划安排方案，及早下达2017年中央水利投资计划，切实加快投资计划执行进度，确保目标任务如期完成。中央投资继续向老少边穷和贫困地区倾斜，做好水利扶贫、援疆援藏援青水利工作。

（五）不断深化水利重点领域改革

把全面推行河长制、农业水价综合改革、水资源消耗总量和强度双控行动等重点改革任务的落实放在突出位置，抓紧开展水流产权确权试点工作，建立工作协调机制，指导试点地区做好试点实施方案编制工作。深入推进水利投融资机制创新，加强社会资本参与重大水利工程建设运营试点的跟踪指导。深入挖掘各项改革任务的典型经验和做法，加强宣传、引导和示范推广，确保各项任务取得实质性进展和成效。

王　勇　韩　涛　石海峰　王九大　李　明　温　鹏　执笔

汪安南　高敏凤　张祥伟　乔建华　审核

专栏一

加快水利建设　深入实施西部大开发

水利部规划计划司

西部地区水利发展是支撑我国实施西部大开发战略、统筹区域发展战略全局的重要基础。2016 年，水利部全面贯彻党的十八大和十八届三中、四中、五中、六中全会精神，坚持"节水优先、空间均衡、系统治理、两手发力"的新时期水利工作方针，突出加强顶层设计、大力推进重大水利工程建设、全面加快水利基础设施建设、不断深化水利改革与管理，扎实推进各项水利工作，为深入实施西部大开发战略提供了有力的水利支撑和保障。

一、重点加强水利规划工作

近年来，水利部先后印发了《水利改革发展"十三五"规划》《西部大开发水利发展"十三五"规划》，编制完成了《水利部贯彻落实〈丝绸之路经济带和21 世纪海上丝绸之路建设战略规划实施方案〉近期重点任务分工》以及黑河、无定河、窟野河、洮河、湟水、雅砻江、岷江等流域综合规划。

二、大力推进重大水利工程建设

涉及西部地区的甘肃红崖山水库加高扩建，四川武都引水蓬船灌区、土溪口水库、李家岩水库、黄石盘水库，贵州黄家湾水库，云南阿岗水库、柴石滩水库灌区，广西驮英水库及灌区等重大水利工程如期开工建设，相关建设工作稳步推进。

三、继续加强其他水利基础设施建设

2016 年，中央水利建设投资继续向西部地区倾斜，共安排西部地区 12 个省（自治区、直辖市）和新疆生产建设兵团中央水利建设投资 674.8 亿元，占全国中央水利投资的48%。投资主要用于陕西引汉济渭、西江大藤峡等重大水利工程建设，以及农村饮水安全巩固提升工程、大型灌区续建配套与节水改造、江河湖库水系连通、大型灌排泵站更新改造、大中型病险水库（闸）除险加固、中小河流治理、小型农田水利建设、农村小水电、坡耕地水土流失综合治理和敦煌水资源保护等工程建设。

四、不断深化水利改革与管理

深入推动水利投融资体制改革，研究制定水流产权确权试点方案，推动宁夏、甘肃、内蒙古3省（自治区）开展水权改革试点，指导西部11省（自治区、直辖市）基本建立了省市县三级行政区最严格水资源管理“三条红线”指标体系；开展西部地区汉江、嘉陵江、沱江、赤水河、岷江、北盘江、黄泥河等跨省江河流域水量分配工作；积极推进节水型社会建设和城市新区规划水资源论证工作。

五、全力推进精准水利扶贫工作

深入落实精准工作机制，突出抓好扶贫顶层设计，印发了《“十三五”全国水利扶贫专项规划》。全力做好水利部定点扶贫重庆市4县有关工作，努力做好西部水利工程移民安置和后期扶持工作；继续实施农村水电增效扩容改造，开展了重庆、贵州、陕西3省（直辖市）15个农村小水电扶贫工程试点项目建设。

六、着力强化人才和科技支持

完成西部基层水利干部培训2600余人次。通过西部之光、博士服务团和特培活动等，选派高层次专业技术人才到西部开展“传帮带”，接收西部地区水利人才到内地培养。推动水利“三支一扶”岗位计划的落实，引导水利院校毕业生到西部基层和贫困地区水利一线工作。安排西部地区技术引进、研究开发和成果推广项目14项。

温　鹏　谢　维　执笔

张祥伟　陈群香　审核

专栏二

2004—2015 年水利发展主要指标

水利部规划计划司

指标名称	单位	2004 年	2005 年	2006 年	2007 年	2008 年	2009 年	2010 年	2011 年	2012 年	2013 年	2014 年	2015 年
1. 耕地灌溉面积	万亩	84378	84844	85617	86674	87708	88892	90522	92522	93737	95210	96809	98809
其中：本年新增面积	万亩	1740	1519	2015	2016	1977	2300	2582	3195	3227	2328	2472	2696
2. 节水灌溉面积	万亩	30519	32007	33639	35234	36653	38633	40971	43769	46826	40663	43528	46591
3. 除涝面积	万亩	31797	32010	32064	32129	32137	32376	32538	32582	32786	32915	33554	34069
4. 水土流失治理面积	万 km^2	92	95	97	100	102	104	107	110	103	107	112	116
其中：本年新增面积	万 km^2	4	4	4	4	4	4	4	4	4	5	6	5
5. 万亩以上灌区	处	5800	5860	5894	5869	5851	5844	5795	6575	7756	7709	7709	7773
其中：30 万亩以上灌区	处	280	287	285	294	325	335	349	348	457	470	456	456
万亩以上灌区农田（有效）灌溉面积	万亩	38259	39629	42032	42512	44160	44343	44123	44623	45131	45324	45384	48453
其中：30 万亩以上灌区农田（有效）灌溉面积	万亩	20657	21465	21918	22001	23102	23363	23487	23679	16890	16992	16877	26530
6. 水库总计	座	85160	85108	85849	85412	86353	87151	87873	88605	97543	97721	97735	97988

续表

指 标 名 称	单位	2004 年	2005 年	2006 年	2007 年	2008 年	2009 年	2010 年	2011 年	2012 年	2013 年	2014 年	2015 年
其中：大型	座	460	470	482	493	529	544	552	567	683	687	697	707
中型	座	2869	2934	3000	3110	3181	3259	3269	3346	3758	3774	3799	3844
总库容	亿 m^3	5542	5624	5842	6345	6924	7064	7162	7201	8255	8298	8394	8581
其中：大型	亿 m^3	4147	4197	4379	4836	5386	5506	5594	5602	6493	6529	6617	6812
中型	亿 m^3	796	826	852	883	910	921	930	954	1064	1070	1075	1068
7. 堤防长度	km	277305	277450	280850	283770	286896	291420	294104	299911	277293	276823	283886	291417
保护耕地	万亩	65901	66182	68229	68277	68568	69821	70247	70247	63896	60476	64191	61266
保护人口	万人	53065	54174	55403	56487	57289	58978	59853	63938	56566	55857	58584	58608
8. 水闸总计	座	39313	39839	41209	41110	43829	42523	43300	44306	97256	98191	98686	103964
其中：大型	座	413	405	426	438	504	565	567	599	862	870	875	888
9. 当年解决农村饮水安全人口	万人	—	1104	2945	4468	5378	7295	6717	6397	7294	6343	6710	6709
10. 水灾													
受灾面积	万亩	11673	22451	15783	18823	13469	13122	26801	10787	16827	17851	8879	9198
成灾面积	万亩	6026	12325	8388	8954	6810	5694	13092	5090	8807	9934	4245	4581
11. 旱灾													
受灾面积	万亩	25883	24042	31107	44079	18206	43889	19889	24456	14000	16830	18408	15101
成灾面积	万亩	11926	12719	20117	24255	10196	19796	13481	9898	5263	10457	8616	8366

续表

指标名称	单位	2004年	2005年	2006年	2007年	2008年	2009年	2010年	2011年	2012年	2013年	2014年	2015年
12. 完成水利基建投资	亿元	783.55	746.85	793.84	944.85	1088.20	1894.03	2319.93	3086.03	3964.24	3757.63	4083.13	5452.22
按投资来源分：													
（1）预算内拨款	亿元	125.89	133.06	193.15	270.03	390.36	929.95	918.05	898.82	1291.48	1136.75	1282.04	1549.66
（2）预算内专项资金	亿元	199.24	179.36	184.72	195.70	160.47	128.76	94.79	29.17	25.38	12.73	2.39	14.20
（3）国内贷款	亿元	102.64	94.18	80.66	83.36	96.95	152.86	337.44	270.31	265.50	172.69	299.64	338.64
（4）利用外资	亿元	12.23	19.26	14.34	9.48	10.51	7.57	1.31	4.42	4.13	8.57	4.33	7.57
（5）自筹资金	亿元	296.29	242.20	212.34	219.94	235.36	333.87	316.19	406.83	350.42	360.67	339.90	573.15
（6）水利建设基金	亿元	28.79	30.27	36.12	67.78	60.49	105.47	215.18	79.61	120.05	108.06	132.45	142.13
（7）财政专项资金	亿元	—	—	—	—	—	—	—	564.81	1004.20	937.45	1159.24	1892.14
（8）重大水利工程建设基金	亿元	—	—	—	—	—	—	—	437.83	434.89	424.95	136.75	80.41
（9）其他投资	亿元	25.46	48.51	72.51	98.57	134.04	235.56	436.97	394.24	468.19	595.76	726.39	854.31
按投资用途分：													
（1）防洪	亿元	357.93	278.16	278.71	298.57	346.52	628.74	663.59	996.23	1394.28	1304.46	1467.45	1879.12
（2）灌溉	亿元	87.55	106.60	109.47	103.92	116.59	248.23	334.27	469.12	634.47	671.72	823.05	1391.77
（3）除涝	亿元	9.02	14.67	9.41	19.91	23.52	46.07	21.06	22.08	31.68	31.31	55.10	51.13

续表

指标名称	单位	2004 年	2005 年	2006 年	2007 年	2008 年	2009 年	2010 年	2011 年	2012 年	2013 年	2014 年	2015 年
（4）供水	亿元	130.79	116.52	208.23	301.17	351.26	617.81	736.27	815.02	1277.09	1061.41	1029.11	1316.57
（5）水电	亿元	71.53	65.47	57.32	66.49	77.37	72.04	105.39	109.01	117.20	164.42	216.90	152.09
（6）水土保持及生态	亿元	58.71	39.19	42.22	60.32	76.87	86.74	85.90	95.39	118.12	102.89	141.30	192.94
（7）水利基础设施	亿元	7.17	22.40	6.56	8.85	10.60	10.60	19.56	40.25	59.55	52.54	40.94	29.24
（8）前期	亿元	10.32	10.26	13.64	11.60	16.04	15.88	24.87	42.04	40.74	40.73	65.06	101.92
（9）其他	亿元	50.52	93.59	68.29	74.02	69.42	167.92	329.02	496.91	291.10	328.15	244.22	337.44
13. 年末全国水电装机容量	万 kW	10813	11652	12847	14523	17090	19686	21157	23007	24881	28028	30183	31937
全年水电发电量	亿 kW·h	3277	3952	4163	4870	5614	5055	6813	6507	8657	9304	10661	11143
14. 农村水电装机容量	万 kW	4336	4309	4720	5386	5127	5512	5924	6212	6569	7119	7322	7583
全年水电发电量	亿 kW·h	1229	1357	1484	1635	1628	1567	2044	1757	2173	2233	2281	2351
15. 水利工程供水量	亿 m^3	5548	5633	5795	5819	5910	5965	6022	6107	6142	6183	6095	6103

注 1. 本表不包括香港特别行政区、澳门特别行政区以及台湾省的数据。
2. 节水灌溉面积 2013 年统计数据与第一次全国水利普查数据进行了衔接，其他水利发展主要指标 2012 年统计数据已与第一次全国水利普查数据进行了衔接；其中，堤防长度与水利普查成果衔接后，进一步明确为 5 级及以上堤防。
3. 2011 年及以前万亩以上灌区处数及灌溉面积按有效灌溉面积达到万亩以上进行统计，2012 年以后按设计灌溉面积达到万亩以上进行统计。2015 年，经各省份核实，对 30 万亩以上灌区农田（有效）灌溉面积进行了更正。
4. 农村水电的统计口径为装机容量 5 万 kW 及 5 万 kW 以下水电站。

王　勇　乔根平　张　岚　执笔

乔建华　审核

深化改革篇

落实绿色发展理念
全面推行河长制河湖管理模式

陈　雷

习近平总书记主持召开中央全面深化改革领导小组第二十八次会议，审议通过《关于全面推行河长制的意见》。近日，中共中央办公厅、国务院办公厅联合印发该意见。这是贯彻新发展理念、建设美丽中国的重大战略，也是加强河湖管理保护、保障国家水安全的重要举措。我们要深入学习领会，着力抓好落实。

一、充分认识全面推行河长制的重大意义

江河湖泊是地球的血脉、生命的源泉、文明的摇篮，也是经济社会发展的基础支撑。我国江河湖泊众多，水系发达，流域面积 $50km^2$ 以上河流共 45203 条，总长度达 150.85 万 km；常年水面面积 $1km^2$ 以上的天然湖泊 2865 个，湖泊水面总面积 7.80 万 km^2。这些江河湖泊，孕育了中华文明，哺育了中华民族，是祖先留给我们的宝贵财富，也是子孙后代赖以生存发展的珍贵资源。保护江河湖泊，事关人民群众福祉，事关中华民族长远发展。

第一，全面推行河长制是落实绿色发展理念、推进生态文明建设的必然要求。习近平总书记多次就生态文明建设作出重要指示，强调要树立“绿水青山就是金山银山”的强烈意识，努力走向社会主义生态文明新时代。在推动长江经济带发展座谈会上，习近平总书记强调，要走生态优先、绿色发展之路，把修复长江生态环境摆在压倒性位置，共抓大保护、不搞大开发。《中共中央 国务院关于加快推进生态文明建设的意见》把江河湖泊保护摆在重要位置，提出明确要求。江河湖泊具有重要的资源功能、生态功能和经济功能，是生态系统和国土空间的重要组成部分。落实

绿色发展理念，必须把河湖管理保护纳入生态文明建设的重要内容，作为加快转变发展方式的重要抓手，全面推行河长制，促进经济社会可持续发展。

第二，全面推行河长制是解决我国复杂水问题、维护河湖健康生命的有效举措。习近平总书记多次强调，当前我国水安全呈现出新老问题相互交织的严峻形势，特别是水资源短缺、水生态损害、水环境污染等新问题愈加突出。河湖水系是水资源的重要载体，也是新老水问题体现最为集中的区域。近年来各地积极采取措施加强河湖治理、管理和保护，取得了显著的综合效益，但河湖管理保护仍然面临严峻挑战。一些河流特别是北方河流开发利用已接近甚至超出水环境承载能力，导致河道干涸、湖泊萎缩，生态功能明显下降；一些地区废污水排放量居高不下，超出水功能区纳污能力，水环境状况堪忧；一些地方侵占河道、围垦湖泊、超标排污、非法采砂等现象时有发生，严重影响河湖防洪、供水、航运、生态等功能发挥。解决这些问题，亟须大力推行河长制，推进河湖系统保护和水生态环境整体改善，维护河湖健康生命。

第三，全面推行河长制是完善水治理体系、保障国家水安全的制度创新。习近平总书记深刻指出，河川之危、水源之危是生存环境之危、民族存续之危，要求从全面建成小康社会、实现中华民族永续发展的战略高度，重视解决好水安全问题。河湖管理是水治理体系的重要组成部分。近年来，一些地区先行先试，进行了有益探索，目前已有 8 个省、直辖市全面推行河长制，16 个省、自治区、直辖市在部分市县或流域水系实行了河长制。这些地方在推行河长制方面普遍实行党政主导、高位推动、部门联动、责任追究，取得了很好的效果，形成了许多可复制、可推广的成功经验。实践证明，维护河湖生命健康、保障国家水安全，需要大力推行河长制，积极发挥地方党委政府的主体作用，明确责任分工、强化统筹协调，形成人与自然和谐发展的河湖生态新格局。

二、准确把握全面推行河长制的任务要求

全面推行河长制，必须深入贯彻党的十八大和十八届三中、四中、五

中、六中全会以及习近平总书记系列重要讲话精神，牢固树立新发展理念，认真落实党中央、国务院决策部署，坚持节水优先、空间均衡、系统治理、两手发力，以保护水资源、防治水污染、改善水环境、修复水生态为主要任务，全面建立省、市、县、乡四级河长体系，构建责任明确、协调有序、监管严格、保护有力的河湖管理保护机制，为维护河湖健康生命、实现河湖功能永续利用提供制度保障。

全面推行河长制，要坚持生态优先、绿色发展，坚持党政领导、部门联动，坚持问题导向、因地制宜，坚持强化监督、严格考核。生态优先、绿色发展是全面推行河长制的立足点，核心是把尊重自然、顺应自然、保护自然的理念贯穿到河湖管理保护与开发利用全过程，促进河湖休养生息、维护河湖生态功能。党政领导、部门联动是全面推行河长制的着力点，核心是建立健全以党政领导负责制为核心的责任体系，明确各级河长职责，协调各方力量，形成一级抓一级、层层抓落实的工作格局。问题导向、因地制宜是全面推行河长制的关键点，核心是从不同地区、不同河湖实际出发，统筹上下游、左右岸，实行一河一策、一湖一策，解决好河湖管理保护的突出问题。强化监督、严格考核是全面推行河长制的支撑点，核心是建立健全河湖管理保护的监督考核和责任追究制度，拓展公众参与渠道，让人民群众不断感受到河湖生态环境的改善。

三、全面推行河长制，必须抓好以下重点工作

第一，强化红线约束，确保河湖资源永续利用。河湖因水而成，充沛的水量是维护河湖健康生命的基本要求。从各地的实践看，保护河湖必须把节水护水作为首要任务，落实最严格水资源管理制度，强化水资源开发利用控制、用水效率控制、水功能区限制纳污三条红线的刚性约束。要实行水资源消耗总量和强度双控行动，严格重大规划和建设项目水资源论证，切实做到以水定需、量水而行、因水制宜。要大力推进节水型社会建设，严格限制发展高耗水项目，坚决遏制用水浪费，保证河湖生态基流，确保河湖功能持续发挥、资源永续利用。

第二，落实空间管控，构建科学合理岸线格局。水域岸线是河湖生态

系统的重要载体。从各地的实践看，保护河湖必须坚持统筹规划、科学布局、强化监管，严格水生态空间管控，塑造健康自然的河湖岸线。要依法划定河湖管理范围，严禁以各种名义侵占河道、围垦湖泊、非法采砂，严格涉河湖活动的社会管理。要科学划分岸线功能区，强化分区管理和用途管制，保护河湖水域岸线，对岸线乱占滥用、多占少用、占而不用等突出问题开展清理整治，确保岸线开发利用科学有序、高效生态。

第三，实行联防联控，破解河湖水体污染难题。人民群众对水污染反映强烈，防治水污染是政府义不容辞的责任。从各地的实践看，水污染问题表现在水中，根子在岸上，保护河湖必须全面落实《水污染防治行动计划》，实行水陆统筹，强化联防联控。要加强源头控制，深入排查入河湖污染源，统筹治理工矿企业污染、城镇生活污染、畜禽养殖污染、水产养殖污染、农业面源污染、船舶港口污染。要严格水功能区监督管理，完善入河湖排污管控机制和考核体系，优化入河湖排污口布局，严控入河湖排污总量，让河流更加清洁、湖泊更加清澈。

第四，统筹城乡水域，建设水清岸绿美好环境。良好的水生态环境，是最公平的公共产品，是最普惠的民生福祉。从各地的实践看，保护河湖必须因地制宜、综合施策，全面改善江河湖泊水生态环境质量。要强化水环境质量目标管理，建立健全水环境风险评估排查、预警预报与响应机制，推进水环境治理网格化和信息化建设。要强化饮用水水源地规范化建设，切实保障饮用水水源安全，不断提升水资源风险防控能力。要大力推进城市水生态文明建设和农村河塘整治，着力打造自然积存、自然渗透、自然净化的海绵城市和河畅水清、岸绿景美的美丽乡村。

第五，注重系统治理，永葆江河湖泊生机活力。山水林田湖是一个生命共同体。从各地的实践看，保护河湖必须统筹兼顾、系统治理，全面加强河湖生态修复，维护河湖健康生命。要依法保护自然河湖、湿地等水源涵养空间，在规划的基础上稳步实施退田还湖还湿、退渔还湖，着力保护河湖生物生境。要大力开展河湖健康评估，推进江河湖库水系连通，切实提高水生态环境容量。要积极推进建立生态保护补偿机制，加大江河源头区、水源涵养区、生态敏感区保护力度，对三江源区、南水北调水源区等重要生态保护区实行更严格的保护。加强水土流失预防监督和综合整治，建设生态清洁型小流域，着力构建河湖绿色生态廊道。

四、广泛凝聚保护河湖的强大合力

全面推行河长制是一项复杂的系统工程，必须强化组织领导、宣传发动和监督考核，广泛汇聚全社会力量，确保取得实实在在的成效。

第一，狠抓责任落实。各地要按照《关于全面推行河长制的意见》要求，抓紧编制符合实际的实施方案，健全完善配套政策措施。各省（自治区、直辖市）党委或政府主要负责同志要亲自担任总河长，省、市、县、乡要分级分段设立河长。各级河长要坚持守土有责、守土尽责，履行好组织领导职责，协调解决河湖管理保护重大问题，对跨行政区域的河湖明晰管理责任，协调上下游、左右岸实行联防联控。

第二，强化部门联动。河湖管理保护涉及水利、环保、发展改革、财政、国土、交通、住建、农业、卫生、林业等多个部门。各部门要在河长的组织领导下，各司其职、各负其责，密切配合、协调联动，依法履行河湖管理保护的相关职责。各级水利部门和流域管理机构在认真做好河长制有关工作的同时，要切实强化流域综合规划、防洪调度、水资源配置和水量调度等工作。

第三，构建长效机制。因地制宜设置河长制办公室，建立河长会议制度、信息共享制度、工作督察制度，定期通报河湖管理保护情况，协调解决河湖管理保护的重点难点问题，对河长制实施情况和河长履职情况进行督察。健全涉河建设项目管理、水域和岸线保护、河湖采砂管理、水域占用补偿和岸线有偿使用等制度，构建河湖管护长效机制。

第四，加强依法监管。健全河湖管理特别是流域管理法规制度，完善行政执法与刑事司法衔接机制，建立部门联合执法机制，落实河湖管理保护执法监管的责任主体、人员、设备和经费，依法强化河湖管理保护监管。强化河湖日常监管巡查制度，严厉打击涉河湖违法行为，切实维护良好的河湖管理秩序。

第五，严格考核问责。根据不同河湖存在的主要问题，实行差异化绩效评价考核，将领导干部自然资源资产离任审计结果及整改情况作为考核的重要参考。县级及以上河长负责对相应河湖下一级河长进行考核，考核结果作为地方党政领导干部综合考核评价的重要依据。实行生态环境损害责任终身追究制，对造成生态环境损害的，严格按照有关规定追究责任。

第六，引导公众参与。建立河湖管理保护信息发布平台，公告河长名单，通过设立河长公示牌、聘请社会监督员等方式，对河湖管理保护效果进行监督。加大新闻宣传和舆论引导力度，提高社会公众对河湖保护工作的责任意识和参与意识，营造全社会关爱河湖、珍惜河湖、保护河湖的浓厚氛围。

（编者注：原文刊载于《人民日报》2016 年 12 月 12 日第 15 版）

中办 国办印发
《关于全面推行河长制的意见》
水利部会同相关部委力推河长制工作

水利部建设与管理司

一、背景情况

江河湖泊具有重要的资源功能、生态功能和经济功能。近年来，各地积极采取措施，加强河湖治理、管理和保护，在防洪、供水、发电、航运、养殖等方面取得了显著的综合效益。但是随着经济社会快速发展，我国河湖管理保护出现了一些新问题，一些地方侵占河道、围垦湖泊、超标排污、非法采砂等现象时有发生。

党中央、国务院高度重视水安全和河湖管理保护工作。习近平总书记强调，保护江河湖泊，事关人民群众福祉，事关中华民族长远发展。李克强总理指出，江河湿地是大自然赐予人类的绿色财富，必须倍加珍惜。党的十八大以来，中央提出了一系列生态文明制度建设的新理念、新思路、新举措。一些地区先行先试，在推行河长制方面进行了有益探索，形成了许多可复制、可推广的成功经验。按照中央全面深化改革工作部署要求，水利部在广泛调研、总结地方实践经验的基础上，会同有关部门研究起草了《关于全面推行河长制的意见》（以下简称《意见》）。2016 年 10 月 11 日，习近平总书记主持中央全面深化改革领导小组第 28 次会议审议通过了《意见》。11 月 28 日，中共中央办公厅、国务院办公厅联合印发《意见》。

《意见》是加强河湖管理与保护的纲领性文件。《意见》贯穿了绿色发展理念，明确了地方主体责任和河湖管理保护各项任务，具有坚实的实践基础，是水治理体制的重要创新，对于维护河湖健康生命、加强生态文明建设、实现经济社会可持续发展具有重要意义。

二、《意见》的主要内容

《意见》包括总体要求、主要任务和保障措施3个部分，共14条。主要内容包括：

（1）河长制的组织形式。《意见》提出全面建立省、市、县、乡四级河长体系。各省（自治区、直辖市）设立总河长，由党委或政府主要负责同志担任；各省（自治区、直辖市）行政区域内主要河湖设立河长，由省级负责同志担任；各河湖所在市、县、乡均分级分段设立河长，由同级负责同志担任。县级及以上河长设置相应的河长制办公室。

（2）河长的职责。各级河长负责组织领导相应河湖的管理和保护工作，包括水资源保护、水域岸线管理、水污染防治、水环境治理等，牵头组织对侵占河道、围垦湖泊、超标排污、非法采砂等突出问题进行清理整治，协调解决重大问题，对相关部门和下一级河长履职情况进行督导，对目标任务完成情况进行考核。各有关部门和单位按职责分工，协同推进各项工作。

（3）河长制工作的主要任务。河长制工作的主要任务包括六个方面：一是加强水资源保护，全面落实最严格水资源管理制度，严守“三条红线”；二是加强河湖水域岸线管理保护，严格水域、岸线等水生态空间管控，严禁侵占河道、围垦湖泊；三是加强水污染防治，统筹水上、岸上污染治理，排查入河湖污染源，优化入河排污口布局；四是加强水环境治理，保障饮用水水源安全，加大黑臭水体治理力度，实现河湖环境整洁优美、水清岸绿；五是加强水生态修复，依法划定河湖管理范围，强化山水林田湖系统治理；六是加强执法监管，严厉打击涉河湖违法行为。

（4）河长制的监督考核。《意见》提出，县级及以上河长负责组织对相应河湖下一级河长进行考核，考核结果作为地方党政领导干部综合考核评价的重要依据。实行生态环境损害责任终身追究制，对造成生态环境损害的，严格按照有关规定追究责任。

三、水利部会同相关部委力推河长制

《意见》印发后，水利部会同环境保护部等部门采取了一系列措施，确保《意见》落地生根、取得实效。

（1）加大宣贯力度。12月11日《意见》向社会公开后，按照中央宣传部统一安排，国务院新闻办公室于12月12日举办新闻发布会，水利部副部长周学文和水利部、环境保护部相关司局负责同志介绍了《意见》有关情况，回答了媒体记者的提问。同时，配合中央有关媒体做好河长制的新闻宣传工作。

（2）印发实施方案。12月10日，水利部、环境保护部联合印发《贯彻落实〈关于全面推行河长制的意见〉实施方案》，进一步细化实化工作目标和主要任务，明确了时间表、路线图。一是明确总体要求。各地要扎实做好全面推行河长制工作，做到工作方案到位、组织体系和责任落实到位、相关制度和政策措施到位、监督检查和考核评估到位，确保到2018年年底前，全面建立省、市、县、乡四级河长体系。二是制订工作方案。各地要根据河湖的自然属性、跨行政区域情况，以及对经济社会发展、生态环境影响的重要性等确定河湖分级名录，明确河长制办公室设置，围绕水资源保护、水域岸线管理保护、水污染防治、水环境治理、水生态修复、执法监管等任务细化实化主要任务，强化分类指导，明确工作进度。三是落实工作要求。各地要抓紧建立河长会议、信息共享、考核问责与奖励等制度，加强经验总结推广、信息公开和信息报送。四是强化保障措施。各地要加强组织领导，明确责任分工，强化部门联动，形成工作合力，落实经费保障，加强宣传引导，流域管理机构、区域环境保护督查机构要充分发挥协调、指导、监督、监测作用。

（3）进行动员部署。12月13日，水利部和环境保护部、国家发展改革委、财政部、国土资源部、住房和城乡建设部、交通运输部、农业部、国家卫计委、国家林业局等十部门联合召开贯彻落实《意见》视频会议。会议由国家发展改革委张勇副主任主持，十部委负责同志出席主会场会议，水利部部长陈雷在会上强调了全面推行河长制的重要意义，就贯彻落实《意见》进行了动员部署。住房和城乡建设部、环境保护部负责同志讲话。全国各省（自治区、直辖市）政府秘书长、有关部门负责同志以及部分省份分管负责同志出席分会场会议。江西、江苏、浙江、重庆、广西、湖南、宁夏等省（自治区、直辖市）和北京市海淀区政府的相关负责同志做了交流发言。

（4）健全工作机制。一是水利部成立由主要负责同志担任组长的推进河长制工作领导小组，建立部领导牵头、司局包省、流域机构包片的督导检查机制，推动《意见》的贯彻落实，跟踪督导。二是水利部、环境保护部联合印发《关于建立河长制工作进展情况信息报送制度的通知》，自2017年起，各省（自治区、直辖市）河长制办公室每隔两个月将贯彻落实的进展情况报送水利部及环境保护部，有重大进展情况的须随时报送。

四、下一步工作安排

今后一个时期，水利部将会同有关部门加大工作力度，进一步做好《意见》贯彻落实工作。一是按照全面推行河长制督导检查制度安排，水利部各司局和流域机构下一步将全面开展督导检查工作，督促各地按照时间节点要求，推进各项工作。二是会同环境保护部等部门建立全面推行河长制工作部际协调机制，指导各省（自治区、直辖市）全面推行河长制，协调解决河长制推行中的重大问题。三是督促各地及时报送河长制工作进展情况，并做好经验总结推广工作。四是水利部将河长制工作纳入最严格水资源管理制度考核。五是加强调研、培训，梳理总结各地经验，及时研究解决河长制实施中的共性问题。六是2017年年底组织中期评估，2018年年底进行总结评估。七是加大河长制工作宣传力度，营造良好舆论氛围。

李春明　刘　江　孟祥龙　执笔
祖雷鸣　审核

链接

江苏：河长制十年探索
河湖治理的有效抓手

2007 年 5—6 月，太湖地区温度骤升，蓝藻疯长，加之东南风一吹，蓝藻迅速大量积聚，地处太湖东北湖湾的无锡市自来水水源因此遭受污染，市民惊慌，舆论哗然……

在当时太湖治理背景之下，江苏省无锡市提出建立和实施河长制，这项从河流水质改善领导督办制、环保问责制衍生出来的制度，让无锡市党政主要负责人分别担任了 64 条河流的河长，真正把各项治污措施落实到位。

2008 年 6 月，江苏省政府决定在太湖流域推广无锡的河长制，省政府办公厅印发了《关于在太湖主要入湖河流实行双河长制的通知》，每条河由省、市两级领导共同担任河长，“双河长”分工合作，协调解决太湖和河道治理的重任。

随着河长制的进一步推广，一些地方将河长扩大到由人大、政协领导担任，部分地方设立市、县、镇、村四级河长管理体系，这些自上而下、大大小小的河长实现了对区域河流的“无缝覆盖”。

2012 年 9 月，河长制被赋予了新的内涵。江苏省政府出台了《关于加强全省河道管理河长制工作的意见》，河长制从以保障水质为主拓展到以河道管理为主。截至 2016 年 11 月，全省 727 条省骨干河道、1212 个河段的河长已落实到位，其中由各级行政首长担任河长的占 2/3，太湖 15 条主要入湖河流实行了由省级领导和市级领导共同担任河长的双河长制。江苏省已经在全省范围内初步形成了较为完善的河长体系。

从河长制组织架构来看，纵向从地区行政长官（省委书记、省长、市委书记、市长）开始，“系在一根绳上”的还有区委书记、区长，镇党委书记、镇长，村支部书记、村委会主任；横向从政府各级部门开始，发改、经贸、财政、规划、建设、国土、城管、工商、环保等部门都各有分工，谁都不能在水环境治理上缺位。

从社会影响力看，沿湖地区的产业结构调整随着河长制推进不断加速，沿河、沿湖企业不得不放弃传统落后的生产方式，关停超标排污企业，寻求清洁生产方式，促进循环经济发展。同时，民间治水力量也被带动，参与积极性得到提高。

河长制的实施，极大地推进了河湖水系的管理与保护，江苏省全省河湖水环境质量明显提升。在先试先行的太湖流域，15 条主要入湖河流年平均水质全部达到Ⅳ类以上，流域65 个国控断面水质达标率较 2011 年提高了 17%，湖体水质改善为Ⅳ类，富营养化指数由中度转为轻度。在全省面上推行以后，河湖水域面积逐渐扩大、功能不断增强，重点水功能区水质达标率提高到 65. 2%，水源地水质达标率 99. 1%，沿线地区群众生产生活环境明显改善。

2016 年 10 月 11 日，习近平总书记主持召开中央全面深化改革领导小组第 28 次会议，审议通过《关于全面推行河长制的意见》，明确提出到 2018 年年底前全面建立河长制。作为河长制的发源地，江苏省继续深化河长制管理体制机制创新，制定河道管理标准化指标体系，完善考核工作机制，积极开展理论总结和实践提升，为全国面上推动提供理论依据，并持续在全省范围内深入推进。截至 2016 年年底，江苏全省 727 条省骨干河道 1212 个河段基本实现组织、机构、人员、经费“四落实”。

2017 年，江苏省提出以全面推行河长制为重点，加大改革攻坚力度，明确地提出了改革时间表，第一季度末全面出台工作方案，4 月底全面落实省市县乡村五级河长，上半年基本建立河长制制度体系，年底全省全面建立责任明确、协调有序、监管严格、保护有力的河长制运行机制，力争在全国率先全面建成河长制。

经过将近10年探索，江苏省河长制的实践基本达到了“优环境、促转型、惠民生”的目的，具有显著的生态、社会和经济效益。河长制成为治理河湖水系的有效抓手。

李先明　赵建平　陈　锋　郑　爽　陈　瀛　执笔

席　晶　审核

农业水价综合改革扎实推进

水利部财务司

为促进农业节水和农业可持续发展，2016 年 1 月，国务院办公厅出台《关于推进农业水价综合改革的意见》（以下简称《意见》)，对当前和今后一个时期农业水价综合改革作出全面部署。按照《意见》要求，水利部与国家发展改革委、财政部、农业部（以下简称“四部门”）密切配合，各司其职，指导地方推进改革工作。各地落实责任，健全工作机制，精心制定改革实施方案，因地制宜推进任务落实，农业水价综合改革工作实现良好开局。

一、部门协同，凝聚改革合力

（一）强化工作督促指导

为深入贯彻落实《意见》精神，2016 年 5 月，水利部与国家发展改革委、财政部、农业部联合印发《关于贯彻落实〈关于推进农业水价综合改革的意见〉的通知》，进一步细化任务举措，要求建立省级人民政府统一领导下、各部门共同参与的工作机制，科学合理编制实施方案和年度实施计划并按时报备。11 月，四部门联合印发《关于抓紧推进农业水价综合改革工作的通知》，通报各地改革进展情况，督促各地加快工作进度。《水利改革发展“十三五”规划》将农业水价综合改革纳入“十三五”水利改革发展重点任务，进一步强化农业水价综合改革工作。

（二）做好改革宣传培训

《意见》出台后，在《中国水利报》和水利部门户网站发布政策解读文章。召开水利财务工作座谈会，组织地方交流农业水价综合改革经验，研究部署推进改革工作。举办农业水价综合改革培训班，对地方水利部门相关人员进行培训。应地方水利部门要求，参加或组织技术支撑单位参加有关研讨培训，讲解改革要求，指导地方编制改革方案。

（三）推动重点任务落实

一是健全水权制度。水利部制定《加强水资源用途管制的指导意见》《水权交易管理暂行办法》《水流产权确权试点方案》等一系列制度办法，进一步完善用水总量控制指标体系，规范水权交易，开展水流产权确权试点和水权交易试点工作，为建立节水倒逼机制提供制度依据。二是加强用水计量设施建设。结合大中型灌区续建配套与节水改造、小型农田水利工程建设，进一步完善计量体系，为农业水价综合改革打好计量基础。三是加大资金支持。2016 年落实中央财政农田水利设施建设补助资金 201.2 亿元，明确要求各省在分配中央补助资金时，重点向农业水价综合改革等农田水利改革工作力度大的县（区、市）倾斜，突出强调配套供水计量设施，与工程建设同步规划、同步实施、同步验收。四是积极推进工程管理体制改革。开展农田水利设施产权制度改革和创新运行管护机制试点，将完善农业水价机制、建立精准补贴机制等纳入试点内容。五是大力扶持农民用水合作组织发展。开展创建 100 家全国农民用水合作组织国家示范组织工作，制定《全国农民用水合作组织国家示范组织评选标准》，指导各地做好评选申报工作，80 家农民用水合作组织通过了农业部组织的复核。六是大力发展农艺节水。结合水肥一体化和旱作农业技术推广，推进农业节水增效，强化用水需求管理。

二、地方负责，扎实推进改革工作

（一）建立工作机制，强化改革领导

截至 2016 年年底，26 个省份建立了改革领导小组或联席会议制度，定期研究解决改革中遇到的困难和问题，对改革工作作出具体安排部署。改革地区的大部分县相应建立了部门联动、各司其职的农业水价综合改革工作机制。

（二）编制实施方案，明确目标任务

截至 2016 年年底，20 个省份出台了推进农业水价综合改革的实施意

见或实施方案。一是落实责任分工。各地均明确各地市、县级人民政府对区域内农业水价综合改革工作负主体责任，相关部门相互配合、分工负责。二是排出了改革时间表。各地均明确用10年时间完成改革任务，大部分省份确定了3～5年完成改革任务的具体范围和实施面积。有的省份，如山东明确了各地市逐年改革实施面积。三是细化了改革目标任务。结合当地实际情况，因地制宜确定夯实农业水价改革基础、建立健全农业水价形成机制、建立精准补贴和节水奖励机制的具体措施。

（三）制订年度计划，稳步推进改革

17个省份编制了2016年度实施计划，并按计划扎实推进，有些省份尽管未制订年度实施计划，也结合实际开展了相关工作，形成了一些具有鲜明特色和操作性的做法。据初步统计，2016年改革实施面积约2200多万亩。

一是以点带面、统筹整合，创新改革方式。有的省份选择条件较好的县或灌区先行先试，探索符合当地实际的改革经验；有的省份结合其他农田水利项目统筹推进。如吉林、福建、安徽等省以原试点为基础巩固扩大范围；辽宁省将水田节水改造与农业水价综合改革相互融合，江西省以高效节水项目为抓手推进改革。

二是完善制度、补齐短板，夯实改革基础。河北省地下水超采综合治理试点区、湖北省引丹灌区开展了确权登记，将农业水权证直接发到最基层用水户。黑龙江省、陕西省对大型灌区末级渠系和计量设施进行更新改造，破解工程制约。甘肃省、江苏省着力规范组建农民用水合作组织，发挥用水合作组织的水费计收、工程管护等职责。

三是健全机制、区域统筹，合理调整价格。江苏省制定了农业用水价格核定计收管理办法，进一步明确了农业水价构成以及核算方法。黑龙江省部分县出现“整县推进”农业水价综合改革的良好势头。甘肃省5个县实现了“区域水价、同源同价”，现行农业水价基本达到运行维护成本水平。

四是筹集资金、奖补结合，推动政策落实。江苏省级以上财政共安排奖补资金3.83亿元，每亩补助标准达5元以上，用于农田水利维修养护补

助。湖北省当阳市明确市财政每年从农田水利工程维修养护经费、水利切块资金等经费中安排25万元用于节水奖励。湖南省浏阳灌区对农民用水户协会进行补助奖励，铁山灌区从城市供水、发电等收入中拿出一定比例资金用于补贴。甘肃省榆中县落实财政补助资金650万元，用于灌区水费补贴及种植大户节水奖补。

（四）加强宣传引导，营造改革氛围

各地充分利用地方报纸、电视、网络等媒介，通过树立宣传牌、宣传栏、印发宣传册、举办培训班、召开动员会等方式，解读政策，引导舆论，介绍水情，力争让基层干部、农民群众了解和支持改革。北京、河北、江苏、河南、云南、宁夏等省（自治区、直辖市）制作了改革宣传片，对试点经验做法进行总结提炼，供条件相似的地方借鉴参考。

三、推进改革对策措施

虽然农业水价综合改革取得阶段成效，但也存在对改革重要性和紧迫性认识不够、对有关改革政策把握不到位、资金筹集整合有困难等问题，亟待通过深化改革加以解决。下一步，四部门将进一步加大对各地指导和支持力度，采取有力有效措施推进改革工作。

（一）督促落实责任

加大对改革进展滞后地区的督促指导力度，推动地方政府落实改革主体责任，健全工作机制，加快夯实改革基础，抓好改革实施方案和年度实施计划的落实。

（二）强化改革统筹

把农业水价综合改革纳入推进农业供给侧结构改革的范畴，加强农业水价综合改革与其他相关改革的对接，统筹兼顾、多措并举。按照“先建机制、后建工程”的总体要求，统筹推进机制建设和工程建设，加大体制机制创新力度，加快农业水价综合改革政策落地生效。

（三）加强考核评价

把考核评价作为推进农业水价综合改革的重要抓手，适时开展各地落

实《意见》、改革实施方案和年度实施计划专项督导和考核，将考核结果与资金分配挂钩，形成有力的激励约束机制，推动各项任务落到实处。

（四）加强培训交流

继续围绕推进农业水价综合改革开展业务培训，切实提高省级相关工作人员的思想认识和业务水平。及时总结改革经验，选树典型，提炼模板，组织做好经验交流和推广，互促提高。加强改革政策的宣传解读，进一步凝聚共识，争取更广泛的社会支持。

汪习文　姜　楠　康　健　马晓健　执笔

叶建春　赫崇成　审核

全面实施水资源消耗总量和强度双控行动

水利部水资源司

实施水资源消耗总量和强度双控行动是《中共中央关于制定国民经济和社会发展第十三个五年规划的建议》和国家“十三五”规划纲要提出的一项重要战略举措。2016 年 10 月，经国务院同意，水利部和国家发展改革委联合印发了《“十三五”水资源消耗总量和强度双控行动方案》（以下简称《行动方案》），对“十三五”时期水资源消耗总量和强度双控行动做出全面部署和具体安排。

一、双控行动总体要求

习近平总书记多次强调要从全面建成小康社会、实现中华民族永续发展的战略高度，重视解决好水安全问题，并对保障国家水安全提出明确要求。要坚决贯彻中央决策部署，深入学习贯彻习近平总书记系列重要讲话精神，紧紧围绕统筹推进“五位一体”总体布局和协调推进“四个全面”战略布局，以五大发展理念为引领，以新时期水利工作方针为指南，以实行最严格水资源管理制度为平台，全面实施双控行动，重点抓好用水总量和强度“两项控制”。

通过严控用水总量，强化水资源承载能力的刚性约束，以水定产，以水定城，确保水资源开发利用控制在承载能力范围内；通过严控用水强度，把节约用水贯穿于经济社会发展和生态文明建设全过程，全面推进节水型社会建设，持续提升用水强度标准，实现水资源节约保护和高效利用。通过持续不断地推进双控工作，实现用水方式和经济发展方式的双重转变，为全面建成小康社会提供水安全保障。

双控行动从表面上看主要涉及用水管水工作，实质上着眼于解决经济社会发展中的问题，涉及经济发展的方式和结构，涉及政府与市场在水资源配置中的作用，涉及社会用水行为和规范。必须坚持总量强度双控与转变经济发展方式相结合，坚持政府主导与市场调节相结合，坚持制度创新和公众参与相结合，坚持统筹兼顾与分类推进相结合。

二、双控行动目标责任

党的十八届五中全会对我国“十三五”发展进行总体部署和战略布局，明确了发展的指导思想和目标要求。“十三五”规划纲要提出，到2020年用水总量控制在6700亿m^3以内，万元GDP用水量下降23%。考虑到我国农业、工业用水量占比大的用水结构特点，《行动方案》进一步明确万元工业增加值用水量下降20%、农田灌溉水有效利用系数提高到0.55的用水强度要求。

要紧紧围绕这一目标，健全省、市、县三级行政区用水总量和强度控制指标体系，逐级建立用水总量和强度控制目标责任制和责任追究制。总量和强度指标要分解到市县级行政区，实现双控指标全覆盖。加快推进江河流域水量分配，把用水总量控制指标落实到流域和水源。同时，严格用水定额管理，加快建立覆盖主要农作物、工业产品和生活服务行业的用水定额体系，并实行动态修订，采用先进的定额标准核定取用水量，发挥定额在强度控制上的约束和引导作用。

要通过全面实施最严格水资源管理制度考核，逐级建立用水总量和强度控制目标责任制。考核结果作为干部主管部门对政府领导班子和相关领导干部综合考核评价的重要依据。建立用水总量和强度双控责任追究机制，严格责任追究。最终，通过各方面努力，完善双控制度，落实双控措施，初步实现城镇发展规模、人口规模、产业结构和布局等经济社会发展要素与水资源协调发展。

三、双控行动重点任务

全面实施双控行动，要突出重点，统筹推进，把《行动方案》各项要求切实落到实处。

（一）强化水资源承载能力刚性约束

建立资源环境承载能力监测预警机制，对水土资源、环境容量和海洋资源超载区域实行限制性措施，是全面深化改革的一项重大任务。要开展地级、县级水资源承载能力评价，建立预警体系，强化水资源承载能力对经济社会发展的刚性约束。建立健全规划水资源论证制度，严格建设项目水资源论证和取水许可管理，从严核定许可水量，对取用水总量已达到或超过控制指标的地区暂停审批新增取水。

（二）全面推进各行业节水

落实节水优先方针，推进各行业节水，提高水资源利用效率，是控制用水强度的根本手段和有效途径。要强化农业节水，重点推进大中型灌区续建配套和节水改造，加快实施区域规模化高效节水灌溉，积极推广高效节水技术。强化工业节水，重点开展火电、钢铁、纺织、造纸、石化等高耗水行业节水技术改造，引导工业企业采用先进节水技术。强化城镇节水，加快推广和普及生活节水器具，对老旧和材质落后的供水管网进行更新改造。强化节水载体建设，持续推进节水型社会示范区建设，开展节水型灌区、企业、公共机构和居民小区建设，发挥典型示范作用。

（三）加快地下水超采区综合治理

随着经济社会的快速发展，地下水开发利用强度持续增加，产生了地下水超采等一系列资源和环境问题。要严格地下水取用水总量和水位控制，尽快完成地下水禁采、限采范围划定。制定并实施地下水压采方案，采取置换水源、调整种植结构、节水、水价和水资源费改革等综合措施，治理地下水超采。依法规范机井建设管理，限期关闭未经批准的和公共供水管网覆盖范围内的自备水井。加快实施国家地下水监测工程，完善地下水监测网络，对水位、水量、水质进行全方位动态监测。

（四）统筹配置和有序利用水资源

科学合理地配置水资源是改善区域水资源条件、促进水资源布局与经济社会发展相适应的关键举措。要合理有序地使用地表水、控制使用地下水、积极利用非常规水，逐步降低河流和地区的开发利用强度。做好江河水量调度配置，不断完善调度规则与方案，科学调配水资源，确保供水安全和生态安全。大力推进非常规水源利用，把非常规水源纳入区域水资源统一配置。结合海绵城市建设，科学利用雨洪资源。

（五）积极推进水权水市场建设

坚持“两手发力”，在进一步加强政府主导和引导工作的同时，充分发挥市场机制在水资源配置和双控行动中的重要作用。要加快水权制度建设，明晰区域和取用水户初始水权，稳步推进确权，建立健全初始水权分配制度。因地制宜探索水权交易方式，积极推进区域间、流域间、上下游间、行业间、用水户间等多种形式的水权交易。

（六）加快理顺价格税费

要加快农业水价综合改革步伐，健全农业水价形成机制，建立精准补贴和节水奖励机制。全面推行居民阶梯水价和非居民用水超定额超计划累进加价制度，合理制定、调整城镇供水价格。加强水资源费征收管理，推进水资源税费改革，积极开展水流产权确权试点、完善水资源有偿使用制度等方面的改革攻坚。

（七）提升水资源取水计量监控能力

要加大国家水资源管理系统应用力度，建立健全运行维护机制，充分发挥系统的业务支撑作用。推进水资源取水计量监测系统二期项目建设，对规模以上工业取水户、公共供水取水户和大型灌区及部分中型灌区渠首实现在线监控，提高计量监控覆盖水平。结合大中型灌区建设与节水改造、小型农田水利建设，着力完善灌溉用水计量设施，提高农业灌溉用水定额管理和科学计量水平。

（八）加强重点用水单位监督管理

要建立健全国家、省、市级重点监控用水单位名录，强化取用水计量监控，完善取用水统计和核查体系，建立健全用水统计台账。对重点用水单位的主要用水设备、工艺和水消耗情况及用水效率等进行监控管理。引导重点用水单位建立健全节水管理制度，实施节水技术改造，提高其内部节水管理水平。

（九）加快推进技术与机制创新

要大力推进技术创新，推进综合节水、非常规水源开发利用、水资源信息监测等关键技术攻关，加快研发水资源高效利用成套技术设备，建设节水技术推广服务平台，推广应用先进实用技术和装备。大力推进合同节水管理，引进第三方服务模式，通过合同节水管理实施节水技术改造，培育一批专业化节水服务企业。开展水效领跑者引领行动，在用水产品、用水企业和灌区等领域遴选一批用水效率先进、示范作用明显的领跑者，树立标杆，带动全社会向领跑者学习。

刘永攀　执笔

颜　勇　审核

开展水流产权确权试点工作

水利部规划计划司

开展水流产权确权是加快推进生态文明建设的重要内容。按照中央全面深化改革工作有关要求，水利部联合国土资源部研究制定了《水流产权确权试点方案》（以下简称《方案》），经国务院同意后印发实施。

一、工作背景

党中央、国务院高度重视水流等自然资源资产产权制度改革，先后做出一系列重要决策部署。党的十八届三中全会《关于全面深化改革若干重大问题的决定》提出“对水流、森林、山岭、草原、荒地、滩涂等自然生态空间进行统一确权登记，形成归属清晰、权责明确、监管有效的自然资源资产产权制度”。中共中央、国务院《生态文明体制改革总体方案》明确提出“开展水流和湿地产权确权试点。探索建立水权制度，开展水域、岸线等水生态空间确权试点，遵循水生态系统性、整体性原则，分清水资源所有权、使用权及使用量”。中央全面深化改革领导小组印发的2016年工作要点，明确要求水利部和国土资源部牵头制定水流产权确权试点方案，开展改革探索工作。

为做好制定水流产权确权试点方案有关工作，水利部高度重视，认真抓好任务落实。一是制订工作方案，明确责任分工。研究制定了《制定水流产权确权试点方案工作方案》，明确了编制试点方案的时间表、路线图。成立了试点工作组和方案起草组。二是开展专题调研，编制试点方案。分4个组赴浙江、江苏、湖北、江西、甘肃、宁夏、辽宁、内蒙古等8个省（自治区）进行实地调研。在调研基础上，抓紧起草提出《方案》初稿。三是开展专题研讨，做好部门协调。召集有关专家和地方水利部门负责同志，对《方案》初稿进行专题讨论。将《方案》征求国家有关部门、流域机构和有关省（自治区）的意见，针对反馈意见与有关部门进行了充分研究讨论和沟通协调。四是报请中央深改办、国务院审核后印发实施。经国务院审核同意后，水利部、国土资源部联合印发了《方案》，并组织召开了试点工作启动会，部署启动试点工作。

二、重要意义

一是《方案》界定了水流及水流产权确权的内涵。水流是江、河等的统称。水流产权确权主要是确定水域、岸线等水生态空间范围，分清水资源所有权、使用权及使用量，明晰水流产权的所有权人职责和权益、使用权的归属和权利义务。二是《方案》分析了水资源利用和保护中存在的突出问题。一些地方水资源开发利用方式偏于粗放，开发利用过度，围垦湖泊、挤占河道、侵占岸线、污染水体等问题较为突出，政府和市场两手发力的水治理体制机制还不够健全，而水流产权不清、权责不明、监管薄弱正是重要原因之一。三是《方案》强调开展水流产权确权，是健全自然资源资产产权制度的必然要求，对转变发展方式、倒逼产业结构调整、节约集约利用资源、保护水生态空间具有重要促进作用，对完善现代水治理体系具有重要意义。

三、总体要求

（一）指导思想

开展水流产权确权试点的指导思想是：遵循水生态系统性、整体性原则，以落实水流产权的所有权人职责和权益、明确使用权的归属和权利义务、加强保护和监管为主要任务，通过试点探索建立归属清晰、权责明确、监管有效的水流产权制度，为在全国范围开展水流产权确权积累经验。

（二）试点原则

一是节约资源、保护生态。坚持绿色发展，节约优先，保护为主。满足经济社会发展和维系良好生态环境对水流合理开发利用的需求，落实最严格水资源管理制度，严守生态保护红线。二是明晰权责、保障权益。合理划分各级政府事权和监管职责，明确占有、使用、收益、处分等权利归属关系和权责，落实所有权人权益，维护使用权人的合法权益。三是统筹推进、地方探索。中央做好顶层设计，按照健全自然资源资产产权制度要求，做好顶层设计，统筹部署试点；地方立足实际，积极发挥主动性和创造性，探索水流产权确权的有效路径和实现形式。四是改革创新、稳步实施。创新水流产权确权制度，赋予试点地区先行先试政策，允许采取差异性、过渡性的制度和政策安排，重点突破，有序推进，力求实效。

（三）试点目标

在全国选取有代表性的流域和区域，通过两年左右时间，探索水流产权确权的路径和方法，界定权利人的责权范围和内容，着力解决所有权边界模糊，使用权归属不清，水资源和水生态空间保护难、监管难等问题，为在全国范围开展水流产权确权积累经验。

四、试点任务

综合考虑试点内容、区域代表性和地方工作基础等因素，《方案》明确了水流产权确权主要包含水域、岸线等水生态空间确权和水资源确权两方面任务，选择在陕西省渭河、江苏省徐州市、丹江口水库（水库库区管理范围）开展水域、岸线等水生态空间确权试点，在宁夏回族自治区全区、湖北省宜都市开展水资源确权试点，在甘肃省疏勒河流域开展水资源和水域、岸线等水生态空间确权试点。

（一）水域、岸线等水生态空间确权

一是划定水域、岸线等水生态空间范围。县级以上地方人民政府组织水利、国土资源等部门依法划定河湖管理范围，以此为基础划定水域、岸线等水生态空间范围。二是确定水域、岸线等水生态空间权属。依据划定的水域、岸线等水生态空间范围，明确其所有权和功能定位，按照自然资源统一确权登记的有关规定实施统一登记。三是研究制定水域、岸线等水生态空间监管的措施。根据划界确权成果，试点地区提出加强水域、岸线等水生态空间监管的措施。水利、国土资源等有关部门建立加强监管的工作机制，强化部门间的信息共享和协调联动，严格水域、岸线等水生态空

间保护和监管。划定水域、岸线功能区划，明确分区用途和管理要求。

（二）水资源确权

《方案》强调，试点地区以区域用水总量控制指标和江河水量分配方案等为依据，开展水资源使用权确权。在水资源使用权确权试点中，充分考虑水资源作为自然资源资产的特殊性和属性，研究水资源使用权物权登记途径和方式。重点包括两个方面：一是水资源使用权确权路径。对于直接从江河、湖泊或者地下取用水资源的单位和个人，应当按照国家取水许可制度的规定进行确权。对灌区内农业用水户，明确以县级行政区域用水总量控制指标为基础进行确权。拥有水资源使用权的取用水户，按照有关法规和政策享有取用水资源等权利，接受水行政主管部门和流域管理机构的监督管理。进一步完善水资源有偿使用制度。二是明确水资源用途管制等监管要求。各级水行政主管部门要加强水资源用途管制，健全水资源监控计量体系。权利人应当按照规定的用途取用水，未经水行政主管部门批准不得擅自改变用途。

五、保障措施

一是加强组织领导。成立水流产权确权试点工作协调小组，加强对试点工作的统筹协调和跟踪指导。试点省（自治区）要成立由省（自治区）人民政府牵头的试点工作领导小组，全面组织实施试点工作。二是健全工作机制。试点省（自治区）水利、国土资源部门组织编制水流产权确权试点实施方案，报水利部、国土资源部组织审查，由水利部、国土资源部和试点省（自治区）人民政府联合批复后实施。建立试点工作联系、信息报送和监督检查制度。三是强化支撑保障。试点地区根据需要研究制定水流产权确权相关制度办法。水利部、国土资源部和试点省（自治区）人民政府加强试点宣传与引导。四是开展总结评估。水利部、国土资源部组织对试点工作进行全面总结评估，研究提出符合我国国情的水流产权确权方案。

下一步，水利部将继续做好水流产权确权试点工作。指导试点地区做好水流产权确权试点实施方案编制工作，联合国土资源部审批各试点实施方案，建立工作协调机制，加强试点跟踪指导，以落实水流产权的所有权人职责和权益、明确使用权的归属和权利义务、加强保护和监管为主要任务，积极探索开展水流产权确权的有效做法和经验。

韩　涛　陈金木　俞昊良　王俊杰　高　峋　执笔

高敏凤　吴　强　审核

水权试点工作取得积极进展

水利部水资源司

为贯彻中央决策部署，落实深化水利改革工作任务，积极稳妥推进水权制度建设，自2014年以来，水利部在宁夏、江西、湖北、甘肃、河南、内蒙古、广东7个省（自治区）开展了全国水权试点工作。同时，河北、新疆等8个省（自治区）也开展了省级水权试点。总体上看，各试点大胆探索、努力实践，试点工作取得了实质性进展和初步经验。

一、试点工作总体情况

（一）积极探索了不同类型的确权

试点地区探索了区域和取用水户两个层面的确权。在区域层面，主要通过分解区域用水总量控制指标和制定江河水量分配方案，明确区域取用水权益。例如，宁夏回族自治区将区域用水总量控制指标分解到各市县，逐级确认区域取用水权益；河南省将南水北调中线水量指标分解到相关市县，并作为开展水量交易的基础。在取用水户层面，有两种类型：一是对纳入取水许可的取用水户，根据《取水许可和水资源费征收管理条例》，由水行政主管部门发放取水许可证，明确取水权。二是对灌区内农业用水户，由地方政府或授权水行政主管部门发放水权证，因地制宜将水权明确到农村集体经济组织、农民用水合作组织、农户等。例如，甘肃省将灌区用水指标细化分解到各斗渠，将水权确权给各用水户协会；河北省以地下水可开采量为依据，将水权确权给农户。

（二）探索形成了多种行之有效的水权交易模式

一是跨区域水权交易。内蒙古自治区开展了巴彦淖尔市与鄂尔多斯市之间的跨盟市水权交易，巴彦淖尔市将节约的农业用水有偿转让给鄂尔多斯市的工业企业。同时，内蒙古自治区成立了水权收储交易中心，已与7家用水企业签订了交易合同。二是跨流域水量交易。河南省新密市和平顶山市依托南水北调工程开展了2200万m^3的水量交易。三是行业间和用水户间水权交易。甘肃省武威市凉州区开展了农户间水权交易，2015年交易水量468万m^3。四是流域上下游间的水权交易。广东省东江流域上游惠州市等将节约水量有偿转让给下游的广州市、深圳市，目前惠州市和广州市已初步达成交易意向；山西省、河北省和北京市开展了永定河上下游水量交易。五是政府回购（或收储）水权后向市场释放。新疆维吾尔自治区昌吉回族自治州以不低于3倍执行水价的价格回购农户节余水量，再向市场配置，2015年已向工业、城市转让水权2913万m^3。这些行之有效的交易模式充分发挥了市场优化配置水资源的作用，激励了用水户节水，实现了水资源从低效益领域向高效益领域的流转。

（三）积极开展了水权制度建设

水利部出台了《水权交易管理暂行办法》，印发了《加强水资源用途管制的指导意见》。各试点地区也出台了一批制度办法：广东省颁布了《广东省水权交易管理试行办法》；河南省出台了《南水北调水量交易管理办法（试行）》；内蒙古自治区制定了《闲置取用水指标处置实施办法》；湖北省宜都市出台了《农村集体水权确权登记办法（试行）》；河北省出台了水权确权和农业水权交易的管理办法等。这些办法的出台，为水权试点工作提供了重要制度保障。

（四）有序推进了水权进场交易

水利部成立了中国水权交易所，已成功撮合10项水权交易，累计成交水量6.36亿m^3。推动甘肃等7个省（自治区）利用中国水权交易所的平台交易，不再自建本级平台。

二、试点工作取得的初步经验

（一）基本探明了确权的主要路径

水资源属国家所有，水权确权确的是水资源使用权。总体上看，试点主要采取了四个步骤：第一，明确行政区域的用水总量控制指标，并将用水总量控制指标细化到具体江河、湖泊、水库和地下水源。第二，明确行业配置方案，依据水资源综合规划，充分考虑未来发展，明确生活、农业、工业等主要用水行业的水量份额。第三，依据总量控制指标、行业配置方案和用水定额标准，明确各取用水户的可用水量。对纳入取水许可的取用水户，重点是规范取水许可管理，严格核定许可水量；对灌区内取用水户，主要是将灌区总量指标科学公平分配到各农村集体经济组织、农民用水合作组织、农户等。第四，复核、发证和完善计量监控。在发证前，先进行总量平衡检查复核，部分地区对用水户确权还进行了公示；复核公示后发证，同步配备计量监控设施，确保水权可监管。

（二）基本探明了水权交易需要把握的关键环节

试点经验表明，水权交易应把握四个重点环节：一是科学公平地确权，这是前提条件。二是通过水权交易平台公开交易，这是水权交易有序高效进行的重要保障。三是确定合理的交易价格，这是买卖双方得以顺利达成交易协议的关键。从各地实践看，大多是在进行成本测算的基础上采用了政府指导价方式。如河南省新密市与平顶山市之间的交易，根据南水北调工程基本水价、供求关系、交易成本、交易收益等因素确定交易价格；内蒙古、宁夏两自治区在开展农业向工业水权交易过程中，主要根据灌区节水改造工程建设、运行维护、更新改造等方面的费用测算交易价格。四是加强制度建设和交易监管，这是水权交易规范有序进行的重要保障。水利部以及各试点出台的制度办法为规范水权交易起到了重要作用。强化政府监管、弥补市场失灵也是促进水市场健康发展不可或缺的措施。

（三）统筹推进水权与相关改革相结合，发挥改革组合拳的作用

一是水权和水价改革相结合。80 个农业水价综合改革试点将明晰农业水权作为水价改革的首要环节，并实施农户间水权交易、政府对水权内节约水量回购等措施。二是水权和农村小型水利工程产权改革相结合。湖北省宜都市将农村堰塘工程确权与水权确权相结合，充分调动了农民用水、管水的积极性。三是水权和地下水超采治理相结合。河北省在地下水超采综合治理试点地区，将地下水可开发利用量细化到灌区，确权到农户，倒

遏用水户调整种植结构和节水，有力推动了地下水压采。实践证明，凡是改革统筹结合越好的地方，水权水市场建设越容易开展，效果也越明显。

三、存在的主要问题和困难

（一）试点工作进展不平衡

北方地区受用水总量控制指标的限制，水权试点进度较快。但南方地区由于水资源相对丰沛，交易需求动力不足，水权试点进展缓慢。

（二）计量监控基础薄弱

试点地区计量监控基础较差，难以为水权确权、交易和监管提供全面有效支撑。从全国来看，虽然实施了国控一期项目，但总体上监控计量能力距管理需要还有很大差距，农业用水计量监控尤为薄弱。

（三）确权仍面临一些困难

水资源短缺地区地多水少矛盾突出，确权水量与实际需水量差距较大，落实过程中存在阻力；水资源相对丰沛地区用水矛盾不突出、短期内无交易需求，用水户对确权的积极性不高。从确权本身看，部分试点地区还存在确权做法不够规范、水权证样式各异、确权期限长短不一、确权时对水资源用途管制考虑不到位等问题。

（四）水权市场不活跃

确权不到位，可交易水权不清晰，交易的基础还不充分；一些地区和取用水户担心出售水权会带来负面影响，存在惜售心理；还有不少地区和企业从市场购买水权的意愿不强。

（五）一些问题仍有待深入研究

当前水权理论研究滞后于实践探索需要，政府与市场作用的具体边界、确权与交易的风险防控措施等还需要进一步深入研究。

四、下一步工作安排

（一）加快试点工作进度

按照水利部和试点地区省级人民政府联合批复的试点方案，水利部

2017 年将对 7 个试点进行验收。水利部将督促试点地区倒排工期，抓紧完成试点方案明确的各项任务，做好试点工作评估验收准备。

（二）夯实工作基础

结合国控二期项目建设，进一步完善建设方案，加大对试点地区支持力度，加快完善试点地区计量监控体系。督促和指导各地按照经济实用、应设尽设原则，配套适宜的供水计量设施，与农田水利工程同步设计、同步建设、同步验收，全面加强农业取用水计量监控。按照确有需要、技术可行、可以操作的原则，积极稳妥地推进跨省江河水量分配。规范取水许可管理，从严核定许可水量。

（三）积极培育水市场

充分发挥市场作用，在完成用水总量指标分解、江河水量分配的地区，鼓励通过区域水量交易解决资源配置问题；在用水量超过或接近总量控制指标的地区，鼓励工业企业通过水权交易解决新增用水需求问题。更好发挥政府作用，强化政府在用水总量控制、水权确权、用途管制等方面的作用，强化对水市场的监管，处理好效率与公平的关系。

（四）加快制度建设和重大问题研究

鼓励试点地区将确权、交易等成熟的经验及时上升为地方性政策法规。组织有关技术支撑单位围绕政府与市场作用边界、水资源的资产化管理等重大问题深入开展研究。

齐兵强　刘国军　执笔

郭孟卓　审核

专栏三

中国水权交易所正式开业运营

水利部财务司

为加快国家水权制度建设，培育水权交易市场，经国务院同意，由水利部和北京市政府联合发起设立中国水权交易所。2016年6月28日，中国水权交易所在京开业，水利部领导和北京市政府领导出席并讲话。

水利部部长陈雷对建设好、运营好、发展好中国水权交易所提出了明确要求。一要坚持服务大局，把准发展定位。紧紧围绕促进水资源优化配置、保障国家水安全的目标，推动和规范水权交易，加快形成依靠市场机制增强水资源节约高效利用动力的创新示范效应。二要着眼长远发展，搞好战略规划。科学制定交易所中长期发展战略，不断丰富完善交易服务内容，积极开拓交易市场，确保交易所持续健康发展。三要依法规范运营，打造示范名片。严格遵守法律法规和有关规定，不断完善交易规则，优化交易流程，把中国水权交易所打造成权威、规范、安全、高效的国家级公共资源交易名片。四要完善企业制度，促进健康发展。按照建立现代企业制度的要求，不断健全法人治理结构，完善内部规章制度，建立健全权责对等、协调运转、有效制衡的决策执行监督机制。五要加强队伍建设，培养优良作风。强化党的建设和党风廉政建设，健全干部人才培养、选拔、使用机制，营造风清气正、干事创业的良好氛围。

开业以来，中国水权交易所认真贯彻落实部党组决策部署，聚焦主营业务，扎实开展工作。依据《水权交易管理暂行办法》，进一步完善交易制度，经北京市金融工作局审查通过。针对区域水权交易、取水权交易、灌溉用水户水权交易三种交易形式，开发了基于云平台的在线水权交易系统。9项水权交易系统专利申请获得国家版权局批准，顺利通过“中关村高新技术企业”认定评审。截至2016年年底，为10单水权交易提供了支撑，交易水量 6.36 亿 m^3，实现营业收入 1147 万元，水权交易工作实现良好开局。

中国水权交易所的开业运营，是水资源管理和资源要素市场建设领域的一项重大变革，也是经济体制改革和生态文明体制改革的一项重要成果，作为国家级水权交易平台，将充分发挥市场在水资源配置中的决定性作用和更好地发挥政府作用，推动水权交易规范有序开展，提升水资源利用效率和效益，为水资源可持续利用、经济社会可持续发展提供有力支撑。

姜　楠　汪习文　霍静怡　康　健　执笔

叶建春　赫崇成　审核

链接

新疆：昌吉回族自治州强化“井电双控”建立水量交易平台　实现多方共赢

新疆维吾尔自治区昌吉回族自治州（以下简称“昌吉州”）干旱缺水，人均水资源量仅为1597m^3，低于全疆人均3827m^3的水平。近年来，随着当地经济的快速发展，全州用水总量达32亿m^3，大大超过了自治区下达昌吉州2020年25亿m^3、2030年21.6亿m^3的最严格水资源管理总量控制指标。

为了解决水资源制约经济发展的难题，昌吉州将最严格水资源管理“三条红线”控制指标作为经济布局、产业发展、结构调整的约束性、控制性、先导性指标，建立了覆盖各县市的“三条红线”控制指标体系和州、县、乡三级水资源管理新体制。同时，州域内用水总量控制指标全部分解到了各县市、乡镇、地块。各县市政府成立了农村水资源管理总会，县市政府主要领导担任会长；各乡镇成立了水资源管理分会，分会长由乡镇政府主要领导担任。自治州党委、政府还将“三条红线”控制指标的分解落实和工作完成情况，纳入各县市领导班子年度考核目标管理体系当中，由此建立了有效的用水总量控制管理体系。

昌吉州以农民二轮承包土地为基础，以分解确定到各县市、乡镇、地块的用水总量控制指标为依据，建立健全了农业初始水权登记管理制度，严格执行农业差异化水价新机制。分解指标的同时，昌吉州还不断加大对非法开采地下水、非法占用农用地、非法取水机井的排查整治力度，扫清推进水权水价改革工作的障碍。全州通过执行差异化水价，大幅度提高非二轮土地用水的水资源费征收标准，运用价格杠杆，实现退地还水。

目前，1万余眼农业机电井已全部安装智能取水装置，实现了实时远程监测控制。同时，强化“井电双控”，严控新打、更新机井指标。除了必要的生活用水以外，禁止新增取用地下水灌溉；严格控制机井更新，除农村二轮承包地外，经营性土地的灌溉机井原则上不予更新；强化地下水开发利用审批监督，严格控制地下水开采。通过全面落实水资源管理“三条红线”控制指标，2016年，昌吉州压减地下水4亿m^3，呼图壁县、昌吉市等四县市部分区域地下水位31年来首次回升。

昌吉州还通过搭建农业节余水量收储交易平台，借市场之力，激发各方参与水权水价改革的积极性。目前，昌吉州已建成30个水量收储交易平台，农业节约水量向非农业转移水量达2913万m^3。据了解，各县市政府回购农户初始水权份额内的节余水量价格在执行水价的6~10倍。昌吉州为保障农户节水积极性，通过水管单位统一回购，将农户节余水量转向种植大户或农业企业，全自治州节水村村交易、户户交易和跨行交易已成常态。

同时，昌吉州还按照市有总会、乡有分会、村有协会的总要求，建立了农村水利服务联动机制，将水利管理和服务延伸到田间地头。各县市将收取的水资源费、水资源补偿费按比例返还协会，建立奖返（补）机制，提升了农村涉水事务管理的积极性，解决了资金难题。

雷小牛　执笔

席　晶　审核

水资源税改革试点取得阶段成效

水利部财务司

根据党的十八届三中全会关于将资源税扩展到占用各种自然生态空间的要求，为促进水资源节约、保护和合理利用，加快生态文明建设，经党中央、国务院批准，财政部、国家税务总局、水利部（以下简称“三部门”）确定自2016年7月1日起在河北省开展水资源税改革试点。试点启动以来，三部门密切配合，督促指导河北省稳步推进试点工作。河北省高度重视、精心组织、统筹推进。目前，试点工作总体进展平稳有序，改革成效初步显现。

一、政策制定情况

（一）部门协同，强化改革顶层设计

2016年5月，三部门联合印发《水资源税改革试点暂行办法》，明确了水资源税征收对象、征收方式、税额标准制定原则等相关规定。河北省财政厅、地方税务局、水利厅联合制定了《河北省水资源税改革试点实施办法和税额标准》并报三部门审批。6月，三部门联合印发《关于河北省水资源税税额标准等有关问题的批复》，批复了河北省区分地表水、地下水、不同行业拟定的税额标准，以及超计划、超定额取用水水资源税税额标准。12月，三部门联合印发《关于河北省水资源税改革试点有关政策的通知》，就试点过程有关免税政策等问题作了进一步明确。

（二）地方着力，切实推动政策落实

河北省召开省委常委会和省政府常务会议专题研究，成立改革领导小组，统筹调度，部署安排具体工作。河北省财政、税务和水利等部门密切协作，统筹推进改革工作。一是完善配套政策。制定了《河北省水资源税

改革试点实施办法》《河北省水资源税改革试点工作指导意见》《河北省水资源税征收管理办法（试行）》《河北省工业生活取用水量核定工作办法》《河北省规范取水许可做好水资源税征收管理的意见》《关于进一步明确水资源税纳税人取用水信息移交范围的紧急通知》和《关于做好水资源税纳税人清查工作的通知》等一系列配套政策，为水资源税改革试点顺利实施提供了制度依据。二是强化信息共享。研发水资源税取用水信息管理系统，实现与省地税信息系统平台对接和信息共享，各市县可通过网上填报水资源税取用水户基础信息和水量月报信息。三是加强宣传报道。及时召开视频会对水资源税改革试点工作进行推进、培训、调度；通过河北水利网、河北水利杂志等宣传水资源税改革政策，介绍交流各地工作经验；建立通报和简报制度，对取用水信息移交与核查、水资源税纳税人信息录入等工作情况进行通报。

二、政策执行情况

根据河北省统计，截至2016年年底，水资源税开征半年以来全省申报水资源税7.21亿元，与2015年月均水资源费相比，增幅为85%。从水资源税开征以来的执行情况分析，改革后取用地下水企业、地下水超采区企业、高耗水企业、超计划取用水企业税负增加；居民生活用水、一般工商企业用水、农业用水税负持平，总体符合设定的改革目标。

（一）从水源结构看，地下水税额标准高于地表水

2016年7月以来，河北省全省累计申报取水量7.93亿m^3，其中地表水占36%，地下水占64%；水资源税收入地表水占12%，地下水占88%。按此计算，综合税额标准地表水为0.31元/m^3，地下水为1.24元/m^3，地下水是地表水的4倍。用水户取用地下水与地表水的税负差距明显，有助于引导企业调整用水结构，减少使用地下水。

（二）从区域结构看，超采区税额标准高于非超采区

河北省区分非超采区、一般超采区和严重超采区制定了不同用水类型的地下水水资源税额标准。根据征收情况测算，非超采区、一般超采区和严重超采区地下水综合税额标准分别为1.46元/m^3、2.22元/m^3和3.32

元/m^3。超采区税额标准明显高于非超采区，体现了抑制地下水超采的改革目标。

（三）从产业结构看，特种行业税额标准高于其他行业

根据不同行业用水特点，河北省区分农业（农田灌溉超限额部分和农村集中式饮水工程）、工商业、城镇供水、特种行业和其他等五种用水类型，分别制定了水资源税税额标准。从制定的分类税额标准看，洗车、洗浴、高尔夫球场、滑雪场等特种行业用水税额标准明显高于工商业、城镇供水企业和其他行业。根据纳税申报情况分析，工商业综合税额标准为1.58元/m^3，特种行业综合税额达到15.56元/m^3，远高于一般工商业、城镇供水企业1.4～6元/m^3的税额标准。特种行业税额标准大幅度提高，有效发挥了资源税的调控作用。居民生活用水、一般工商企业计划内取用水税额标准与改革前水资源费标准持平，限额内农业用水仍免征水资源税，未增加居民生活、工商企业正常用水和限额内农业用水的税收负担，有利于水资源税改革的顺利推进。

（四）从用水效率看，超计划用水税额标准高于计划内用水

河北省对城镇公共供水企业以外的其他企业超计划取用水实行超额累进征收水资源税，取用水量超计划20%（含20%）以内的部分，按计划内税额标准的2倍征收；取用水量超计划20%～40%（含40%）的部分，按2.5倍征收；取用水量超计划40%以上的部分，按3倍征收。同时，明确对超限额农业用水按规定征收水资源税，河北省正在研究制定农业用水限额和超限额部分水资源税额标准。实行超计划取用水累进征收水资源税制度，进一步促进了取用水户水资源利用效率的提高。

三、取得的成效

（一）水资源管理水平进一步提升

为推动改革试点顺利进行，河北省财政、地税、水利等部门密切配合，构建了“水利核准、纳税申报、地税征收、联合监管、信息共享”的管理模式。开发建设了水资源税征管信息传递平台，实现了部门间取水许

可、年度取水计划、年度取水量等信息的实时共享。通过对取水户逐户核查，摸清了纳税人底数，建立了用水户档案，进一步强化了对纳税人的管理；同时，采取注销过期取水许可证、安装计量水表、查封违法自备井等多项措施，强化了对违规、违法取水的监管和整治，有效促进了水资源规范管理。改革后水资源税申报率达到 100%，除少数暂不具备计量条件的采取核定征收外，95% 以上的纳税人实现了计量取水和计量纳税。

（二）用水户节水意识明显增强

水资源税改革后，河北省调高了地下水和特种行业用水水资源税税额标准，增强了税收刚性约束，税收引导用水户节约用水、抑制地下水超采的作用开始显现。部分钢铁企业开始采取加大节水设施投入、配备污水处理设备及水循环利用系统等措施，加强用水管理，降低用水成本。高尔夫球场、洗车、洗浴等特种行业用水，主动转变用水方式，减少用水量，部分高尔夫球场采取建设蓄水人工湖、利用雨水收集系统灌溉、改种抗旱草皮等措施；部分洗浴中心改为使用自来水，不再抽取地下水。

汪习文　姜　楠　康　健　霍静怡　执笔

叶建春　赫崇成　审核

协同加大金融支持水利建设力度

水利部财务司

2016年是“十三五”开局之年，水利建设任务繁重，投资需求大。水利部在继续争取财政投入的同时，积极协调人民银行和有关金融机构，继2015年出台重大水利工程专项过桥贷款后，2016年推动抵押补充贷款（PSL）资金、开发性金融支持水利扶贫开发等多项水利信贷优惠政策，推动地方用好用足金融优惠政策，多渠道筹措水利资金，加快建设进度。

一、推动落实抵押补充贷款（PSL）资金融资政策

2016年年初，经大力协调，中国人民银行批准中国农业发展银行开办抵押补充贷款（PSL）资金用于支持水利建设。这是继2015年重大水利工程专项过桥贷款政策后出台的又一重大政策。2016年1月5日，水利部与中国农业发展银行联合印发了《关于用好抵押补充贷款资金支持水利建设的通知》，对抵押补充贷款（PSL）资金的管理做出了具体规定。抵押补充贷款（PSL）资金采取项目库管理，具有使用范围广、使用期限长、利率低、资金来源更加稳定、办理手续快捷的特点。2016年3月，水利部办公厅、中国农业发展银行办公室印发了《关于做好抵押补充贷款项目库管理工作的通知》，就建立抵押补充贷款（PSL）项目库提出了具体要求。截至2016年12月底，中国农业发展银行通过抵押补充贷款（PSL）资金累计发放水利项目贷款610亿元，支持了621个项目。

二、推动落实开发性金融支持水利扶贫开发政策

为贯彻落实中央脱贫攻坚决策部署，充分发挥开发性金融对水利扶贫开发工作的重要促进作用，2016年2月，水利部、国家开发银行联合印发了《关于加强金融支持水利扶贫开发工作的意见》，对中央有关金融支持

扶贫开发各项优惠政策进行了细化明确，提出了扶贫再贷款、过桥贷款等一系列优惠政策。同时，水利部积极会同国家开发银行、中国农业发展银行加大对水利部定点扶贫的重庆4县的融资支持。水利部财务司多次与国家开发银行总行、中国农业发展银行总行有关部门沟通，并多次会同两家银行赴重庆调研，积极落实金融扶贫各项优惠政策。国家开发银行重庆分行向4县派驻定点扶贫金融服务专员，国家开发银行重庆分行、中国农业发展银行重庆分行主要领导多次赴4县就水利项目融资进行对接，4县融资工作推进顺利，贷款投放额度大幅增加。2016年11月，国家开发银行专门为4县提供扶贫捐赠资金400万元，每县100万元，用于补充贷款风险补偿金，为建档立卡贫困户获取产业贷款提供增信服务。

三、推动水利项目通过专项建设基金、政府和社会资本合作（PPP）等方式筹措建设资金

为落实国务院第98次常务会议和李克强总理批示要求，积极协调国家开发银行、中国农业发展银行，充分发挥专项建设基金投向范围广、项目遴选程序简便、资金成本低、退出机制灵活的特点，加大对水利项目的支持。目前两家银行共审批了水利项目专项建设基金1892亿元，支持了2340个项目。积极参与财政部牵头组织的政府和社会资本合作（PPP）有关工作。2016年8月，水利部派出专家和观察员参与财政部第三批PPP项目库的评审，多个水利类项目被列入第三批PPP项目库。

四、继续全面深化与有关金融机构的合作

2016年，水利部继续加强与国家开发银行、中国农业发展银行、中国农业银行等金融机构的沟通协调，推动三家银行结合水利行业特点，创新水利项目融资模式，加大对水利的支持力度。国家开发银行对重大水利工程执行利率下浮优惠政策，贷款期限最长可达40年，简化贷款审批手续，开通项目审批绿色通道，提高单个水利项目审批额度至40亿元。中国农业发展银行将水利建设中长期贷款期限延长到30年，同时为加快贷款投放，对于可行性研究报告尚未批复或正在批复中的项目，可先行受理、调查评

估、审批和发放贷款。中国农业银行将承担重大水利项目建设的借款人直接认定为支持类客户，将水利项目贷款期限延长至30年，将30亿元以下水利项目审批权限下放至分行，对水利项目信贷审查实行即报即审，优先办结，制定了水利建设项目评审手册，为水利项目融资调查提供依据。截至2016年12月底，三家银行大口径水利贷款余额10597亿元，前12个月发放水利贷款4041亿元。

蔡　泓　郑红星　陈艺伟　刘婉迪　执笔

叶建春　高　军　审核

专栏四

鼓励社会资本参与重大水利工程建设运营取得积极进展

水利部规划计划司

为激发社会资本活力，建立健全水利建设资金多渠道筹措机制，提高水利管理效率和服务水平，2015年，水利部联合国家发展改革委、财政部制定印发了《关于鼓励和引导社会资本参与重大水利工程建设运营的实施意见》，并选择了12个项目开展国家层面联系的试点工作。试点工作启动以来，水利部会同有关部门和地方采取有力措施，积极推进政府和社会资本合作的探索实践，取得了积极进展和成效。

湖南莽山水库、广东韩江高陂水利枢纽、重庆观景口水库、贵州马岭水利枢纽等4个PPP项目目前已经成功落地实施。其中，湖南莽山水库以特许经营方式吸引社会资本参与工程建设运营，通过公开招标，择优确定广东水电二局等三家单位组建的投标联合体为中标人，成立莽山水库开发建设有限公司，作为项目法人，负责枢纽工程建设运营和灌区骨干工程建设，项目法人投入不少于4.2亿元，约占工程总投资的22.2%。广东韩江高陂水利枢纽采用BOT模式，由高陂水利枢纽工程建设管理处（政府出资人代表）通过公开招标引进社会资本，确定广东水电二局作为中标单位，由其组建项目公司并授予特许经营权，负责韩江高陂水利枢纽工程的建设运营，初步确定社会资本投资19.56亿元，约占工程总投资的31.8%。重庆观景口水库通过要约谈判的方式，确定重庆市水利投资集团作为社会资本合作方，吸引社会资本4亿元，占工程总投资的10.3%。贵州马岭水利枢纽通过公开招标，确定贵阳勘测设计研究院有限公司作为中标人参与工程项目建设运营，吸引社会资本4.28亿元，占项目总投资的16.1%。除上述试点项目外，黑龙江奋斗水库、安徽江巷水库、甘肃引洮供水二期、四川李家岩水库等4个试点项目均已完成实施方案编制，初步明确了对社会资本的资质资格要求，以及政府和社会资本的合作模式、操作方式等，如李家岩水库拟实行“水库管网一体”并采用BOT模式，通过公开招标选择社会投资人参与项目建设运营。其他4个试点项目正在加快推进PPP方案论证工作，与社会资本投资方进行洽谈，听取社会资本方的意见和建议，积极探索吸引社会资本的有效模式。

水利部将联合国家发展改革委等有关部门，进一步加强对试点工作的跟踪指导，总结各试点项目吸引社会资本参与水利建设运营的有效做法和成功经验，在此基础上，编制提出政府和社会资本合作建设重大水利工程操作指南，明确政府和社会资本合作的关键环节、操作步骤和注意事项等，进一步规范和指导社会资本参与行为，提高政府和社会资本合作质量与深度。

韩 涛 马 超 俞昊良 高 峋 执笔

高敏凤 审核

专栏五

国家推进抵押补充贷款（PSL）资金融资政策

水利部财务司

2016年年初，中国人民银行批准中国农业发展银行开办抵押补充贷款（PSL）业务用于支持水利建设。抵押补充贷款（PSL）是全新的政策性开发性金融工具，即中国农业发展银行将自身资产抵押给中国人民银行，获得优惠的放贷资金，用以支持水利这样的符合国家政策方向的基础设施建设。通过抵押补充贷款（PSL）资金支持水利建设，是继2015年重大水利工程专项过桥贷款政策后出台的又一重大政策。

2016年1月5日，水利部与中国农业发展银行联合印发了《关于用好抵押补充贷款资金支持水利建设的通知》，对抵押补充贷款（PSL）资金的管理做出了具体规定。抵押补充贷款（PSL）的优惠主要体现在以下五个方面。一是使用范围广。抵押补充贷款（PSL）除可继续用于满足重大水利工程专项过桥贷款需求外，其他各类水利项目均可以使用。二是使用期限长。抵押补充贷款（PSL）支持水利中长期建设，贷款期限最长可达30年。三是利率低。近期执行利率较中长期贷款基准利率低15%以上。如果用于重大水利工程专项过桥贷款，则从下浮利率和抵押补充贷款（PSL）利率中就低选用优惠利率。也就是说，对东部地区重大水利工程过桥贷款也可享受中部地区利率。四是资金来源更加稳定。专项过桥贷款的资金来源于2015年中国人民银行两次定向降准，相对规模有限。而抵押补充贷款（PSL）是中国农业发展银行通过抵押自身信贷资产从中国人民银行获得优惠利率的资金来源，有较强的稳定性。五是办理手续快捷。中国农业发展银行对新项目开辟绿色通道，优先受理、优先评审、优先批贷，严格落实时限要求。

2016年3月，水利部办公厅、中国农业发展银行办公室印发《关于做好抵押补充贷款项目库管理工作的通知》，就建立抵押补充贷款（PSL）项目库提出具体要求。抵押补充贷款（PSL）资金采取项目库管理，各省入库项目由各省级水行政主管部门与中国农业发展银行省级分行负责项目筛选上报。中国农业发展银行总行汇总后，商水利部纳入项目库并报中国人民银行备案。项目库实行动态管理，有进有出，确需调整的，请各省厅和中国农业发展银行省级分行及时申报调整项目清单。目前，抵押补充贷款（PSL）申报周期为按月申报，每月10日前各省级水行政主管部门和中国农业发展银行省级分行应及时将双方联合认定并加盖公章的项目清单分别报送水利部财务司、中国农业发展银行基础设施部。

蔡　泓　郑红星　陈艺伟　刘婉迪　执笔

叶建春　高　军　审核

链接

云南：建水县 PPP 模式探索民生发展与水资源保护的“最大公约数”

云南省红河哈尼族彝族自治州建水县南庄镇是有名的“中国果品之乡”，葡萄种植面积已达 6.88 万亩，形成了独具特色的“南庄十里葡萄长廊”景观，但水利设施却明显跟不上了。实际上，南庄镇附近有跃进水库、龙潭水库，水源丰富，因缺乏连通工程，水库水送不到田间地头。把水库水送到田里成为了当地群众最大的心愿。

引水库水浇灌葡萄园工程量大，但缺乏资金，更缺乏有效的灌溉服务机制。面对困境，云南省水利厅决定在南庄片区进行试点，采取 PPP 模式。工程主要包括引水渠、供水枢纽、提水泵站、供水管道等，投资共计 7463.14 万元，其中企业出资 4024.97 万元、政府出资 3438.17 万元。投资企业成立供水公司，获得整个工程的 20 年的经营管理权。工程产权按照“谁投资，谁所有”进行分配。

社会资本不仅要“进得来”，还要“稳得住”。县政府与投资企业签订合作协议确保企业权益，并支持其在项目区拓展经营服务范围；投资企业获得优先在本县域范围内进一步投资建设和经营农田水利工程的权利，依法享受有关税收优惠政策。合理分担风险是社会资本“稳得住”的前提：政府在保证城镇供水的前提下优先保证本工程项目的原水供应；在枯水年和丰水年，若因自然因素出现当年终端供水量不足 460 万 m^3 时，政府对缺口水量给予相应的资金补助。

企业的投资回报主要来自水费收入，让项目“有利可图”才能促使其落地。而让社会资本盈利但不暴利，才能实现各方共赢，水价成为南庄片区项目机制设计的关键所在。据了解，建水县按照补偿成本、适当盈利和用水户承受能力等因素综合考虑，建立了合理水价形成机制。项目区按工程折旧年限20年、投资收益率10%计，结合用水户的承受能力，终端水价定为1.43元/m^3。照此估算，企业回报丰厚：按现状年灌溉毛需水量876万m^3的标准，企业每年可实现1000万元左右的销售收入，年利润402.5万元。对于当地种植户而言，供水成本只占整体产值的1%～2%，作为种植户来说没有压力。

事实上，PPP模式不只是一种融资机制，更是有效的公共服务提供机制：从过去的政府一手包办到现在的引入社会资本，市场机制参与灌溉建设与管理，将显著改善供给效率。

从南庄片区项目合作条款看，PPP模式作为一种合作机制，在社会资本获得利益的同时，政府部门也在合作中突出自己的角色，谋求民生发展与资源保护的“最大公约数”：在PPP模式这一平台上，建水县建立了水权制度，将用水总量控制指标逐级分解至乡镇、项目区，并按耕地面积分配到农户，农户可凭水权证上分配的用水指标进行水权交易；项目区还建立了节水激励约束机制，定额内用水免收水资源费，超定额的对超出部分收取水资源费0.15元/m^3，在定额内节约的水量，政府按0.10元/m^3进行奖励性回购。

用水总量控制、节水激励约束机制、水价形成机制等制度的建立，有效调节用水户的用水行为，最大限度保护了水资源。PPP模式改写了南庄片项目区“有水用不上”的历史，也必将在未来20年持续释放机制效应。

张　焱　陶丽琴　唐　瑾　师晓莹　执笔

席　晶　审核

深化水利改革工作综述

水利部规划计划司

2016年是“十三五”开局之年，是全面深化水利改革承上启下的重要一年。水利部深入贯彻落实党的十八大和十八届三中、四中、五中全会精神和新时期水利工作方针，加大水利重点领域和关键环节改革攻坚力度，根据《中央全面深化改革领导小组2016年工作要点》和《水利部关于深化水利改革的指导意见》，制定印发了《水利部深化水利改革领导小组2016年工作要点》，明确了10个方面44项改革举措及责任分工，在农业水价综合改革、河湖管护体制机制创新、水权制度建设、水利投融资机制创新等方面取得重要进展。

一、水利改革的主要进展和成效

2016年，水利改革工作总体进展顺利，在水价、水权、河湖管理等方面取得突破性进展，出台了《关于全面推行河长制的意见》《关于推进农业水价综合改革的意见》《水流产权确权试点方案》《“十三五”水资源消耗总量和强度“双控”行动方案》等一批支柱性、标志性重要改革举措。

一是加快水行政管理职能转变。进一步精简审批事项，优化审批流程，提高审批效率，制定印发了《简化整合投资项目涉水行政审批实施办法（试行）》，将7项投资项目涉水行政审批事项合并为3类实施。加快建立水利部行政审批监管平台，减少行政许可事项申报材料68件。加强事中事后监管，制定了推广随机抽查规范事中事后监管实施方案，在长江委开展了流域涉水事项综合执法检查“双随机”抽查试点。

二是推进水资源管理体制改革。全面落实最严格水资源管理制度，完成了“十二五”期末最严格水资源管理制度考核，批复完成了19条跨省江河流域水量分配方案。制定印发了《“十三五”水资源消耗总量和强度

“双控”行动方案》《水效领跑者引领行动实施方案》《关于推行合同节水管理 促进节水服务产业发展的意见》《关于进一步加强饮用水水源地保护与管理的指导意见》《全国重要饮用水水源地名录（2016 年）》，发布了堆积型铝土矿生产等6项高耗水工业取水定额国家标准。全面启动了以地市为单元的全国水资源承载能力评价。编制完成了《水功能区监督管理办法》《关于进一步加强和规范入河排污口监督管理工作的指导意见》《水利部关于加强流域综合管理的指导意见》等政策文件。

三是建立健全水权制度和水价机制。制定并由国务院办公厅印发了《关于推进农业水价综合改革的意见》，印发了贯彻落实意见的通知，督促地方出台具体实施意见。联合国土资源部制定印发了《水流产权确权试点方案》，选择宁夏、陕西等6个省（自治区）开展水流产权确权试点工作。制定出台了《水权交易管理暂行办法》，成立了中国水权交易所。印发实施了《关于加强水资源用途管制的指导意见》。配合财政部、国家税务总局在河北省开展水资源税改革试点。

四是加强水生态文明制度建设。出台了水生态文明城市建设试点验收办法和评价导则，第一批水生态文明城市试点已基本完成任务。制定印发了《耕地草原河湖休养生息规划（2016—2030 年）》《退田还湖试点方案》《关于加快建立流域上下游横向生态补偿机制的指导意见》。深入开展自然资源资产负债表编制试点，指导试点地区试填水资源存量及变动表，并进行了审核评估。

五是建立严格的河湖管理与保护制度。《关于全面推行河长制的意见》正式印发，水利部等有关部门印发了贯彻落实意见的实施方案，组织地方出台工作方案。组织编制了《全国重点河段（湖泊）岸线利用管理规划》《全国河湖管理与保护“十三五”规划》《长江岸线保护和开发利用总体规划》《长江中下游干流河道采砂规划（2016—2020 年）》等全国和重点河流河段规划。指导黄河水利委员会、海河水利委员会开展了中央直管河湖管理划界试点，46 个河湖管护体制机制创新试点全面展开，已取得初步成效。

六是完善水利投入稳定增长机制。加大金融支持力度，联合中国农业发展银行印发了《关于用好抵押补充贷款资金支持水利建设的通知》，联合国家开发银行印发了《关于加强金融支持水利扶贫开发工作的意见》，推动中国农业发展银行、国家开发银行分别延长水利贷款期限至30年和40年。深入开展社会资本参与重大水利工程建设运营试点，湖南莽山水库、广东韩江高陂水利枢纽、重庆观景口水库、贵州马岭水利枢纽等4个试点项目已经完成引入社会资本工作，引入社会资本约占项目总投资的22%，组织编制了社会资本参与重大水利工程建设运营操作指南。

七是深化水利工程建设和管理体制改革。继续深化国有水管单位体制改革，指导各地全面落实“两费”，鼓励“物业化管理”等政府购买服务的管护方式。持续推进小型水利工程管理体制改革，明晰工程所有权和使用权，落实工程管护主体及安全、管护人员和管护经费，推行集约化、专业化、社会化管护模式。印发实施了水利安全生产责任、隐患排查和事故处置督导三项制度，制定出台了节水供水重大水利工程建设质量监督巡查实施细则和安全生产巡查工作制度，组织开展了巡查工作。

八是创新农村水利发展机制。深入推进农田水利设施产权制度改革和创新运行管护机制试点，全国已有近1000万处小型农田水利工程完成产权制度改革。配合制定并由国务院办公厅出台了《贫困地区水电矿产资源开发资产收益扶贫改革试点方案》。

九是推进基层水利服务体系建设。指导各地进一步提升基层水利服务机构能力，加快标准化建设，推动通过财政预算、水费、水利规费、土地出让收益计提农田水利资金等渠道落实能力建设经费。以直接投资、民办公助、政府购买服务等方式加大对农民用水合作组织建设、持有和管护小型农村水利工程的支持力度，组织开展了全国100家农民用水合作示范组织评定工作。

十是强化水利法治建设与科技创新。颁布实施了《农田水利条例》。开展了《大中型水利水电工程建设征地补偿和移民安置条例》修订工作，加快推进《节约用水条例》和《地下水管理条例》立法前期工作。制定印发了《关于实施创新驱动发展战略　加强水利科技创新的若干意见》，正式启动实施了国家重点研发计划“水资源高效开发利用”重点专项。

二、下一步推进水利改革的思路和安排

2017 年是供给侧结构性改革的深化之年，也是实施水利改革发展“十三五”规划的重要一年。水利部将深入贯彻党的十八大和十八届三中、四中、五中、六中全会精神以及习近平总书记系列重要讲话精神，积极践行新时期水利工作方针，进一步加强水利重点领域和关键环节改革攻坚，着力做好以下三个方面工作：一是突出抓好已出台水利重点改革举措落实落地。加大对全面推行河长制、农业水价综合改革、水流产权确权、实施水资源消耗总量和强度双控行动等重点改革任务的组织指导和推动力度，进一步细化实化改革主要内容，通过跟踪、督导、评估、总结等方式，确保各项改革政策措施落实到位。二是着力做好水利改革试点实践探索。加强对各类水利改革试点工作的跟踪指导和督导检查，确保试点取得实效，并及时进行总结评估和验收，提炼水利改革典型经验和有效模式，加以宣传和示范推广。三是统筹推进各项水利改革任务，着重加强水利重点领域改革攻坚。继续加强水行政管理职能转变、水利工程建设和管理体制改革，强化水利法治建设和科技创新等水利改革攻坚，进一步完善相关政策措施，切实提高改革的质量和效果。

韩 涛 俞昊良 马 超 高 頔 执笔

汪安南 高敏凤 审核

专栏六

全国100个农田水利设施产权制度改革和创新运行管护机制试点县进展及成效

水利部农村水利司

2016年，水利部、财政部、国家发展改革委积极推动农田水利设施产权制度改革和创新运行管护机制试点工作，要求各地在安排中央农田水利建设资金时向100个试点县倾斜，组织多个调研组深入典型县开展调研督导，部署各地及时开展阶段总结评估工作。各地贯彻落实三部委决策部署，加快推进改革试点，截至2016年年底，全国100个试点县中有74个县完成试点任务的70%以上，其中21个县基本完成试点任务。试点县各项改革工作取得显著成效。

一是试点保障体系加快完善。各省（自治区、直辖市）新出台试点工作配套政策文件45个，试点县出台配套办法342个。内蒙古、辽宁、江西、山东、四川、重庆等省（自治区、直辖市）建立健全监督检查、绩效考评、定点联系、信息化管理等制度，督促试点县加快改革进度。江西省在小农水项目县竞争立项中将农田水利改革所占比分从原来的15分提高到20分。山东省从水利厅机关、厅直属单位确定具体人员作为定点联系人，定期调度工作进展。

二是工程建设模式逐步成熟。试点县积极探索并不断完善小型农田水利“以奖代补、先建后补”建设模式，有66个县制定相关制度办法，明确奖补方式和标准，规范奖补流程，共发放奖补资金11亿元，受益农户达到86万户。河南省济源市采取先改后建、先建后补，自主申报、自主实施、自主监管、自主管护的“两先两后四自主”的方式，有效规范“以奖代补、先建后补”建设模式。

三是产权制度改革不断深化。试点核心区 59 万处农田水利设施中有 57.9 万处明确了产权主体，其中 10.3 万处将新型农业经营主体作为产权承接主体。浙江、河北、安徽、四川、福建等省进一步深化小型农田水利产权制度改革，完善资产评估制度，建立农田水利工程产权交易、转让、质押机制，从各类金融机构融资 4.7 亿元，使农田水利设施释放更多红利。

四是管护模式持续创新。63 个试点县投入财政资金 1.38 亿元，通过政府购买服务等方式，培育和引导新型农业经营主体、农民用水合作组织、专业管护公司等参与农田水利工程管护。100 个试点县新组建农民用水合作组织 1844 个，新组建社会化服务组织 567 个，并注重多元化发展。江西、山东、湖北、湖南、新疆等省（自治区）明确农田水利工程管护标准及定额，完善考核奖补激励机制，多渠道筹集管护经费 10 亿元，有力保障了工程长效运行。

袁晓奇　执笔

王爱国　倪文进　审核

专栏七

进一步深化“放管服”改革 全面推进依法行政

水利部政策法规司

2016年，水利部按照中央统一部署和要求，把行政审批制度和“放管服”改革作为加快转变政府职能、简政放权的重要抓手，扎实推进，行政审批事项大幅减少，程序明显简化，行为进一步规范，事中事后监管显著加强，服务效能不断提升，水利“放管服”工作取得了实实在在的成效。

一、深化行政审批改革，持续推进简政放权

一是大幅减少行政审批事项。本届政府成立以来，水利部行政审批事项由48项减少到22项，减少54%。取消了10项行政审批中介服务。中央指定地方实施的水行政审批事项，经国务院批准已取消6项。

二是加大审批权力下放力度。将部分水利部水利基建项目初步设计审批的审批权限下放至地方水行政主管部门。将部分水利部生产建设项目水土保持方案审批和水土保持设施验收审批的审批权限下放至省级水行政主管部门，下放比例高达70%。

三是有效推进投资项目涉水行政审批改革。印发了《水利部关于高速公路涉水行政审批改革的通知》《水利部简化整合投资项目涉水行政审批实施办法（试行)》，提出了归并审批事项、整合技术报告、减少审批层级、明确实施主体等改革措施。

二、创新监管方式，加强事中事后监管

一是全面推行“双随机一公开”监管。针对水利建设市场监管执法事

项和其他检查事项两类事项，公布水利部本级推行随机抽查事项清单，组织开展双随机抽查工作，加快构建监管体系，着力提升监管效能。

二是推进随机抽查与水利建设市场信用体系相衔接。联合国家发展改革委等出台了《关于加快水利建设市场信用体系建设的实施意见》，加快推进水利建设市场信用体系建设，建立了“黑名单”制度，公开了7500多家单位、59万多人的信用信息，发布不良行为记录300余条，实现了市场主体信用信息的电子化储存和全面公开。

三是制定《水利部关于加强投资项目水利审批事中事后监管的通知》，落实监管责任，完善监管机制，加强投资项目事中事后有效监管。

三、规范行政许可实施，有效优化政府服务

一是规范行政许可实施。对行政许可事项，全部实行统一受理、限时办结和申请人满意度评价等7项制度，简化审批流程，减少申请材料，压缩审批时限。水利部行政审批受理中心挂牌运行，各流域机构均设立窗口或者大厅负责统一受理工作。

二是积极推进网上办理。加快建设水利部行政审批在线监管平台，实现了全部行政许可事项网上“预审查预受理”。2016年，水利部本级线上许可申请已达到申请总数的一半以上，网上审批效果正在显现。2016年，水利部本级共办结行政审批事项964件，全部在规定的时限内办结，办结事项满意度达100%。

三是推进行政许可标准化。结合水利部行政许可工作实际，采取全面推进和示范引领的工作方式，大力推进行政许可标准化建设，持续推动水利行政审批从制度化实施向标准化管理转变，不断提升行政审批服务质量和水平。

李晓静　姚似锦　执笔

李　鹰　审核

专栏八

深化小型水利工程管理体制改革

水利部建设与管理司

2016年，各地大力总结和推广小型水库管理体制改革经验，巩固小型水库改革成果，持续推进中小河流及其堤防、小型水闸等涉及安全的小型水利工程管理体制改革。

一、改革进展情况

全国纳入改革的小型水利工程1501万处，涉及2536个县（市、区）。截至2016年年底，87.4%县出台了改革实施方案，85.5%的工程明晰了工程产权，69%的工程落实了管护主体和责任。2016年，各地多渠道筹集小型水利工程管护经费125.1亿元。

二、工作开展情况

一是加强组织领导，统筹协调推进改革。各地成立了以政府分管领导为组长，相关部门负责人为成员的改革领导小组，及时协调解决改革中面临的各种问题，为小型水利工程管理体制改革提供了有力的组织保障。

二是坚持问题导向，突出改革重点。各地在改革过程中，坚持以问题为导向，对数量众多、类别各异的小型水利工程开展详尽的调查，在2016年又有针对性地出台了一系列措施，抓住产权、管护主体和管护经费3个关键要素，突出改革重点。

三是总结试点经验，坚持典型带动。各地在顺利完成55个国家级试点县的基础上，2016年不断扩大省市级试点范围，做到有重点、分批次、不断推进。各地通过对改革试点进行深入细致的总结，提炼出许多可复制、易推广的改革经验，不断完善改革思路和措施，用于指导推进面上改革。

四是强化督导考核，抓好政策落实。为确保改革政策落到实处，各地通过目标考核、奖惩激励、现场督导、定期通报等措施，加强工作指导，及时帮助破解改革中遇到的困难，督促各项政策措施落到实处。

三、下一步工作

目前，我国农村经济社会正在发生深刻变革，小型水利工程管理体制改革涉及面广、综合性强、困难复杂多样，要继续加强领导，突出重点，深化小型水利工程管理体制改革。

一是坚定改革目标。各地要坚定2020年完成小型水利工程管理体制改革这个目标不动摇，不断加强组织领导，严格责任落实，及时解决改革中的重点、难点问题。

二是分类持续推进。巩固好小型水库、中小河流及其堤防和小型水闸的改革成果，整体推进各类工程改革。要利用好现有的平台，发挥有关部门的积极性和能动性，分类推进改革工作。

三是拓宽经费筹措渠道。各级水行政主管部门要继续加强与财政部门的沟通协调，把改革经费列入财政年度预算，要在各级财政安排的建设资金中安排一定比例用于小型水利工程的维修养护。同时，要通过市场化运作等方式，吸引民间资本投入，拓宽小型水利工程管护经费筹措渠道。

四是做好典型案例带动和总结推广工作。各地要及时做好典型案例的总结提炼，组织做好宣传推广，汲取好的做法和经验，结合自身实际情况，摸索出一条适合本地特点的改革之路。

夏明勇　王　健　执笔

徐元明　审核

链接

浙江：德清县唤醒沉睡资源“虚权”变“活钱”

长期以来，产权归属不定是农村小型水利工程普遍存在的问题。浙江省德清县通过一年多探索实践，做好对小型水利工程“确权、赋权、活权”文章，在保障防洪排涝社会公共效益的前提下，充分发挥出小型水利工程的经济效益。

2014年以来，德清县以农田水利设施产权制度改革和创新运行管护机制国家试点县为契机，率先启动了水利工程调查摸底，全面掌握工程管理主体、运行状态、管护模式、经费落实等情况。县政府出台了《德清县农田水利设施确权颁证和产权移交实施办法（试行)》，明确将财政投资或补助形成的小型水利工程资产所有权归村集体所有，由县政府颁发所有权和经营权流转证，让广大农民吃了颗“定心丸”。通过对全县机埠、水闸、闸站、水库、山塘、堰坝进行勘界测绘和权属界定，最终颁发水利工程所有权证2274本，并全部确权到151个行政村，实现工程类型、行政区域全覆盖，明确了产权主体，落实了责任主体，赋予了收益权。

在此基础上，通过重置估价，德清县将各级财政投资形成的小型水利工程设施项目转化为设施资产纳入村级集体资产管理，与其他经营性集体资产同步量化股权，赋予集体经济组织成员股份权和收益分配权。德清县还大胆探索，在县农村综合产权流转交易中心增设小型水利工程经营权流转交易服务平台，提供产权流转资源信息和流转交易服务，以此规范交易行为。与此同时，德清县搞活“两权抵押”，激活沉淀资产，通过打通水利设施所有权、经营权抵押融资渠道，建立抵押融资机制，让水利设施释放更多红利，真正实现了从“虚权”到“活钱”的转变。

改革如今初见成效，原本产权价值无法体现的小型农田水利工程，现已获得了过亿元的银行贷款。截至2016年年底，德清农田水利设施所有权抵押融资完成2单；德清县水利建设发展有限公司将拥有的德清大闸、洛舍大闸、导流港东大堤（德清段）、西险大塘（德清段）等设施资产的所有权抵押给农行德清支行，评估价值52.54亿元，获得抵押贷款3.4亿元。此外，德清县水利建设发展有限公司将各级项目建设补助资金打包，通过证券融资方式，获得工行德清支行水利资产证券化融资4.5亿元，促进了德清县水利建设的快速发展。

董明锐　执笔

席　晶　审核

专栏九

继续推进水利行业协会与行政机关脱钩工作

水利部人事司

实行行业协会商会与行政机关脱钩，是党的十八届二中、三中全会确定的一项重要改革任务。2015年6月，中共中央办公厅、国务院办公厅印发了《行业协会商会与行政机关脱钩总体方案》（以下简称《总体方案》），对脱钩改革进行全面部署，国务院成立了行业协会商会与行政机关脱钩联合工作组，统筹推进行业协会商会脱钩工作。水利部认真贯彻落实中央决策安排，围绕“五脱钩、五分离”核心内容，组织开展试点协会的脱钩工作。

一、积极稳妥完成第一批试点任务

联合工作组将水利部主管的中国土工合成材料工程协会纳入第一批脱钩试点名单，水利部根据《总体方案》相关配套文件及联合工作组通知要求，扎实有序推动第一批脱钩试点工作。

（1）分期组织实施。第一阶段，2015年11月，水利部起草了土工材料协会脱钩实施方案，经水利部脱钩工作组审议、主要负责领导审定后报送民政部。第二阶段，水利部根据民政部的核准意见，对机构分离、资产财务分离和党建外事分离等脱钩事项形成具体实施办法，分别报经主管部门批复后，于2016年6月将脱钩事项有关文件报送民政部。第三阶段，2016年9月，联合工作组批复了土工材料协会脱钩试点实施方案，土工材料协会在水利部的具体指导下，积极履行有关脱钩手续。

（2）积累改革经验。一是健全组织加强领导。水利部成立行业协会与行政机关脱钩工作组，在水利部党组的领导下，组织实施水利行业协会与行政机关脱钩工作。组织召开脱钩工作动员大会，水利部领导作全面动员部署，为脱钩工作顺利推进打下基础。二是职能司局综合协调。有关司局按照职责分工，协同推进机构职能、资产财务、办公用房、党建外事等各项脱钩具体工作。三是行业协会积极落实。土工材料协会积极参加脱钩工作培训和动员会议，召开理事会通报脱钩精神，及时同有关主管部门沟通联系，将各项工作扎实稳妥落到实处。

（3）取得工作成效。按照脱钩实施办法，水利部印发通知取消了与土工材料协会的主管关系。土工材料协会修订了章程；办理了住所地、法定代表人、负责人变更等事项；及时将协会党建信息资料报送中央国家机关行业协会商会临时党委备案。截至 2016 年 11 月，第一批试点各项脱钩任务已顺利完成。

二、再接再厉推进第二批试点工作

2016 年 6 月，联合工作组将水利部主管的中国农业节水和农村供水技术协会、中国灌区协会纳入第二批脱钩试点名单。在深入调研并与有关各方充分沟通的基础上，水利部研究制定了两个试点协会的《脱钩实施方案》，于 2016 年 11 月获得民政部核准。目前水利部正积极协调财政部、国家机关工委等相关部门，逐一确定各项实施办法。第二批脱钩试点任务将于 2017 年 7 月底之前完成。

王　健　翟伟峰　执笔

侯京民　审核

防汛抗旱篇

坚决打赢2016年防汛抗洪抢险救灾这场硬仗

——贯彻落实习近平总书记做好当前防汛抗洪抢险救灾工作重要讲话精神

陈　雷

在进入“七下八上”防汛关键期的紧要关头，习近平总书记就做好当前防汛抗洪抢险救灾工作发表重要讲话。习近平总书记在讲话中充分肯定了前一阶段防汛抗洪抢险救灾工作取得的重要阶段性成果，深刻分析了当前防汛抗洪抢险救灾工作面临的严峻形势，对防汛抗洪抢险救灾工作作出全面部署，突出强调要把确保人民群众生命安全放在首位，进一步动员和行动起来，强化措施，落实责任，继续全力做好防汛抗洪抢险救灾工作。习近平总书记的重要讲话，充分体现了党中央对防汛抗洪工作的高度重视，对灾区人民群众的深切关怀，为我们夺取防汛抗洪全面胜利指明了方向、坚定了信心，是我们做好当前防汛抗洪抢险救灾工作的总纲领、总遵循、总动员。

一、防汛抗洪取得重要阶段性成果，但当前形势非常严峻、任务非常繁重

2016年入汛以来，全国出现27次强降雨过程，全国有363条中小河流发生超警洪水，为1998年以来同期最多。其中太湖发生流域性特大洪水，长江出现两次大的洪水过程，长江中下游干流及洞庭湖、鄱阳湖全线超警。近日主雨区北抬东移，北方地区发生强降雨过程，海河流域漳卫河、子牙河发生1996年以来最大洪水。全国30个省（自治区、直辖市）和新疆生产建设兵团遭受洪涝灾害，江淮、江南以及华北等地灾情较重。

在党中央、国务院的坚强领导下，国家防总超前部署、科学指挥，密

切监视雨情水情汛情工情，及时启动防汛和防台风应急响应，科学调度三峡及上游水库群、太浦闸、望亭立交等水利工程，派出 190 多个工作组、专家组分赴各地协助指导工作，商财政部安排防汛抗旱特大补助费 21.55 亿元，及时调拨防汛抗洪抢险物资。各流域防总、各级党委政府和防汛指挥部强化责任落实，全力做好监测预报预警、水利工程调度、险情巡查抢护、人员转移避险等工作。解放军、武警部队积极参与抢险救灾，发挥了主力军作用。

在全国上下的共同努力下，尽管 2016 年洪涝灾害严重，但大中型水库无一垮坝，大江大河干堤无一决口，江河湖库险情得到有效控制，因灾死亡人数较 2000 年以来同期均值明显偏少，防汛抗洪工作取得重要阶段性成果。

在看到前一阶段防汛抗洪工作成效的同时，我们也要充分认识当前防汛抗洪工作的复杂性、严峻性、艰巨性。

从预测分析看，天气形势极端不利。据预测，2016 年 7 月下旬以后我国气候状况总体仍然偏差，长江中下游、淮河、黄河、海河、松辽、太湖等流域可能出现较重汛情，台风登陆几率可能偏高、强度可能偏强、影响可能偏重，很可能出现台风暴雨高水位交织影响、汛情由南向北持续推进、几大流域同时作战的极端不利局面。

从汛情发展看，防洪压力不断增加。太湖水位目前虽已降至保证水位以下，但受河网地区水位控制和外江高潮顶托的双重影响，水位消落较为缓慢，环湖大堤及河网圩堤防守压力难以纾解。长江中下游干流及洞庭湖、鄱阳湖水位高位波动，干支流堤防经长时间高水位浸泡，极易发生脱坡、崩塌、管涌、跌窝等险情。海河流域源短流急、河系复杂，河道行洪能力下降，防御难度不可低估。

从防洪体系看，风险隐患不容忽视。有的重要堤防存在险工险段，中小河流防御标准低，山洪灾害点多面广，城市排涝能力普遍不高，蓄滞洪区启用难度大，海堤建设相对滞后。一些地区水毁灾损水利工程多，抢险救灾消耗大，灾区一线干部群众连续作战，容易产生厌战情绪和麻痹思想。北方很多地区多年没有发生大洪水，部分干部群众水患意识淡薄，抗洪抢险实战经验不足。

二、坚持以人为本、科学防控、统筹兼顾，全力做好防汛抗洪各项工作

当前，全国防汛抗洪抢险救灾进入最为关键的时期。要深入贯彻落实习近平总书记的重要讲话精神，坚持以人为本、生命至上、安全第一，坚持依法防控、科学防控、群防群控，坚持统筹兼顾、突出重点、多措并举，全力以赴扎实做好防汛抗洪各项工作，切实保障人民群众生命安全，最大程度减轻洪涝灾害损失。

第一，强化担当精神，层层夯实防汛责任。防汛抗洪人命关天，责任重于泰山。广大水利干部职工要把思想和认识统一到习近平总书记的重要讲话精神上来，把行动和步调统一到党中央、国务院的决策部署上来，牢固树立“一盘棋”思想，把防汛抗洪责任层层落实到每个领域、每个岗位、每个个人，切实做到思想到位、领导到位、责任到位、预案到位、措施到位，坚决防止出现麻痹意识、懈怠情绪和侥幸心理。要严明防汛纪律，加强应急值守，强化责任措施，对工作不到位造成严重后果的，要严肃追责问责。

第二，加密监测预报，把握防汛工作的主动权。要加强水文、气象等部门的联合会商和综合研判，密切监视天气变化趋势和雨情、水情、汛情、工情，动态掌握江河来水、水位涨落、水库蓄泄等情况，及时滚动作出预测预报。要加密监测频次，努力提高预报精准度、延长预报预见期，尤其要加强局地强对流天气导致的短历时突发性暴雨洪水预测预报，提前发布预警信息，为群众转移避险、防灾减灾和抢险救灾赢得时间和主动。

第三，科学调度洪水，充分发挥水利工程作用。大汛当前，要统筹好干支流、上下游、左右岸关系，综合运用拦分蓄滞排等措施，精准调度各类水利工程。海河流域要充分发挥大中型水库拦洪削峰作用，尽快降低水位，迎战后续洪水，统筹做好蓄滞洪区调度运用各项工作。长江流域要突出做好三峡及上下游、干支流水库群的联合调度，有序调洪错峰，减轻堤防防守压力。太湖流域要妥善处理太湖防洪和河网地区排涝的关系，努力

实现多赢。松辽流域要科学调度水利工程，及时腾库拦洪，做好迎峰度汛工作。淮河流域要加强大型水库群和洪泽湖等工程的科学调度，及时拦洪滞洪。黄河流域要综合考虑防汛抗洪和抗旱用水需求，做好骨干工程防洪抗旱统一调度。珠江等其他流域也要未雨绸缪，进一步完善骨干水利工程调度运用方案，充分发挥水利工程防灾减灾综合效益。

第四，防范薄弱环节，确保人民群众生命安全。针对近期中小河流洪涝灾害严重、山洪地质灾害多发频发重发、城市积水内涝问题突出等薄弱环节，要坚持以防为主、防避救相结合，强化综合防御措施。要全面落实预警到乡、预案到村、责任到人的山洪灾害防御机制。要全面落实中小河流超标准洪水应对预案，加强对影响县城、乡镇、人口聚集村组的中小河流和民垸圩堤的防守。要全面排查城市易涝区域和风险隐患点，及时启动城市防洪排涝预案，保障城市运行安全。要针对 2016 年台风登陆可能偏多、偏强的情况，加强沿海港口、码头等重要设施和重要企业的隐患排查，把防避救各项措施落到实处。要提前转移山洪灾害易发区、中小河流影响区、水库下游威胁区、蓄滞洪运用区等区域人员，尽最大努力避免人员伤亡。

第五，狠抓巡查防守，确保重要堤防设施安全。当前，要着力加强长江中下游干堤、连江支堤，太湖环湖大堤，洞庭湖、鄱阳湖重要堤防，以及海河流域重要堤防的巡堤查险工作，实行“一段一责”，突出强化险工险段、薄弱堤段的重点防守，上足巡查防守力量，发现险情及时进行科学抢护、有效处置，通过抢早抢小，避免大江大河发生溃口性重大险情。督促有关地区、部门和企业落实应急抢险预案和灾害防范措施，切实保障南水北调、西气东输、重要铁路等重大基础设施的防洪安全。

第六，突出安全管理，落实水库安全度汛措施。各级防指要再次组织力量对辖区内所有水库大坝重点部位以及监测、预警、调度等关键设施进行全面彻底排查，及时消除安全度汛隐患。要严格执行水库、水电站调度运用计划，全力防范漫坝和溃坝险情的发生。要加强在建工程度汛安全管理，落实安全度汛方案和超标准洪水应急预案，强化施工现场管理，全面排查在建工地、施工现场和宿地营区安全隐患，切实把各项应急措施落到实处。

第七，密切协作配合，凝聚防汛抗洪强大合力。水利系统要把防汛抗洪作为当前的中心工作和重中之重，以对人民群众生命安全高度负责的态度，履职尽责、守土有责。各级防指要加强各成员单位的沟通联系，强化内外协调、上下贯通、部门协同、军地联动、群防群控的防汛抗洪抢险救灾工作机制。要充分发挥人民解放军和武警部队在防汛抗洪抢险救灾中的突击队作用，加强汛情险情通报、兵力投入协调、抢险方案制定、技术指导服务和遂行任务保障等工作。要进一步加大信息发布、新闻宣传和舆论引导力度，及时回应社会关切，营造防汛抗洪抢险救灾工作的良好氛围。

第八，夯实基础工作，提前谋划灾后水利建设。要针对防汛抗洪工作暴露出的薄弱环节，统筹当前与长远、需要与可能，抓紧研究制定灾后水利建设工作方案，重点加强中小河流治理、小型病险水库除险加固、城市地下管廊和防洪排涝体系建设、新一轮太湖治理等方面的前期工作，加快推进项目落地，全面提高防灾减灾能力。

做好防汛抗洪抢险救灾工作，是对各级水利部门政治意识、担当精神、能力水平和工作作风的重大考验。我们要紧密团结在以习近平同志为总书记的党中央周围，全力以赴打赢防汛抗洪这场硬仗，向党中央、国务院和全国人民交上一份满意的答卷。

（编者注：原文刊载于《人民日报》2016 年 7 月 22 日第 10 版）

2016 年天气气候特点及雨水情

水利部水文局

2016 年，超强厄尔尼诺现象和拉尼娜现象先后影响我国，副热带高压较常年明显偏强、偏西，我国天气气候异常，汛期来得早走得晚，暴雨洪水南北并发、多地齐发、局部连发，主要呈现以下特点：

一是强降雨过程多，暴雨强度大。2016 年全国共出现 51 次强降雨过程，年平均降雨量 730mm，较常年偏多 16%，为 1951 年以来最多，有 89 个县市日降雨量突破历史极值。长江中下游、太湖流域梅雨量分别较常年偏多 80% 和 70%，海河流域 7 月 18—21 日出现了 1996 年以来范围最广、强度最大的流域性暴雨过程，大于 100mm 降雨笼罩面积占流域总面积的 70%。

二是大江大河洪水并发，洪水量级大。我国七大江河均发生了不同程度的洪水：太湖发生了历史第二位水位的流域性特大洪水；长江发生了 1998 年以来最大洪水，长江中下游干流监利以下及两湖全线超警；海河南系发生了 1996 年以来最大洪水；淮河、珠江流域西江发生了超警洪水；黄河中游干流发生了接近警戒流量的洪水；辽河上游东辽河发生了较大洪水。

三是中小河流洪水多发，覆盖范围广。全国有 29 个省（自治区、直辖市）共 473 条河流发生超警洪水，包括福建闽江、江西信江、湖南湘江、广东北江、广西柳江、海南南渡江、重庆乌江等 40 条主要江河；118 条河流发生超保洪水，包括福建富屯溪、浙江钱塘江、湖南资水、安徽水阳江、新疆塔里木河等 10 条主要江河；51 条河流发生超历史记录洪水，包括江西昌江、安徽青弋江、江苏大运河、吉林图们江、黑龙江乌苏里江等主要江河。洪水范围和量级均为近 20 年之最。

四是强台风集中登陆，影响程度重。全年共生成台风 26 个，与常年基本持平，有8个登陆我国，较常年偏多1个，生成时间主要集中在7—10月，登陆地点主要集中在福建、广东、海南3省，其中6个登陆时为14级以上强台风，登陆强台风比例高达75%，与2005年并列历史最高，另有4个台风严重影响我国海域，多次出现双台风或三台风交互作用、狂风巨浪高潮暴雨“四碰头”的不利局面。台风影响持续时间、风雨覆盖范围及破坏程度均为近年来罕见。

李　磊　执笔

蔡建元　审核

2016 年防汛抗旱工作综述

国家防汛抗旱总指挥部办公室

2016 年，受超强厄尔尼诺现象和拉尼娜现象共同作用的深度影响，我国洪涝灾害呈现多年少有的南北并发、多地齐发态势，防汛抗旱经受了严峻考验。以习近平同志为核心的党中央高度重视防汛抗旱工作。习近平总书记在防汛抗洪的关键时刻发表重要讲话，在抢险救灾的紧要关头作出重要指示，并对解放军和武警部队支持地方做好防汛救灾工作作出重要指示。李克强总理亲临长江等抗洪抢险现场和国家防总指挥中心，主持专题会议，对防汛抗洪工作作出全面安排部署。张高丽副总理多次就抗洪救灾作出批示。汪洋副总理六次主持召开国家防总会议并赶赴一线考察指导防汛抗洪抢险救灾工作。在党中央、国务院的坚强领导下，国家防总、各流域防总以及地方各级党委、政府和防汛抗旱指挥部精心组织、科学调度，广大军民齐心协力、团结奋战，取得了防汛抗旱的全面胜利。

一、汛情旱情灾情

2016 年我国水旱灾害主要呈现以下特点：

一是强降雨过程多、暴雨强度大。全国共出现 51 次强降雨过程，雨量、雨强、雨区笼罩范围均为 1998 年以来最多。长江中下游、太湖流域梅雨分别较常年偏多 8 成和 7 成，海河等流域多地雨强和雨量突破历史极值。

二是江河洪水量级大、超警河流多。长江流域发生 1998 年以来最大洪水，太湖发生历史第二高水位的流域性特大洪水，海河等北方河流发生多年罕见的暴雨洪水。全国 29 个省（自治区、直辖市）的 473 条河流发生超警以上洪水，118 条超保证、51 条超历史，河流超警数量、暴雨洪水量级和洪水威胁范围均为近 20 年之最。

三是台风集中登陆、风力强影响重。全年共生成26个台风，主要集中在7—10月，有8个登陆我国，其中4个登陆大陆时达强台风量级。华南东南等地反复遭受袭击，台风影响持续时间、风雨覆盖范围及登陆后破坏程度均为近年来罕见。

四是中小工程险情多、防守抢护难度大。全国共有6.7万处堤防、9.4万处护岸、2400多座水库受损，4座小（2）型水库、19座淤地坝因超标准洪水溃决。长江中下游各类堤防发生险情3338处，其中干堤发生50处一般险情。

五是洪涝受灾范围广、山洪地质灾害重。全国31个省（自治区、直辖市）和新疆生产建设兵团均遭受洪涝灾害，农作物受灾1.39亿亩，受灾人口1.02亿人，因灾死亡684人、失踪207人，倒塌房屋43万间，直接经济损失约3661亿元。与2000年以来均值相比，农作物受灾面积、受灾人口、死亡人口、倒塌房屋分别减少14%、27%、49%、57%，直接经济损失偏多150%。全国共发生山洪地质灾害9000余起，造成的死亡和失踪人数占洪涝死亡和失踪总人数近7成。

六是旱情阶段发生、局部春夏旱较重。全国旱情以阶段性为主，经历了北方冬麦区的春旱和东北、西北、华北及长江上中游部分地区的夏伏旱两个阶段。全国农作物受旱面积3.03亿亩，受灾1.48亿亩、成灾9196万亩、绝收1527万亩，因旱造成粮食损失1906万t、经济作物损失131亿元，有469万人、650万头大牲畜因旱发生临时饮水困难，直接经济损失484亿元。与2000年以来均值相比，作物受灾面积、粮食损失和人饮困难数量分别偏少51%、33%和80%。

二、防汛抗旱工作

国家防总、水利部，各流域防总以及地方各级党委、政府和防指认真贯彻落实党中央、国务院的要求和部署，全力以赴做好防汛抗旱各项工作。经过全国上下艰苦努力，大中型水库无一垮坝，大江大河干堤无一决口，江河湖库险情得到有效控制，保障了人民群众生命安全、供水安全和重要设施安全，最大程度减轻了洪涝干旱灾害损失。

一是超前谋划部署，层层压实防汛责任。国家防总提前召开全体会议作出安排部署，会同有关部门对山洪地质灾害防御、城市防洪排涝、汛期安全生产、景区旅游安全、水库水电站安全度汛等工作提出明确要求。落实各级防汛抗旱行政责任人，组织各地修订完善方案预案，开展军地联合演练，全面做好应对极端灾害事件的准备。组织湖北、湖南、江西、安徽、江苏5省汛前完成长江崩岸应急整治，同步开展三峡后续工作中的长江崩岸治理。在“七下八上”防汛关键期，水利部2次召开全国防汛工作视频会议，对防汛抗洪工作进行再动员、再部署。

二是狠抓查险排险，全面消除度汛隐患。国家防总、水利部汛前提早派出8个检查组，对大江大河重点区域的防汛抗旱防台风和水文气象工作进行检查，“一省一单”提出限时整改要求；派出11个工作组，就重点行业和部门防汛备汛工作进行再检查再落实。召开全国水库安全度汛视频会议，对水库水电站安全度汛作出安排；针对部分地区水库超汛限水位运行的问题，多次下发通知提出整改要求，确保水库度汛安全。各流域、各地开展全方位、多批次的排查整改，最大程度消除安全隐患。

三是及时研判预警，加大指导支持力度。国家防总组织气象、海洋、水文等部门加强联合会商，加密预测预报频次，提前对重大汛情过程作出科学预判。共启动应急响应19次，其中Ⅱ级响应5次，与有关流域和省（自治区、直辖市）视频会商30余次，派出工作组330多个，商财政部安排特大防汛抗旱补助费39.5亿元，紧急调运价值2027万元的中央防汛抗旱抢险救灾物资，全力指导支持各地抗洪抢险。各流域防总和省级防指启动应急响应130余次，提前转移危险区人员1460万人，有力应对极端暴雨和流域性洪水。

四是统筹江湖蓄泄，科学防控长江大水。国家防总、水利部组织长江防总科学实施三峡及上中游水库群梯级联调、库群联调和水电联调，汛期拦蓄长江洪水227亿m^3，降低洞庭湖口以上洪峰水位0.8～1.7m、洞庭湖口洪峰水位0.7m、武汉以下江段洪峰水位0.2～0.4m，实现了洞庭湖城陵矶附近蓄滞洪区不分洪、上荆江河段不超警、长江重要堤防无重大险情。湖北、湖南、江西、安徽、江苏等省“一段一责”明确堤防防守行政责任人885人，累计投入抗洪抢险人员1749万人次，长江干堤等险情均得到及时有效处置。

五是流域协同联防，全力应对太湖洪水。国家防总、水利部组织太湖防总提前制定超标准洪水应对方案，精细调度太浦闸、望亭水利枢纽等骨干工程，超常规启用常熟水利枢纽泵站加大排水力度；江苏、浙江、上海3省（直辖市）全力开启沿长江北排和沿杭州湾南排工程日夜抢排。太浦河、望虞河累计排泄太湖洪水57.5亿m^3，沿长江北排（含常熟水利枢纽）、沿杭州湾南排工程累计排水89.2亿m^3，有效遏制了太湖及河网水位上涨，加速太湖水位回落至警戒水位以下。3省（直辖市）累计投入约42万人次对环湖大堤等重要堤防进行巡查防守，确保了重要堤防未发生险情。

六是拦蓄分滞并举，有力防抗北方洪水。各级防汛抗旱指挥部科学调度岳城、黄壁庄等大中型水库、水利设施，削减洪峰9成以上，拦蓄洪水21亿m^3；及时启用崔家桥、宁晋泊等蓄滞洪区分蓄洪水，最大程度发挥水利工程的防洪减灾作用；加强滹沱河、滏阳新河等重要堤防巡查防守，有效减少了灾害损失。黄河防总和有关省份加强多沙粗沙区洪水下泄淤塞河道等险情的排查与应急处置，落实安全防范措施，提前转移受威胁群众，内蒙古自治区在多座淤地坝因遇超标准洪水发生漫顶溃决的情况下，无一人伤亡。

七是强化转移安置，严防台风登陆影响。国家防总、水利部及早召开异地视频会商，提前作出安排部署。各有关地区突出抓好海上、陆域危险区域人员转移避险安置工作，紧急关停台风影响海域的旅游观光景点和滨海、涉水活动，对低洼易涝区域、建筑工地等薄弱环节进行拉网式排查整治，对沿海石油、化工、核电、铁路、机场、桥梁等重要设施落实抢排抢修抢险措施，确保重要设施防风防雨安全运用。全国防台风共转移群众775万人，沿海地区船只回港避风53.5万艘，保障了人员安全、重要城市正常运转和重要设施安全。

八是提早预警避险，减少山洪灾害损失。联合中国气象局共同发布山洪灾害气象预警信息139期，其中在中央电视台播出35期，有效提高了社会对山洪灾害的防范意识，为基层部署山洪灾害防御工作提供了有力支撑。汛期各地利用县级山洪灾害监测预警平台，累计发布预警4.9万多次，向145万名相关防汛责任人发送预警短信1175万余条，启动预警广播近9万次，紧急转移540万人，在防御多地多起突发山洪灾害过程中实现了零伤亡。

九是采取综合措施，保障抗旱供水需求。汛末，统筹考虑蓄水、供水和生态用水需求，精细调度，连续7年实现三峡水库175m试验性蓄水目标，同时向下游多补水34亿 m^3，缓解了洞庭湖、鄱阳湖低枯水位影响，保障了供水、航运、生态等安全。科学调度汉江丹江口等骨干水库，克服汉江来水严重偏枯的不利条件，保障了南水北调中线供水和汉江中下游地区用水安全。实施小浪底水库汛限水位动态调控，增加蓄水13.2亿 m^3，为冬春抗旱供水储备了水源。强化旱情墒情监测分析，及时派出工作组指导协助基层抗旱，保障了群众饮水安全和农业生产用水需求。

十是加强军地联动，凝聚抗灾强大合力。国家防总各成员单位履职尽责，在资金和物资支持、信息发布、抢险救灾、卫生医疗、群众安置、灾后重建、舆论引导等方面密切配合，共同防灾抗灾，形成了团结抗洪的强大合力。解放军、武警部队主动承担大量急难险重任务，及时出动兵力和机械设备参与解救转移群众和抗洪抢险，发挥了主力军和突击队作用。

三、下一步工作安排

针对2016年防汛抗洪暴露出的中小河流防洪体系标准低、山洪地质灾害威胁大、城市内涝受淹现象突出、防汛抗洪社会管理相对滞后等薄弱环节，将着力推动开展灾后水利薄弱环节建设，抓好中小河流治理、小型病险水库除险加固、重点易涝区排涝能力建设、基层防洪预警能力建设和太湖进一步治理等工作，补齐小型水利设施短板。同时，进一步完善防汛抗旱责任制度，加强防汛抗旱法律法规和方案预案体系建设，努力提升灾害监测预警水平，全面提高防汛抗旱综合减灾能力；继续组织指导各地严格落实防汛抗旱责任制，强化各项措施，全力做好江河洪水、局地暴雨山洪、台风等灾害防范应对工作，保障人民生命安全、重要工程设施安全和城乡供水安全，最大程度减轻水旱灾害损失。

王　为　执笔
王　翔　审核

专栏十

科学防控长江流域洪水

国家防汛抗旱总指挥部办公室
长江防汛抗旱总指挥部办公室

2016 年，长江流域汛情来得早，中下游干流水位持续偏高，进入 7 月后，受强厄尔尼诺现象影响，长江流域连续发生 4 次强降雨过程，累积面降水量 247mm；长江中下游干流接连出现 2 次洪峰，三峡水库出现最大入库流量 50000m^3/s，中下游发生了 1998 年以来的最大洪水，干流监利以下江段及洞庭湖、鄱阳湖全面超警，超警幅度 0.76～1.97m，累计超警天数达 12～29 天；共有 123 条河流发生超警洪水，最高峰时超警堤段长达 1.1 万 km，其中干流堤防 2950km。

国家防总、水利部认真贯彻落实党中央、国务院领导同志重要批示指示精神，组织长江防总、沿江各省全力做好洪水应对工作。

一、强化统一指挥

在长江防汛抗洪的关键时刻，国务院总理李克强亲赴岳阳、武汉指挥，汪洋副总理 7 月 16 日又赴江西防汛一线。国家防总、长江防总每日召开会商会，滚动分析长江汛情发展变化，及时启动长江防汛Ⅲ级应急响应。各地党政主要领导深入一线、靠前指挥，地方各级防指加强动员，及时启动应急响应，全力投入防汛抗洪工作。

二、超前开展防汛抗洪准备

国家防总汛前提前开展长江流域防汛检查，组织召开长江崩岸治理和应急度汛现场会，及时排查和督促地方汛前完成了 115 处长江崩岸应急整治，开展了卓有成效的防汛抗洪准备工作。

三、督促地方做好堤防巡查防守

国家防总先后发出20余个通知，有针对性地对堤防巡查防守、险情处置等工作进行重点安排部署，指导地方做好长江堤防尤其是干堤巡查防守。各地加强严防死守，建立24小时值班制度，逐段落实防守行政责任人885人，累计投入抗洪抢险1749万人次。

四、实施水库群联调联控

汛前，三峡水库较规定日期提前5天降至汛限水位，上游21座大型水库提前腾出防洪库容约450亿m^3。在迎战7月洪水过程中，国家防总、长江防总5次视频连线会商，三峡及上中游水库群协同联调，共拦蓄洪水227亿m^3，分别降低荆江河段、城陵矶附近区、武汉以下河段洪峰水位0.8～1.7m、0.7m、0.2～0.4m，减少超警堤段长度250km，避免了上荆江河段超警和城陵矶地区分洪。

五、加强技术指导和支持

国家防总先后派出45个工作组、专家组和技术组接力指导地方开展防汛抗洪、堤防巡查防守、险情分析和应急处置。商财政部安排特大防汛补助费4.6亿元，紧急调运移动抽水泵站等约1300万元的防汛物资，全力支持地方抗洪抢险。

六、团结协作凝聚防汛抗洪正能量

国家防总有关成员单位按照职责分工，在舆论引导、资金支持、抢险救援、群众安置、卫生防疫等方面，做了大量工作。人民解放军、武警部队共投入兵力70余万人次，为夺取防汛抗洪胜利、保障人民群众生命安全、维护社会和谐稳定作出了重大贡献。

此次洪水过程长江中下游共发生堤防险情3338处，其中长江干堤50处，均为一般险情。经科学调度、全力防守，险情均得到有效控制，险情总数、干堤险情数量分别为1998年的4.5%、0.5%，均大大减少（见表

1)。至7月31日，长江中下游干流及洞庭湖、鄱阳湖水位全线退至警戒水位以下，长江防汛抗洪工作取得了重大胜利，实现了确保人民群众生命安全、确保重要堤防和重要设施安全的目标（见图1）。

表1　　2016年各省长江干堤险情总数与1998年比较

年份	险情总数/个				
	湖北省	湖南省	江西省	江苏省	安徽省
2016	26	5	12	7	0
1998	3133	1324	4162	146	0

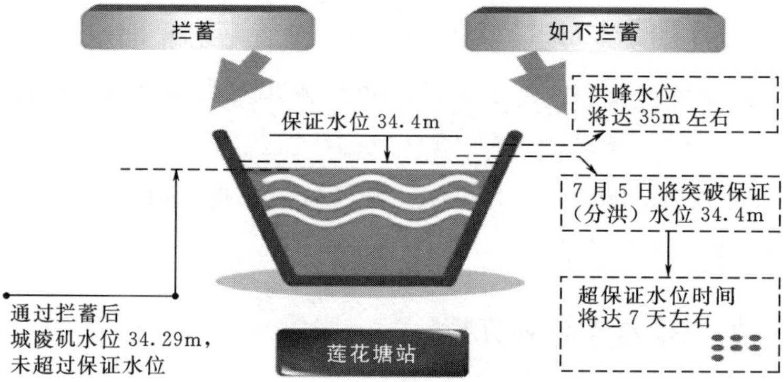

图1　长江流域水库群防洪减灾成效（城陵矶断面）

褚明华　王文科　廖鸿志　执笔

尚全民　审核

专栏十一

有效应对太湖流域洪水

国家防汛抗旱总指挥部办公室
太湖流域防汛抗旱总指挥部办公室

2016 年，受超强厄尔尼诺现象影响，太湖发生流域性特大洪水。流域汛情有以下特点：一是流域降雨持续偏多达历史极值。全年累计面平均降雨量 1816mm，为 1961 年以来降雨最多年份。自 6 月 19 日入梅至 7 月 20 日出梅，32 天梅雨量 402mm，为多年平均梅雨量的 1.8 倍。二是太湖水位不断攀升，逼近历史记录。6 月 3 日太湖水位 3.8m 并继续上涨，在 2016 年我国大江大河大湖中首个超警。7 月 8 日最高涨至 4.87m，超过保证水位（4.65m）0.22m，仅低于 1999 年最高水位（4.97m），为 1954 年以来第二高水位。三是河网多站水位创历史新高。周边河网水位全面超警，江南运河常州至苏州沿线一度全线超过保证水位，其中 15 个站点水位创历史新高。四是超警超保历时长。太湖水位超警历时长达 61 天，为 1999 年以来超警历时最长的一年，期间超保证水位 16 天。

党中央、国务院高度重视太湖流域防汛抗洪工作，习近平总书记、李克强总理等中央领导同志多次作出重要批示指示。国家防总总指挥、国务院副总理汪洋 7 月 8 日亲赴太湖流域察看汛情，主持召开国家防总太湖流域防汛紧急会议，指导流域特大洪水应对工作。

国家防总副总指挥、水利部部长陈雷多次主持召开会商会，作出防御部署，2 次带队到太湖流域检查指导防汛抗洪工作。国家防总启动太湖防汛Ⅱ级应急响应，及时批复实施了《太湖流域 2016 年超标准洪水应对方案》，多次与太湖防总及地方防指连线会商，派出由水利部总规划师带队的专家组赴太湖流域研究大洪水防御措施，先后派出 21 个工作组、督查组协助地方开展防汛抗洪工作。太湖防总与江苏、浙江、上海 3 省（直辖市）防指戮力同心、团结抗洪，及时启动防汛应急响应（太湖防总Ⅰ级，江苏、浙江Ⅱ级，上海Ⅲ级），全力做好太湖流域特大洪水应对工作。太湖防总加强太浦闸、望亭水利枢纽、常熟水利枢纽等骨干工程的精细化调度，超常规启用常熟水利枢纽泵站全力排水。江苏、浙江、上海3省（直辖市）顾全大局，迅速落实超标准洪水应对方案，沿长江北排和沿杭州湾南排工程全力开启日夜抢排。据统计，太浦河、望虞河累计排泄太湖洪水57.5亿m^3，沿长江北排（含常熟水利枢纽）、沿杭州湾南排工程累计排水89.2亿m^3，日均下泄流量和累计排洪量均创历史记录，有效遏制了太湖及河网水位上涨，加速太湖水位回落至警戒水位以下。3省（直辖市）累计投入约42万人次对环湖大堤等重要堤防及闸站、泵站进行巡查防守，确保防洪安全。

经过两个多月的艰苦奋战，太湖流域性特大洪水防御工作实现了确保人民群众生命安全和环太湖大堤等重要堤防重要设施安全“两个确保”目标，最大程度减轻了灾害损失。苏南及浙江杭嘉湖等地30个县（市、区）178个乡镇73.72万人受灾，倒塌房屋1100间，紧急转移9.74万人，直接经济损失75.3亿元。无人员因灾死亡和失踪。与历次发生大洪水年份相比，2016年太湖流域洪涝灾害直接经济损失比例大幅下降，仅占流域GDP的0.12%（1991年6.7%、1999年1.6%），环湖大堤未发生一处较大险情，实现了大汛无大灾，有效保障了流域防洪及区域排涝等安全。

彭敏瑞　伍永年　执笔

田以堂　审核

专栏十二

全力抗御北方地区暴雨洪水

国家防汛抗旱总指挥部办公室
黄河防汛抗旱总指挥部办公室
海河防汛抗旱总指挥部办公室

2016年汛期，我国北方地区连续遭遇强降雨，部分地区洪涝灾害严重。海河流域漳卫河系漳河、卫河，子牙河系滏阳河、滹沱河发生1996年以来最大洪水，北三河系北运河发生较大洪水；黄河多条支流发生较大洪水，甘肃、宁夏、内蒙古等3省（自治区）12条河流发生超警以上洪水；辽河上游支流东辽河发生超20年一遇大洪水，浑河干流发生超警洪水；西北地区新疆、青海、甘肃等3省（自治区）共有47条河流发生超警以上洪水，其中新疆出现1999年以来最大洪水，伊犁河干流控制站三道河子水文站水位累计超警天数达31天，为1985年建站以来最长。

党中央、国务院高度重视北方地区防汛抗洪工作。李克强总理、汪洋副总理多次针对防汛工作作出批示指示，国家防总副总指挥、水利部部长陈雷连续主持召开防汛会商会议，安排部署防御工作。国家防总及时启动和调整应急响应，统筹调度北方各省（自治区、直辖市）防汛抗洪工作，并派出工作组赴一线协助地方开展抗洪抢险。

针对7月18—21日海河流域突发暴雨洪水，海河防总启动Ⅲ级应急响应，精心调度岳城水库、北关枢纽等工程，拦洪削峰错峰。北京市启动Ⅱ级应急响应，天津市启动防洪防潮Ⅳ级应急响应，河北、河南、山西3省启动防汛Ⅲ级应急响应，全力应对暴雨洪水。河北省合理调度水库拦蓄洪水，大中型水库累计拦蓄洪水15.7亿m^3，约占暴雨洪水总量的1/3，岳城水库、黄壁庄水库削峰率高达94%、89%，发挥了重大减灾作用；河北、河南两省有序启用宁晋泊、大陆泽、永年洼、崔家桥等蓄滞洪区，充分滞蓄上游洪水，有效缓解下游防洪压力，保障了重要地区防洪安全。

黄河防总及时启动防汛Ⅳ级应急响应，派出多个工作组赶赴防汛抗洪一线，指导地方防汛抗洪工作。宁夏回族自治区防指启动防汛Ⅱ级应急响应，内蒙古、山西两省（自治区）防指启动防汛Ⅳ级应急响应，派出工作组赴一线协助指导防洪工作，落实区域防范措施，切实保障人民群众生命财产安全。新疆维吾尔自治区防指密切监视江河洪水变化，及时部署防汛抢险工作，并派出工作组深入地市州县协助开展防汛工作。辽宁省防指启动Ⅲ级应急响应，13 位省领导率工作组赴一线督促指导。

各地各级党委、政府精心组织抗洪抢险工作，迅速转移安置危险区群众，各地累计转移群众 105 万余人（其中河北省 53.09 万人，河南省 20.87 万人，辽宁省 28.88 万人，内蒙古自治区 2.33 万人），最大程度保障了人民群众生命财产安全。

翟平蕾　张丙夺　李琛亮　执笔

王　磊　审核

专栏十三

台风防御工作有力有序有效

国家防汛抗旱总指挥部办公室

2016年，西北太平洋（含南海）共生成26个台风（热带气旋统称，下同），8个在我国登陆（见表1），台风生成、登陆时间主要集中在7—10月。台风活动总体呈现出生成登陆密集，登陆个数偏多、地点偏南，台风强度偏强、登陆量级大，降雨强度大、影响范围广等特点。1号台风“尼伯特”7月3日在美国关岛以南海域生成，起编时间异常偏晚，仅早于1998年（“妮蔻儿”，起编时间7月9日），是1949年以来生成时间第二晚的首个台风。有8个台风鼎盛期达到超强台风量级，4个台风登陆时为14级以上的强台风。14号台风“莫兰蒂”最大强度达17级以上（70m/s），为2016年全球最强台风，在福建厦门登陆时中心风力15级（48m/s），是2016年登陆我国大陆的最强台风，也是1949年以来登陆闽南沿海的最强台风。台风影响区域涉及广东、广西、云南、贵州、福建、浙江、江西、江苏、上海、安徽、黑龙江、吉林、辽宁等13个省（自治区、直辖市），部分地区接连遭受台风侵袭，损失严重。

表1　　2016年登陆我国台风基本情况

序号	台风编号	台风名称	台风类型	登陆情况				主要影响区域
				时间	地点	风力/级	风速/(m/s)	
1	201601	尼伯特	强热带风暴	7月8日 5：50	台湾台东太麻乡	16	55	台湾、福建、浙江
				7月9日 13：45	福建泉州石狮市	10	25	
2	201603	银河	强热带风暴	7月26日 22：20	海南万宁东澳镇	10	28	海南、广东、广西、云南

续表

序号	台风编号	台风名称	台风类型	登陆情况				主要影响区域
				时间	地点	风力/级	风速/(m/s)	
3	201604	妮妲	强台风	8月2日 3：35	广东深圳大鹏半岛	14	42	广东、海南、福建、广西、云南、贵州
4	201608	电母	热带风暴	8月18日 15：40	广东湛江雷州市	8	20	广东、广西、海南
5	201614	莫兰蒂	强台风	9月15日 3：05	福建厦门翔安区	15	48	福建、浙江、广东
6	201617	鲇鱼	台风	9月27日 14：10	台湾花莲地区	14	45	台湾、福建、浙江、安徽、江西、湖南、江苏
				9月28日 4：40	福建泉州惠安县	12	33	
7	201621	莎莉嘉	强台风	10月18日 9：50	海南万宁和乐镇	14	45	海南、广东、广西、湖南、江西、浙江
				10月19日 14：10	广西防城港东兴市	10	25	
8	201622	海马	强台风	10月21日 12：40	广东汕尾海丰鲘门镇	14	42	广东、江西、福建、浙江、江苏、上海

党中央、国务院高度重视防台风工作。习近平总书记、李克强总理、汪洋副总理多次作出重要批示和指示。国家防总副总指挥、水利部部长陈雷6次主持召开异地视频会议，多次主持召开国家防总专题会商会，安排部署防台风工作。国家防总6次与有关省（自治区、直辖市）视频连线会商防台风工作，启动防台风应急响应Ⅱ级4次、Ⅲ级4次、Ⅳ级2次，共派出51个工作组协助地方开展防台风工作，商财政部向受台风影响较重省（自治区、直辖市）安排5.2亿元特大防汛经费，紧急调拨编织袋、冲锋舟、土工布等抗洪抢险物资支持江西、海南等受台风影响地区开展防御工作。

各有关地区全力做好防台风工作，针对伏季休渔期结束、暑期旅游高峰的特点，紧急关停台风影响海域的旅游观光景点和滨海、涉水活动，采取多种方式全方位、不间断向公众发布防灾避险信息，超常规落实人员转移避险工作，突出抓好船只及海上作业人员上岸避险、山洪泥石流等危险区域人员转移安置工作。对低洼易涝区域、建筑工地、城乡结合部位等薄弱环节进行拉网式排查；对海堤、水库、涵闸等水利工程开展昼夜不间断巡查；对沿海石油、化工、核电、机场、铁路等重要设施落实抢修抢排抢险措施，确保重要设施防风防雨安全。全国防台风共转移群众775万人，沿海地区船只回港避风53.5万艘，保障了广州、深圳、福州、厦门等重要城市正常运转和重要设施安全。广东省、海南省组织有关地区和部门在台风影响过程中果断实施停工、停业、停市、停课、停运等应急措施，提前向灾害易发区域预置抢险救援力量，强化危险区域人员转移避险，有力应对了强台风“妮妲”“莎莉嘉”“海马”的登陆袭击，实现了防强台风无人员伤亡。

据统计，2016年台风共造成福建、浙江、海南、广东、广西、吉林、江西、上海等8省（自治区、直辖市）1544万人次受灾，死亡130人，失踪37人，农作物受灾面积144.6万hm^2，倒塌房屋3.1万多间，直接经济损失614亿元。由于防御有力，台风造成死亡人数约为2001年以来均值（217人）的6成，最大程度减轻了灾害损失。

彭敏瑞　执笔

田以堂　审核

专栏十四

奋力夺取图们江乌苏里江抗洪胜利

国家防汛抗旱总指挥部办公室
松花江防汛抗旱总指挥部办公室

2016 年，我国东北地区图们江、乌苏里江等国际河流发生超警洪水，国家防总、水利部组织指导松花江防总和有关省防指，扎实落实防范措施，强化国际防洪减灾合作，最大程度减轻了洪涝灾害损失。

受 2016 年第 10 号台风“狮子山”和东北低压共同影响，8 月 29 日至 9 月 1 日，图们江、乌苏里江流域普降大到暴雨，图们江、乌苏里江干流全线超警。8 月 31 日，图们江上游控制站开山屯水文站洪峰流量 5250m^3/s，居历史第一位，重现期超过 100 年；中游控制站河东水文站、下游控制站圈河站洪峰流量分别为 7630m^3/s、8740m^3/s。9 月 13 日，乌苏里江上游控制站虎头水位站洪峰水位 54.88m，超过保证水位 0.83m，居历史第一位，重现期超过 30 年；中游饶河水位站洪峰水位 98.61m，超过保证水位 0.41m，居历史第二位。

国家防总高度重视东北地区图们江、乌苏里江等国际河流防汛抗洪工作，多次召开会商会和异地视频会商会，周密部署防御工作；派出两个工作组分赴图们江和乌苏里江流域指导协助地方开展防汛抢险工作。

面对图们江流域突发的超百年一遇特大洪水，吉林省委、省政府主要领导分别赶赴图们市和珲春市抗洪抢险救灾一线，靠前指挥，部署防御和救灾工作；吉林省防指加强监测预警，启动防汛Ⅱ级应急响应；强化会商研判，科学调度老龙口水库，提前开闸预泄 200m^3/s，腾库迎峰，在最大入库流量 1592m^3/s 时，控制下泄 1000m^3/s，最大削峰率 37%。广大干部群众和部队官兵团结奋战，全力抢护堤防险情，紧急抢筑图们市防洪子堤 2.3km，确保了图们市防洪安全。有关地方和部门精心组织，紧急有序转移危险地区人员5.25万人；调用直升机、冲锋舟解救围困群众1275人，跨境救助朝鲜受困人员26名。

在乌苏里江流域洪水期间，中俄双方密切合作，共同抗御。中方及时压减了有关水库下泄流量，减轻乌苏里江干流的防洪压力；俄方协助中方开展了水文过境测流，为中方做好洪水预测预报提供了帮助。黑龙江省防指加强分析研判，提前发出洪水预警和防范通知，派出工作组和专家组，指导地方做好防汛抗洪工作；有关地方主要领导和各级责任人迅速上岗到位，及时启动应急响应，全力做好防洪抢险工作，累计投入抢险人员2.2万人次，转移危险地区人员332人，抢筑子堤70多km，处理管涌18处、管涌群4处，抢修农田围堤20多km。

2016年，图们江、乌苏里江抗洪工作最大程度减轻了洪涝灾害损失，取得了人员零伤亡的全面胜利。

冯明轩　尹雄瑞　执笔

李兴学　审核

专栏十五

全力做好水库安全度汛工作
充分发挥防汛抗旱综合效益

国家防汛抗旱总指挥部办公室

2016年，我国入汛时间早、汛情来势猛，水库安全度汛形势十分严峻。国家防总、水利部立足于防大汛、抗大洪、防强台、抢大险，从最不利情况出发，强化和落实最严格措施，全力做好水库安全度汛工作，保障了人民群众生命安全和水库工程安全，实现了防洪减灾与蓄水兴利共赢。

国家防总、水利部高度重视水库安全度汛工作，国家防总副总指挥、水利部部长陈雷在年初召开的全国防汛抗旱工作视频会议上，就做好水库安全度汛工作提出明确要求；汛前又主持召开全国水库安全度汛工作视频会议，专门作出安排部署。国家防办联合国家能源局发出通知，对做好水库、水电站安全度汛工作进一步提出具体要求。国家防总、水利部强化责任落实，较往年提前一个月组织督促各地落实了大型及防洪重点中型水库行政责任人，并要求各地逐级落实水库、水电站的防汛行政责任人、主管部门责任人、技术责任人和管护责任人；同时加大对各地的督导检查力度，督促各级责任人及时上岗到位，切实落实水库安全度汛各项工作措施。国家防总、水利部狠抓度汛隐患的排查整改，组织各相关部门和各流域、各地开展了全方位、多批次的汛前检查，重点对水库、水电站防汛责任落实、监测预警设施配备、工程运行管理、度汛应急准备等安全度汛工作进行彻底排查，发现问题及时整改，确保全面消除度汛风险隐患。

入汛后，国家防总组织气象、水文等部门加强联合会商和预测预警，强降雨过程来临前及时向有关地区就水库安全度汛工作提出要求，及时派出工作组赴抗洪一线协助指导做好水库抗洪抢险工作。国家防办密切关注水库运行情况，会同水文部门对全国水库防洪特征值进行复核；针对部分地区水库超汛限水位运行的问题，多次下发通知提出整改要求。针对严峻的汛情形势，指导各地提前落实应急抢险队伍和物资，及时组织开展险情抢护，提早转移受威胁区域群众主动避险，在全国2400多座水库受损、28座水库发生漫坝险情的情况下，仅有4座小（2）型水库因超标准洪水漫溃，没有因水库出险造成一人伤亡，最大程度保障了人民群众生命安全和水库工程安全。在确保防洪安全的同时，国家防总、水利部组织指导有关流域防总加强科学调度，最大程度发挥水库的防洪减灾作用。在防御长江大洪水期间，实施三峡水库及上中游水库群梯级联调、库群联调和水电联调，拦蓄洪水227亿m^3，大大减轻了中下游防洪压力；在防御海河流域罕见暴雨洪水期间，调度岳城、黄壁庄等大中型水库，削减洪峰9成以上，拦蓄洪水21亿m^3；汛末，三峡水库连续第7年实现175m试验性蓄水目标；小浪底水库通过实施汛限水位动态调控，增加蓄水13.2亿m^3，为冬春抗旱供水储备了水源，水库的防洪减灾和蓄水兴利综合效益得到充分发挥。

张　腾　执笔

王　翔　审核

专栏十六

2016 年水旱灾害情况

国家防汛抗旱总指挥部办公室

2016 年，全国出现 51 次强降雨过程，平均降雨量 730mm，较常年偏多 1.6 成，其中江淮、江南、华南大部、西南中部、东北东部、华北大部偏多 1～4 成，长江中下游、太湖流域梅雨分别较常年偏多 8 成和 7 成。全国共有 473 条河流发生超警戒水位以上洪水，太湖发生历史第二位流域性特大洪水，长江发生 1998 年以来最大洪水，海河南系发生 1996 年以来最大洪水，淮河、西江、闽江发生超警洪水。西北太平洋和南海海域共生成 26 个台风，有 8 个在我国登陆。黄河、嫩江、松花江、黑龙江凌汛平稳。北方冬麦区发生了春旱，东北、西北、华北、长江上中游地区发生了夏伏旱。据统计，全国 31 个省（自治区、直辖市）和新疆生产建设兵团均遭受洪涝灾害，受灾人口 1.02 亿人，因灾死亡 684 人、失踪 207 人，倒塌房屋 43 万间，农作物受灾 1.39 亿亩、成灾 7441 万亩，受损水库 2400 多座、堤防 6.7 万处、护岸 9.4 万处、水闸 1.3 万座，洪涝灾害直接经济损失 3661 亿元。干旱共造成 1.48 亿亩农作物受灾，粮食损失 1906 万 t、经济作物损失 131 亿元，有 469 万人、650 万头大牲畜因旱发生临时饮水困难，直接经济损失 484 亿元。2016 年的水旱灾情主要呈现以下特点。

一是灾害损失总体偏轻。2016 年洪涝受灾人口、死亡人口、农作物受灾面积、倒塌房屋分别偏少 27%、49%、14%、57%；全国作物受旱面积、受灾面积、因旱粮食损失、人饮困难数量分别偏少 31%、51%、33% 和 80%。

二是灾害过程密集、分布集中。6 月上中旬至 7 月中旬连续发生 9 次严重洪涝灾害过程，占全年严重洪涝灾害过程次数的 60%；湖北、安徽、河北、湖南、福建、江西等 6 省受灾较重，6 省灾害损失占全国的 6 成左右。干旱灾害主要集中在北方地区，内蒙古、黑龙江、甘肃3省（自治区）作物受灾面积1.01亿亩、因旱饮水困难122万人，分别占全国总数的68%和26%。

三是台风登陆频次高、影响大。7—9月有6个台风登陆我国，狂风巨浪高潮暴雨四碰头多次发生，华南、东南等地反复遭受袭击。台风共造成福建、海南、广东、广西、浙江、江西、上海、吉林等8省（自治区、直辖市）受灾，受灾人口1544万人，因灾死亡130人、失踪37人，农作物受灾144.6万hm^2，倒塌房屋3.1万间，直接经济损失约614亿元。

四是山洪灾害仍是人员死亡失踪主因。全国共发生山洪灾害9000余起，死亡、失踪610人，占洪涝死亡和失踪总人数的68.7%。

五是城镇内涝受淹严重。武汉、南京、九江等192座城市发生内涝，城市正常运行受到影响，累计受淹面积达1542km^2，受灾人口389万人，直接经济损失达91亿元。

六是旱灾对局部地区生态影响较大。2016年5—8月，骆马湖上游来水量仅有5.2亿m^3，为常年同期的18.1%，沂沭泗地区"两湖一库"（骆马湖、微山湖、石梁河水库）蓄水量明显不足。洪泽湖、骆马湖、石梁河水库、微山湖水位均一度低于死水位或旱限水位，对河湖生态影响较大。受初春枯水期、7—8月持续晴热高温天气、上游水库蓄水等因素影响，江西鄱阳湖两度出现低枯水位，通江水体面积下降8~9成，部分地区湖底出露，成为"草原"，湖泊生态受到较大影响。

2016年洪涝灾害及干旱灾害情况分别见表1和表2。

表1　　　　2016年洪涝灾害统计

地区	农作物受灾面积/万hm^2	农作物成灾面积/万hm^2	受灾人口/万人	死亡人口/人	失踪人口/人	倒塌房屋/万间	直接经济总损失/亿元	水利设施直接经济损失/亿元
合　计	929.401	496.056	10214.52	684	207	42.77	3660.61	695.93
北　京	2.193	1.303	12.55			0.35	27.43	7.04
天　津	6.775	2.719	11.05			0.01	7.42	1.27
河　北	74.575	37.880	924.25	167	108	10.62	514.04	107.40

续表

地区	农作物受灾面积/万 hm^2	农作物成灾面积/万 hm^2	受灾人口/万人	死亡人口/人	失踪人口/人	倒塌房屋/万间	直接经济总损失/亿元	水利设施直接经济损失/亿元
山　西	17.803	11.599	196.33	4		1.83	70.73	15.84
内蒙古	24.931	16.392	72.64	11		0.18	17.33	3.47
辽　宁	11.312	5.234	70.38			0.09	33.28	5.94
吉　林	10.484	7.249	27.14			0.07	49.55	27.48
黑龙江	25.797	13.641	28.11			0.04	11.72	1.48
上　海	0.756	0.209	1.45				0.28	
江　苏	30.048	11.793	103.50			0.13	90.96	9.22
浙　江	21.367	9.471	270.67	19	2	0.31	138.01	23.23
安　徽	110.941	77.007	1282.09	32	1	5.17	500.65	75.39
福　建	29.268	11.924	503.17	129	19	2.77	382.34	66.27
江　西	44.629	24.708	587.03	7	1	0.77	104.18	44.31
山　东	8.900	3.386	56.45			0.25	10.72	3.85
河　南	14.681	9.572	220.21	28	9	4.46	106.27	18.35
湖　北	175.782	109.238	1923.95	55	13	5.78	733.02	115.17
湖　南	76.211	38.859	1011.38	27	1	2.94	215.12	47.66
广　东	50.890	25.981	458.83	12	4	0.45	89.09	14.14
广　西	22.956	9.689	331.36	12	3	0.51	43.28	12.76
海　南	92.614	25.687	814.28	5		0.29	148.49	15.54
四　川	12.794	6.597	250.89	36	11	0.56	54.23	19.98
重　庆	12.766	7.844	271.39	30	3	1.06	41.23	5.78
贵　州	14.361	7.658	297.12	44	12	1.46	110.17	12.73
云　南	13.790	8.279	282.86	39	18	0.53	57.60	10.99
西　藏	1.337	0.857	24.25			0.23	24.03	6.10
陕　西	6.822	3.149	72.42	13		0.30	19.32	3.85
甘　肃	2.550	1.111	44.09	3		0.60	12.95	2.96
青　海	0.309	0.036	9.13	3		0.04	4.46	1.30
宁　夏	1.970	1.401	7.10	3		0.01	9.76	2.00
新　疆	9.350	5.325	46.14	4	1	0.95	30.20	13.45
兵　团	0.438	0.256	2.34	1	1	0.02	2.74	0.98

表 2　　2016 年干旱灾害统计

地区	作物受灾面积/万亩	成灾面积/万亩	绝收面积/万亩	累计因旱人畜饮水困难	
				人口/万人	大牲畜/万头
合　计	14809.00	9196.00	1527.00	469.00	650.00
北　京	0.00	0.00	0.00	0.00	0.00
天　津	0.00	0.00	0.00	20.00	0.00
河　北	325.10	31.20	1.00	11.55	3.34
山　西	115.52	65.37	6.60	11.27	5.49
内蒙古	4155.75	2936.85	734.07	61.23	457.37
辽　宁	601.50	72.88	7.90	7.29	1.73
吉　林	786.40	505.41	78.48	2.80	0.80
黑龙江	4432.50	3249.30	258.50	3.20	2.06
上　海	0.00	0.00	0.00	0.00	0.00
江　苏	201.50	15.20	0.00	0.00	0.26
浙　江	0.00	0.00	0.00	5.31	0.88
安　徽	269.25	191.10	26.38	20.98	2.78
福　建	0.00	0.00	0.00	0.00	0.00
江　西	52.95	45.30	9.75	15.20	6.86
山　东	317.40	127.95	22.95	12.13	6.16
河　南	259.95	110.55	28.35	2.15	0.55
湖　北	512.90	236.85	58.50	70.07	21.37
湖　南	17.42	7.15	0.60	1.50	0.00
广　东	0.00	0.00	0.00	0.00	0.00
广　西	51.90	30.30	1.80	6.85	2.16
海　南	23.27	6.62	1.89	9.62	2.58
重　庆	70.80	45.00	8.25	15.89	10.01
四　川	169.50	101.40	22.50	54.73	36.96
贵　州	9.90	4.95	1.20	20.16	3.40
云　南	71.55	22.84	2.80	24.08	9.35
西　藏	1.14	0.06	0.04	0.17	0.02
陕　西	360.09	165.85	33.74	17.75	3.40

续表

地　区	作物受灾面积/万亩	成灾面积/万亩	绝收面积/万亩	累计因旱人畜饮水困难	
				人口/万人	大牲畜/万头
甘　肃	1497.30	891.75	149.85	57.49	25.92
青　海	57.49	41.55	0.00	3.08	18.60
宁　夏	418.80	261.90	70.35	14.24	23.54
新　疆	29.25	28.95	1.80	0.50	4.12
兵　团	0.00	0.00	0.00	0.00	0.00

张葆蔚　刘洪岫　执笔

姚文广　审核

基础设施与民生水利篇

加快重大水利工程建设
充分发挥水利基础保障作用

水利部规划计划司

加快重大水利工程建设是完善国家基础设施的重要任务，也是打基础、管长远、促发展、惠民生的重大工程和推进供给侧结构性改革、补齐短板的重要内容。2016年《政府工作报告》把“再开工20项重大水利工程”作为年度重要目标，水利部按照党中央、国务院的部署，会同有关部门和地方政府，坚持不懈、持续发力，全力推动重大水利工程建设，形成了良好的建设态势。

一、重大水利工程建设进展情况

截至2016年11月底，甘肃红崖山水库加高扩建、黑河黄藏寺水利枢纽、浙江舟山大陆引水三期、四川土溪口等20项重大水利工程新开工建设，提前一个月完成《政府工作报告》确定的目标要求。2016年12月底，引江济淮工程开工建设，全年新开工重大水利工程增至21项，172项节水供水重大水利工程开工数量达106项，在建投资规模超过8000亿元，超额完成年度目标任务。21项新开工重大水利工程分布情况见表1。

表1　　21项新开工重大水利工程分布情况

地区	四川	浙江	安徽	福建	新疆	云南	贵州
数量	4	2	2	2	2	2	1
地区	江西	广西	青海	湖南	甘肃	水利部直属	合计
数量	1	1	1	1	1	1	21

截至2016年12月底，落实重大水利工程中央投资计划1031亿元（其中中央投资600亿元），重大水利工程中央投资计划完成率为96.1%，超额完成水利部确定的90%的目标。从地区来看，有建设任务的28个省（自治区、直辖市）中有27个省（自治区、直辖市，含新疆生产建设兵团）圆满完成目标。目前，江西峡江、河南河口村、青海引大济湟等14项工程主体工程基本完工并发挥效益。高效节水灌溉、中小河流治理等其他面上水利项目建设也全面提速，2016年度中央投资计划完成率总体达到95.3%，工程建设进度为历年最快。28个省（自治区、直辖市）重大水利工程年度投资完成率如图1所示。

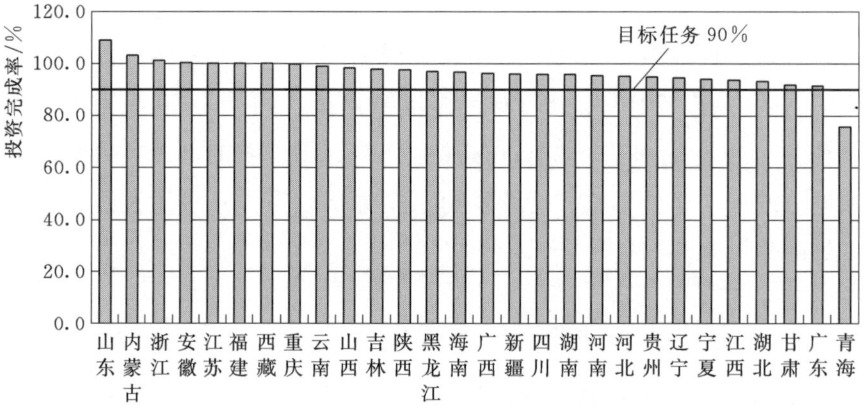

图1　28个省（自治区、直辖市）重大水利工程年度投资完成率

二、主要工作进展及成效

2016年，按照国务院有关部署和要求，水利部结合水利工程的特点，总结以往经验，不断完善工作制度和管理方式，持续推动各项工作有序开展并取得明显成效。国务院对各地区和各部门工作开展的第三次大督查把水利部加快重大水利工程建设作为典型经验做法，予以通报表扬。

（一）目标责任层层压实

水利部认真贯彻落实中央经济工作会议精神和《政府工作报告》任务要求，在2016年年初全国水利厅局长会议上全面部署，明确2016年重大水利工程建设总体目标为：再开工20项重大水利工程，确保年度中央投资计划完成率达到90%以上。陈雷部长多次主持召开全国水利系统视频会议，对加快水利工程建设进行再部署、再落实，督促各地按照既定目标，细化分解任务，不断完善责任体系，明确全年工作的时间表、路线图和责任网，切实加强组织领导，逐级抓好落实，确保各项工作落地生根。各地围绕年度目标提前谋划，逐项制定工程实施方案和开工计划；层层传导压力，逐级落实责任，明确时间节点和分工，各项工作机制不断完善。

（二）审查审批全力加快

2016年年初，水利部与国家发展改革委联合印发了《加快推进2016年重大水利工程前期工作任务分工方案》，对重点推进的31项重大水利工程前期工作做出具体安排，明确责任和要求。水利部继续发挥重大水利项目审批部际协调机制作用，主动加强与发展改革、国土、环保等部门密切协调配合，开辟“绿色通道”，进一步简化流程，加快用地预审、规划选址等前置要件办理。6月中旬，会同国家发展改革委和有关部门，对11个省（自治区、直辖市）16个重大项目审批进行视频会商，逐项分析解决存在的问题。2016年3月底，拟开工的重大水利工程可研审查意见已全部报送国家发展改革委，21项新开工重大项目可研报告及时得到批复，审查审批效率明显提高，前期工作进一步加快。

（三）建设资金落实较好

积极协调国家开发银行、中国农业发展银行、中国农业银行等金融机构，加大对水利融资的支持；印发了《水利部关于进一步落实专项建设基金支持水利建设政策措施的通知》等相关文件，督促和指导各地在争取加大各级财政投入的同时，积极利用过桥贷款、专项建设基金等资金，充分吸引社会资本，多渠道落实水利建设投资，投资规模逐年增长。全年落实全国水利建设投资6781亿元，较2015年增长16.5%，其中中国农业发展银行累计发放重大水利工程专项过桥贷款423亿元、国家开发银行和中国农业发展银行安排专项建设基金355亿元用于重大水利工程建设，湖南莽山水库、广东韩江高陂水利枢纽、重庆观景口水库、贵州马岭水利枢纽等4个试点项目PPP方案成功落地，吸引社会资本32亿元。

（四）计划执行全面提速

积极协调有关部门，提早下达年度投资计划和资金预算，截至 2016 年 6 月底投资计划下达率达到 97.2%，比往年提前两个月，为加快投资计划执行创造了有利条件。继续对中央水利建设投资计划执行情况实施按月调度会商，加强对工程建设进度的跟踪分析研判，全年召开调度会商会 11 次，及时发现制约水利建设的突出困难和问题，提出对策建议 38 项。对进度慢的地区和项目，采取"一省一单"的方式进行跟踪落实，印发督办函 37 份，明确整改事项和工作要求。在水利建设的关键时期，两次将调度会商范围扩大到市县，陈雷部长亲自主持，有力促进了重大问题的解决。2016 年，中央水利建设投资计划到位率、完成率均保持历史高水平，重大水利工程和面上项目均圆满完成 90%、80% 的目标要求。

（五）督导检查不断强化

通过"常规+专项"相结合的督查方式，狠抓整改落实，不断巩固整改成效。2016 年 5 月底，按照国务院办公厅统一要求，派出 28 个督查组，对有在建和 2016 年拟开工重大水利工程建设任务的 28 个省（自治区、直辖市）开展全覆盖专项督查，对发现的问题，以"一省一单"方式印发整改通知。继续实行水利部领导对口包片督导，充分发挥水利部、流域机构、省级水行政主管部门多层次督导检查工作机制作用，对重大项目督查实行全覆盖、多节点、动态化监管，全年组织开展重大水利工程各省自查、流域机构全覆盖检查和 5 批重大水利工程督查或专项督查，对 18 项重大工程开展质量监督巡查、43 项重大工程开展安全生产巡查。对推进不力的地区采取水利部领导约谈、专项督查、挂牌督办等方式，督促整改，严肃问责，确保工程质量、安全和进度。强化中央投资计划执行考核，对考核结果予以通报。

三、下一步工作安排

2017 年是加快重大水利工程建设的关键一年。随着重大水利工程开工项目的逐渐增多，尤其是近两年开工的项目将进入全面实施阶段，建设任务十分繁重。水利部将继续坚决贯彻党中央、国务院的决策部署，采取有效措施，继续抓好重大水利工程建设，加快106项在建重大水利工程建设步伐，力争尽早建成一批并发挥效益；统筹推进一批重大水利工程前期工作，按照“成熟一项、开工一项”的原则，力争新开工15项重大水利工程，在建工程投资规模超过9000亿元，持续有效发挥重大水利工程建设的投资拉动作用，为全面建成小康社会提供坚实的水利支撑和保障。

李　明　童学卫　张光锦　执笔

汪安南　张祥伟　审核

专栏十七

扎实开展灾后水利薄弱环节建设

水利部规划计划司

按照党中央、国务院关于做好灾后水利薄弱环节建设的决策部署，水利部提早谋划，及时研究提出了《灾后水利薄弱环节建设框架方案》，与国家发展改革委、住房和城乡建设部共同编制了《灾后水利薄弱环节和城市排水防涝补短板行动方案》（以下简称《行动方案》）。2016 年 12 月，国务院常务会议审议通过《行动方案》，要求针对 2016 年防汛抗洪抢险救灾中暴露出的突出问题，坚持问题导向，以防洪排涝薄弱地区为重点，在继续推进各项重大水利工程建设的同时，集中力量加快中小河流治理、小型病险水库除险加固、重点区域排涝能力建设、农村基层防汛预报预警体系建设，增强流域和区域防洪排涝减灾能力，保障人民群众生命财产安全，促进经济社会持续稳定健康发展。

灾后水利薄弱环节建设主要包括四项建设任务。一是中小河流治理。在保障防洪安全的前提下，兼顾水资源利用和生态保护，加快实施中小河流综合整治，力争 2020 年年底前基本完成 244 条流域面积 3000km^2 以上中小河流治理规划任务和流域面积 200～3000km^2 的中小河流重要河段治理规划任务；以近年来特别是 2016 年受灾严重且保护对象重要的河段为重点，适当新增中小河流治理范围和河段。二是小型病险水库除险加固。坚持工程措施与非工程措施结合、工程加固和运行管护并重，对新出现的 1 万座左右小型病险水库进行除险加固，尽早全面消除水库病险隐患，完善必要的监测预警设施。三是重点区域排涝能力建设。对长江中下游等重点易涝区，尤其是洞庭湖和鄱阳湖圩垸、沿江圩区等重点地区进行整治，统筹防洪和区域排涝的关系，增强区域自排和抽排能力，提高涝区排涝标准；坚持常规与应急结合，加强省级和重点地市级防汛抢险队伍应急排涝能力建设。四是农村基层防汛预报预警体系建设。继续推进山洪灾害监测预警等防洪非工程措施建设，增强基层防汛抗洪抢险救灾组织动员能力，完善符合基层实际的雨情、水情、汛情、灾情预报预警体系和信息发布平台，及时发布监测预警信息；建设完善小型水库监测预警设施。

为进一步细化灾后水利薄弱环节建设的目标任务和工作措施，水利部组织编制了《加快灾后水利薄弱环节建设实施方案》。下一步，水利部将会同有关部门和地方，切实抓好工作责任落实，加快项目前期工作，积极筹措建设资金，强化建设管理与建后管护，加强跟踪督导与绩效考核，加快推进灾后水利薄弱环节建设，确保按期完成《行动方案》确定的目标任务。

李　明　童学卫　张光锦　执笔
张祥伟　审核

专栏十八

开展重大水利工程建设情况专项督查

水利部规划计划司

2016年，国务院办公厅从国务院35个部门和单位中选取了85个督查项目纳入年度专项督查台账，其中包括重大水利工程建设情况专项督查。按照国务院办公厅统一安排，5月23日至6月8日，水利部派出28个督查组，对有在建和2016年拟开工重大水利工程建设任务的28个省（自治区、直辖市）开展全覆盖专项督查。督查组通过听取汇报、查阅资料、座谈交流、现场查看等形式全面掌握情况、查找问题、提出意见，督查期间召开座谈会86次、现场检查项目97项。从督查情况来看，各地重大水利工程建设工作部署得当、安排科学、措施有力、督办及时，有效保障了政策措施落地生根。

一是强化组织领导。省委书记、省长亲自研究部署工作，基本都成立了省级层面的水利工程建设领导小组或重大水利工程协调机构。二是出台配套政策。各地创新思路，出台了一系列促进重大水利工程建设的政策措施。如建立招标“绿色通道”、出台“先占后补”的征地政策等。三是加大投入力度。在加大财政投入的同时，各地通过发挥省级水投公司的融资作用、质押水库收费权引进长期低息贷款等措施，积极利用金融资金，吸引社会投资，多渠道落实建设资金。四是强化督导检查。许多省份建立了推进重大水利工程建设责任制，与市县签订责任书，逐级落实责任。采取蹲点督导、挂牌督办、专项督查等方式，加强工作责任落实的督导检查。

通过采取有力措施，加快重大水利工程建设的决策部署得到有力贯彻，工程建设取得明显成效。一是前期工作取得积极进展。截至5月底，2016年拟开工的20项重大水利工程中，已批复可研报告11项，其他项目主要前置要件已办结或正在加快办理。二是工程建设进度全面加快。14项工程主体工程基本完工，西江大藤峡、新疆阿尔塔什等一批项目正加快建设。新开工甘肃红崖山水库加高扩建、黑河黄藏寺水利枢纽、浙江舟山大陆引水三期等3项工程。三是投资计划执行明显提速。截至5月底，已下达重大水利工程中央投资计划881亿元（其中中央投资561亿元），已完成投资201.8亿元，完成率22.9%，比去年同期增加14.9个百分点。四是地方投资得到较好落实。省级财政对重大水利工程投资优先保障，有的还减免市县配套投资，同时积极争取金融资金、社会资本。截至5月底，地方配套投资到位率达55.8%，比去年同期增加39.6个百分点。

总体来看，各地行动早，组织实施力度大，各项工作推进措施落实到位，重大水利工程建设形成良好态势，各地对完成年度目标任务充满信心。但督查中也发现，有的地方和项目还存在工作措施力度不够、前置要件办理慢、建设进度滞后、投资落实不到位、征地移民滞后等问题。针对这些问题，督查组对地方提出了整改意见并现场反馈，水利部以“一省一单”形式专门印发整改通知，督促各地抓紧整改落实到位，确保年度目标任务圆满完成。

李　明　童学卫　张光锦　执笔

张祥伟　审核

持续推进高效节水灌溉建设

水利部农村水利司

2016年《政府工作报告》明确提出全年“新增高效节水灌溉面积2000万亩”建设任务，并列入国务院年度量化考核指标。为贯彻落实党中央、国务院有关部署要求，水利部会同有关部门及时部署工作，加大投入力度，精心组织实施，圆满完成了2000万亩高效节水灌溉建设任务，各项工作取得了显著成效。

一、超额完成高效节水灌溉建设任务

2016年“两会”以后，水利部第一时间部署各地进行2016年度拟发展高效节水灌溉面积的调查摸底工作，并做好与各地的沟通协调，会同财政部、国家发展改革委、财政部、农业部、国土资源部将高效节水灌溉任务分解到29个省（自治区、直辖市）和新疆生产建设兵团。明确提出任务完成情况按照序时进度分成两部分统计：一部分是2016年以前立项、2016年完成的面积；另一部分是2016年立项、当年完成的面积。

各地根据分省建设任务要求，加强部门统筹协调，将建设任务分解到水利、发展改革、财政、农业、国土等相关部门，落实到1500多个项目县、3495个项目。

截至2016年年底，全国新增高效节水灌溉面积2182万亩，全面完成《政府工作报告》提出的建设任务，其中22个省（自治区、直辖市）和新疆生产建设兵团超额完成年度建设任务（见图1）。其中2016年以前立项、2016年完成的面积有632万亩，2016年立项、当年完成的面积1550万亩。全国完成喷灌面积305万亩、微灌面积723万亩、管道输水灌溉面积1154万亩（见图2），其中喷灌主要集中在东北西部干旱区、内蒙古中东部、华北平原、胶东辽东半岛等地区；微灌主要集中在西北内陆的黑河流域、石羊河流域和新疆维吾尔自治区等地区；管道输水灌溉主要集中在华北平原井灌区、黄河下游井灌区、杭嘉湖平原等地区。

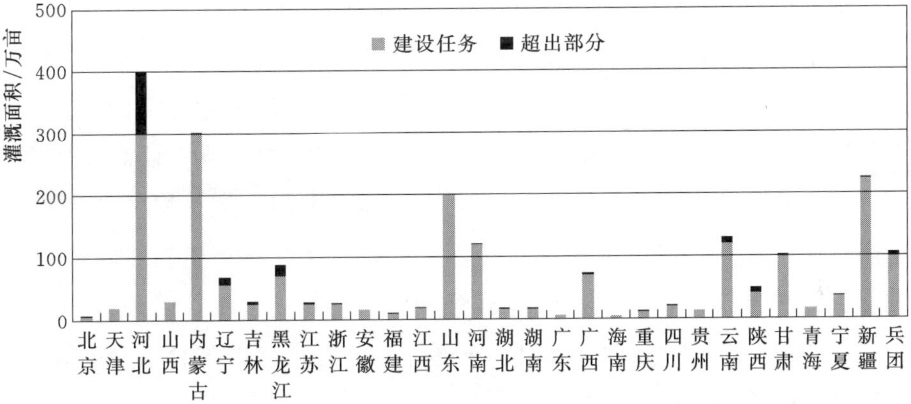

图1 各地高效节水灌溉面积完成情况

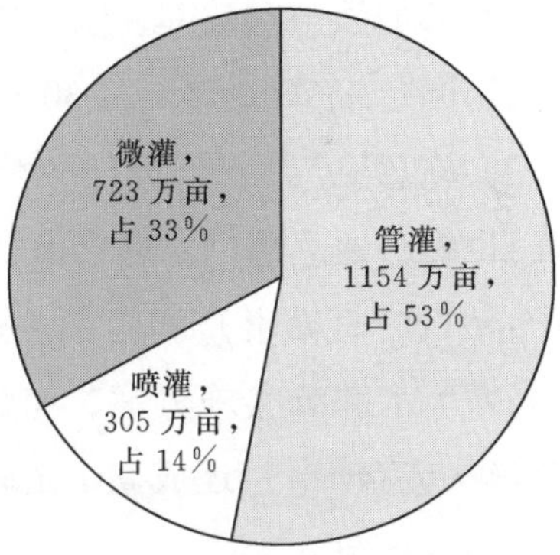

图2 完成各类型高效节水灌溉面积结构图

2016年高效节水灌溉建设任务完成后，预计将产生显著的经济效益、社会效益和生态效益。一是促进水资源高效利用。通过大力发展高效节水灌溉，全国可新增节水能力22.9亿m^3，项目区灌溉水利用有效系数达到0.8以上，在保障农业灌溉需求的同时还保证了生态用水。二是实现了农民增收节支。全国可新增粮食综合生产能力240万t，品质也得到提高；与传统灌溉模式相比，亩均可减少用工2个工日，水肥一体化可节省25%左右的化肥用量，降低50%左右的除草剂用量，减少渠道占地5%以上，有效促进农民增产增收。三是推动了现代农业发展。通过高效节水灌溉工程信息化管理，配套农机、农艺等措施，显著提高劳动生产效率，促进技术集成和农业结构调整，为现代农业发展提供了有力支撑。

二、采取的主要措施

（一）加强组织领导

水利部高度重视“新增高效节水灌溉面积2000万亩”工作，陈雷部长、田学斌副部长多次做出重要批示，要求做好与有关部委的对接工作，加强高效节水灌溉项目建设管理、进度质量、资金使用等方面的监管，确保如期完成任务。田学斌副部长多次召开部长专题办公会，研究加快推进高效节水灌溉项目建设工作。各地党委、政府也都高度重视，出台意见，明确责任，确保完成目标任务。北京、天津、浙江、福建、江西、河南、湖北、云南等省（直辖市）政府分管领导做出专门批示。内蒙古、江苏、山东、四川、云南、陕西、甘肃、宁夏等省（自治区）出台推动高效节水灌溉发展的政策文件。

（二）强化部门协作

水利部加强与财政部、国家发展改革委、农业部、国土资源部等部门的沟通协调，于2016年6月30日联合印发《关于加快推进高效节水灌溉发展的实施意见》，将建设任务分解落实到各地，部署相关工作。各地相关部门也纷纷建立部门定期会商、分工协作、齐抓共管的联动机制。29个省（自治区、直辖市）和新疆生产建设兵团均多部门联合编制2016年度省级高效节水灌溉实施方案，将任务分解到部门，落实到市、县。天津、辽宁等省（直辖市）还成立了由政府负责同志任组长，相关部门参加的项目建设领导小组。

（三）加大资金投入

为保证高效节水灌溉建设资金需求，水利部明确2016年度中央财政小型农田水利设施建设补助资金重点用于高效节水灌溉建设，要求其他渠道安排的农田水利相关资金和项目也要大力支持发展高效节水灌溉。指导各地用好专项建设基金，积极申请开发性金融资金，鼓励社会资本投入，加大对高效节水灌溉的投入。全国共落实高效节水灌溉建设资金284亿元，其中财政资金247亿元、吸引社会资本37亿元，占高效节水灌溉建设资金的13%。各地也千方百计加大投入力度，辽宁、四川、浙江、云南等省级财政专门安排了高效节水灌溉建设资金，云南、广西、广东等省（自治区）社会资本投入高效节水灌溉建设资金比例超过20%。

（四）狠抓进度质量

水利部要求各地在保证工程质量的前提下，采取有力措施加快建设进度。指导各地按照年底前全面完成2000万亩建设任务的要求，以月为单位制定项目建设进度计划，按节点推进。累计编制10期《2000万亩高效节水灌溉建设信息》，将高效节水灌溉项目进展情况向各省政府办公厅、水利厅和有关部委通报。分别于2016年8月和11月，召集建设任务重、建设进度慢的省份到北京座谈，分析问题、研究对策，提出具体改进措施。各地均制定了工作方案，完善保障措施，简化项目审批程序、规范审查审批方式，倒排工期、挂图作战，加快推进项目建设。湖北、山东等省将建设进度与下一年度小农水项目竞争立项挂钩，对进度慢的县（市、区）扣减分数。

（五）强化督导检查

水利部联合有关部委开展了两次全方位、全覆盖的督导检查，派出27个督导组，对29个省（自治区、直辖市）和新疆生产建设兵团高效节水灌溉项目建设进行督导检查。通过“一省一单”的方式将督导检查结果进行反馈，指问题、提要求、促整改。各地也都建立了督导检查机制，加强项目计划、实施、验收等全过程检查，确保高效节水灌溉各项工作落到实处。天津、四川等省（直辖市）组织人员常驻区县施工现场，确保工程按进度计划稳步推进。江苏、青海等省派出工作组进行专项督办，确保各项工作落到实处。

（六）完善信息统计

水利部建立高效节水灌溉进展情况月报告制度，要求各地每月5日前报送上月进展情况，同时严格信息报送管理，规定上报的信息必须经省级水利部门负责同志审核签字。及时开展高效节水灌溉管理信息系统填报工作，部署各地按照“工程上图、数据入库”的要求，将前期工作、资金投入、建设进度、竣工验收和建后管护等全过程信息录入系统，实现精细化管理。各地也明确信息报送单位和责任人，建立逐级签字审核制度，保证信息真实准确。青海省每月进度报表由各县、市相关部门沟通协商，统一意见签字确认后上报。江苏省组织专门检查，核实建设信息的真实性和准确性。

（七）建立长效机制

水利部着力指导和督促各地建立工程长效运行机制，坚持“先建机制、后建工程”，工程建设时同步落实工程产权、管理主体与管护经费，同时创新管护模式，保障高效节水灌溉工程“管得好、长受益”。湖北省开展“建管一体化”试点，建立起“企业+合作社+农户”的利益链接机制，保证工程长期发挥效益。山东省乳山市建立“1+5+15”物业式管理模式，即设立1个市水利设施管护服务总站，在总站设立116水利服务热线，建立5个片区管护站，在全市15个镇设立15个小型水利设施管护服务站，第一时间解决高效节水灌溉工程维修管护问题。

王　欢　姚宛艳　执笔

王爱国　倪文进　审核

专栏十九

农田水利建设成效显著

水利部农村水利司

2016年，农田水利工作牢固树立新发展理念，认真贯彻落实党中央、国务院及水利部党组大规模推进农田水利建设决策部署，积极践行新时期水利工作方针，以规划为基础，以重点项目为抓手，以改革为动力，推动各级地方和各部门加大投入力度，加强农田水利工程建设，实现了“十三五”农田水利发展良好开局。

全年安排中央农田水利投资478.52亿元（含新建灌区59.54亿元），全国新增恢复农田有效灌溉面积1900多万亩，新增高效节水灌溉面积2182万亩，新增节水能力50亿m^3，新增粮食综合生产能力100亿kg。

一、高效节水灌溉年度建设任务超额完成

2016年《政府工作报告》提出新增高效节水灌溉面积2000万亩的目标后，水利部迅即会同有关部门将建设任务分解落实到29个省（自治区、直辖市）和新疆生产建设兵团，并联合印发文件提出明确要求。通过完善信息系统、逐级落实数据审核责任、全覆盖督导检查，以及通报、约谈等措施加大跟踪力度，各地落实责任、强化措施、强力推进，新增高效节水灌溉面积达2182万亩，超额完成年度建设任务。

二、灌排骨干工程建设与配套改造力度加大

中央安排投资116亿元，用于164处大型灌区、130处中型灌区节水改造和60处大型灌排泵站更新改造，又有30处大型灌区和40处大型灌排泵站完成规划投资任务。13处新建灌区进展顺利。

三、小型农田水利设施建设全面推进

下放中央财政农田水利设施建设补助资金项目安排权限，各地因地制宜推进高效节水灌溉、田间工程配套、“五小水利”、农村河塘清淤整治等小型农田水利建设，当年投资完成率超过80%以上。2015—2016年全国冬春农田水利基本建设超额完成计划任务，截至2016年年底，2016—2017年冬春农田水利基本建设计划任务已完成60%以上。

四、农田水利改革不断深化

按照全国农田水利改革现场会部署，各地在拓宽投融资渠道、明晰产权、创新运行管护机制等方面取得新成效。全国有超过1000万处小型农田水利工程明晰产权。全国100个县农田水利设施产权制度改革和运行管护机制创新试点有21个县基本完成任务。《农田水利条例》颁布实施。调研起草了《深化农田水利改革的指导意见》。基层水利服务体系及其能力建设加快推进，各地通过政府购买服务、委托经营等方式积极探索农田水利工程专业化社会化管理。

周　玉　执笔

王爱国　倪文进　审核

农村饮水安全巩固提升工程顺利启动

水利部农村水利司

农村饮水安全工作是全面建成小康社会的重要内容。“十二五”末，我国农村长期存在的饮水不安全问题基本得到解决后，按照党中央、国务院的有关要求，“十三五”期间，要在巩固现有农村饮水安全工作成果的基础上，进一步提升农村供水水平，保障和改善民生。一年来，水利部在有关部门的大力支持下，会同各地认真落实中央决策，精心组织实施，强化建设和管理，各项工作取得了明显成效。

一、各地“十三五”规划及年度工作进展情况

2016年年初，国家发展改革委和水利部等六部委联合印发了《关于做好“十三五”期间农村饮水安全巩固提升及规划编制工作的通知》，要求各地做好“十三五”期间农村饮水安全巩固提升及规划编制工作，并随即召开了六部委视频会对工作进行了部署。要求各地以省为单位编制规划，由省级政府审批后报六部委备案，中央不再编制全国规划。3月，水利部农村水利司分3个片区在武汉、广州、郑州等地召开座谈会，综合平衡，指导各地编制规划。5月17日，水利部召开部长办公会听取了农村水利司关于规划目标任务、总体思路等方面的工作汇报，并对下一步工作提出了要求。目前，29个省（自治区、直辖市）和新疆生产建设兵团（北京、上海两市自行实施）均已编制完成省级农村饮水安全巩固提升工程“十三五”规划，并报经省级政府批复。

2016年，29个省（自治区、直辖市）和新疆生产建设兵团（不含北京、上海两市）共完成总投资240亿元，其中，中央投资30亿元［用于补助23个省（自治区、直辖市）和新疆生产建设兵团，不含天津、黑龙江、江苏、浙江、河南、广东等6省（直辖市）］，用于定额补助农村饮水

安全巩固提升工程建设，重点聚焦国家建档立卡贫困人口，适度兼顾其他特殊困难地区；地方投资210亿元。水利部每月进行月调度，督促各地按时完成任务。截至2016年年底，各地农村饮水安全巩固提升受益人口3900万人，其中国家建档立卡贫困人口426万人。

二、主要做法和经验

2016年是“十三五”农村饮水安全巩固提升开局之年，各部门深化分工协作，各级地方政府进一步落实主体责任，加大投入，真抓实干，取得了突出成效。

（一）进一步落实地方政府主体责任，把农村饮水安全巩固提升作为政绩考核内容

自2011年中央1号文件明确提出实行饮水安全保障地方行政首长负责制以来，水利部联合相关部委多次要求地方政府进一步切实落实农村饮水安全保障的主体责任。特别在“十三五”规划编制通知中明确，各级地方政府是农村饮水安全巩固提升“十三五”规划的实施主体，对本辖区农村饮水安全负总责。要求地方各级政府逐级落实责任分工，明确政府责任人、部门责任人和项目责任人，建立健全政府“一把手”负总责、分管领导具体负责、部门合力推进的有效机制，层层传导压力，严格跟踪问效，切实强化责任制的刚性约束。

各地高度重视农村安全巩固提升工作。湖北省将农村饮水安全水质合格率、年度饮水安全建设资金到位、维修养护资金落实等作为各级政府和领导干部年度考核的重要内容；湖南省对各市县的农村自来水普及率和水质达标率进行目标考核，并将其纳入政府绩效考核与小康社会考评内容；重庆市将农村饮水安全工作纳入对县区党政“一把手”实绩考核；新疆维吾尔自治区水利厅与各州市签订《农村饮水安全工程建设管理责任书》，明确了县市人民政府和水利部门负责人及项目责任人；黑龙江省印发了《关于明确农村饮水安全巩固提升工程脱贫攻坚责任主体的通知》。

（二）聚焦扶贫攻坚，有力有序推进巩固提升工作

按照国家打赢脱贫攻坚战、全面建成小康社会的目标要求，水利部多

次与国务院扶贫办对接，根据其提供的数据，截至2015年年底，全国建档立卡贫困人口中存在饮水问题的涉及的贫困村为10.9万个、贫困户523.4万户、贫困人口1573万人。为指导各地精准扶贫，水利部办公厅印发了《关于做好国务院扶贫办建档立卡存在饮水问题贫困人口精准对接工作的通知》，要求各地水行政主管部门会同扶贫部门进一步做好饮水问题贫困人口的精准对接，并督促市县两级水行政主管部门加强与同级扶贫部门的沟通衔接，做好建档立卡贫困村、贫困户、贫困人口的精准对接，进一步将贫困人口农村饮水安全巩固提升工程建设任务落实到县、到村、到户、到人，做到精准发力，确保“十三五”期间全面解决建档立卡贫困人口饮水安全巩固提升问题。

按照中央关于脱贫攻坚工作的总体安排部署，不少省份要求提前实现脱贫，各地优先安排年度脱贫摘帽县农村饮水安全巩固提升项目，并在项目资金安排上大幅度倾斜，一些地区或将提前1~2年完成规划目标。湖北、甘肃等省运用信息系统建立精准台账，实施动态管理，逐年验收销号。湖北省利用信息系统将存在饮水问题的建档立卡贫困人口分解落实到村、到户、到人。甘肃省的信息系统“横到工程，纵到农户”，录入1万处集中供水工程、43万处分散供水工程、480万用水户信息，为实现与贫困人口的精准对接创造了条件。

（三）加大地方建设资金投入力度，拓展融资平台，多渠道筹措资金

按照中央与地方事权划分有关原则与要求，经国务院同意，“十三五”农村饮水安全巩固提升工程建设资金以各级地方政府为主负责落实，中央投资重点对贫困地区等予以适当补助，并与各地规划任务完成情况等挂钩。综合考虑各地建档立卡贫困人口中需解决饮水安全问题的人口数量、部分特殊困难地区农村饮水安全状况、各类别典型工程造价、区域经济发展水平等情况，确定按省切块下达中央补助投资，由地方统筹包干使用。

各地除了加大本级财政资金投入力度以外，一些地区充分利用政策性贷款，积极引入社会资本，统筹使用涉农涉贫等各类资金，保证了项目建设的顺利实施。2016年各地共计完成投资240亿元，其中地方投资210亿元，比2015年增加82.8亿元，增长65%。落实省级财政资金74.4亿元，

利用信贷和社会资金 72.1 亿元，约占 2016 年总投资的 30%。如贵州省决定“十三五”期间将 200 亿元水利建设基金专项用于全省城乡供水一体化项目建设，其中计划投资 30 亿元用于偏远地区农村饮水安全巩固提升工程建设。江西省将全省城乡供水一体化项目列为国家利用国际金融组织贷款 2016—2018 年备选项目，总投资 28 亿元，其中利用世界银行贷款 2 亿美元、江西省水利投资集团有限公司融资 16 亿元。安徽省阜阳市和宿州市分别向国家开发银行贷款 15 亿元和 10 亿元。江苏省泗洪县区域供水一体化工程计划总投资 13.2 亿元，采取 PPP 模式融资 3.07 亿元，争取中国农业发展银行贷款 10 亿元。甘肃省申请银行贷款 5.4 亿元，水利专项建设基金 2 亿元，统筹扶贫资金 2 亿元。辽宁省盘锦市利用银行贷款 5.4 亿元。湖北省仙桃市利用抵押补充贷款（PSL）政策已落实资金 7.5 亿元，鄂州市落实 PSL 6 亿元，专项基金 1.23 亿元。重庆市奉节县申请了中国农业发展银行低息贷款 2.7 亿元。云南省保山市申请银行贷款 10.04 亿元。湖南省对 PPP 项目按总投资的 10% 奖补。

（四）着力抓好水质保障和工程运行管护

农村供水水质保障和工程运行管护是“十三五”农村饮水安全巩固提升的重点工作和重要任务。督促各地落实《关于加强农村饮用水水源保护工作的指导意见》，进一步做好农村饮用水水源保护区或保护范围划定工作，保护农村饮用水源。配合国家卫计委开展饮水型地方病、包虫病防治工作调研和评估，向 10 个省级人民政府下发《关于 2015 年全国城乡饮用水水质监测情况的通报》，要求各地强化供水水质监管责任落实，建立辖区饮用水水质保障长效机制。在湖北省宜昌市举办了全国农村饮水安全管理与信息化培训班，培训了农村饮水安全巩固提升相关管理办法及要求、农村饮水安全信息化管理技术、农村饮水安全管理系统整合方案及下步要求，交流了 6 个省市县的成功经验。据统计，93% 的县建立了县级专管机构；87% 的千吨万人以上供水工程划定了水源保护区；55% 的县落实了县级维修养护经费，落实了维修养护经费 10.5 亿元；比 2015 年分别提高了 5%、19% 和 6%。如山西省每年按供水人口 2 元/人的标准列工程维修养护专项资金 5000 万元，2016 年已落实市县资金 2500 多万元；广西壮族自治区出台了《进一步加强农村饮水工程运行管理的实施意见》，下达农村饮水安全工程运行维护补助资金1200万元。

胡 孟 执笔

王爱国 赵乐诗 张敦强 审核

大中型病险水库水闸除险加固工作顺利推进

水利部规划计划司

我国水库水闸数量多、分布广，大多建于20世纪60—70年代，建设标准低，存在诸多病险问题，隐患较大，除险加固需求迫切。国家高度重视病险水库水闸除险加固，1998年以来，开展了多批次的病险水库除险加固；2010年以来，国家开始实施大中型病险水闸除险加固。目前，大中型病险水库水闸除险加固工作正在顺利推进，并取得了明显成效。

一、大中型病险水库水闸除险加固工作进展

（一）大中型病险水库除险加固

2010年，国务院出台了《关于切实加强中小河流治理和山洪地质灾害防治的若干意见》。据此，国家发展改革委会同水利部等部委共同编制完成《全国中小河流治理和病险水库除险加固、山洪地质灾害防御和综合治理总体规划》，其中列入大中型病险水库320座，涉及29个省（自治区、直辖市、计划单列市）和新疆生产建设兵团。2016年，下达中央预算内投资73.98亿元，用于294座病险水库除险加固，其中安排中央投资8亿元用于内蒙古乌兰诺尔、辽宁佛寺、浙江淡溪、山东高陵、广西澄碧河、重庆雨背山、宁夏郝家台等59座大中型病险水库除险加固。

（二）大中型病险水闸除险加固

为做好全国大中型病险水闸除险加固工作，国家发展改革委、水利部于2013年联合印发了《全国大中型病险水闸除险加固总体方案》（以下简称《总体方案》）。《总体方案》共纳入病险水闸2622座，其中大型378座、中型2244座，涉及4个流域机构和30个省（自治区、直辖市）、3个

计划单列市和新疆生产建设兵团。2016 年，安排中央预算内投资 75.57 亿元，用于《总体方案》内 620 座大中型病险水闸的除险加固，占规划项目的 24% 。其中，2016 年共安排中央投资 17.1 亿元用于黄委渠村、辽宁龙凤、安徽汊河、福建旧馆、河南龙山、湖南乌竹园、四川金雁等 179 座大中型病险水闸除险加固。

二、大中型病险水库水闸除险加固工作成效

大中型病险水库水闸除险加固实施以来，全国近 2700 座大中型病险水库及 600 余座大中型病险水闸得到除险加固，水库水闸安全状况明显改善。

一是完善了防洪工程体系。经除险加固后，大量病险水库水闸安全隐患得到消除，加固后的水库水闸在近年来的洪水中经受了严重汛情的考验，缓解了流域和区域防洪压力，极大地保障了人民生命财产安全，保护了下游重要城市、城镇及交通命脉的安全。

二是有效改善了当地群众生产生活条件。除险加固后的水库水闸为城乡增加了年供水量，进一步恢复和新增了灌溉面积，提高了农业灌溉和城乡居民的供水保障率，改善了农业生产基本条件，促进了农业高产稳产和农民增收致富，对保持国民经济平稳较快发展、确保粮食安全发挥了显著作用。

三是进一步发挥了水库水闸的综合效益。病险水库水闸除险加固后的生态、养殖、旅游等综合效益十分突出。经过除险加固的水库蓄水能力得到恢复，形成较为稳定的水面，区域生态环境明显改善，水库可成为旅游景点，促进旅游业发展；也加快了区域水系的水循环，增强了水体自身净化能力，改善了区域生态环境。

三、下一步工作打算

2014 年，国家发展改革委、水利部联合印发了新的《大中型病险水库水闸除险加固项目建设管理办法》（以下简称《管理办法》），进一步简化下放了项目审批权限。各地按照《管理办法》相关要求积极开展大中型病险水库水闸除险加固，各项工作有序开展。下一步，将从以下几方面继续

推进大中型病险水库水闸除险加固工程建设。

一是加快规划内项目实施进度。抓紧开展项目前期工作，按照《管理办法》的有关要求履行审批（核准）程序，在确保前期工作成果质量和深度满足建设需求的条件下，适当优化工程立项等审批流程，尽早完成相关项目前期工作。进一步加大中央和地方投资规模和力度，争取尽早完成规划内除险加固任务。

二是统筹做好大中型病险水库水闸除险加固工程建设。研究建立病险水库水闸除险加固长效机制。在基本完成规划建设任务的基础上，对新出现的大中型病险水库实行常态化除险加固机制，确保对新出现的大中型病险水库水闸及时落实管理责任，开展安全鉴定，严格按照《管理办法》要求履行前期审批（核准）程序，分清中央、地方责任，尽早开展除险加固工作。同时，尽快完成《总体方案》内大中型病险水闸项目中期评估和项目调整工作，将符合条件的新出现大中型病险水闸纳入《总体方案》分步实施。

三是加强大中型病险水库水闸项目建设管理。认真落实项目法人责任制、招标投标制、建设监理制、合同管理制，强化水利建设市场主体责任，严格落实参建单位质量安全终身负责制和责任追究制，确保病险水库水闸除险加固工程的质量与安全。对汛期实施的除险加固项目要切实履行防汛监管职责，制定严密、详细的施工期工程调度运用、度汛方案和应急预案，确保施工期度汛安全。对已完成除险加固建设的水库水闸，强化管护责任，建立和完善工程运行维护管理体制机制，落实管护资金，确保工程安全运行和长期稳定发挥效益。

温　鹏　谢　维　孙　辉　执笔

张祥伟　审核

水利扶贫开发成效显著

水利部水库移民开发局

确保到2020年农村贫困人口实现脱贫，是全面建成小康社会最艰巨的任务。为贯彻落实党中央关于脱贫攻坚的决策部署，2016年，水利部把水利扶贫工作摆在突出的位置，加大工作力度，全力打好水利扶贫攻坚战。一是强化顶层设计，做好动员部署。组织编制并联合有关部门印发了《关于实施水利扶贫开发行动的指导意见》《关于加强金融支持水利扶贫开发工作的意见》《“十三五”全国水利扶贫专项规划》《滇桂黔石漠化片区水利扶贫实施方案》《水利部定点扶贫工作方案》等文件，明确了“十三五”水利扶贫目标任务、实现途径和重要措施。召开滇桂黔石漠化片区脱贫攻坚现场推进会、定点扶贫工作座谈会，对水利扶贫工作进行动员部署。二是落实精准机制，推动各项措施落地。认真抓好水利扶贫需求调查、项目储备、投资倾斜、统计分析、考核评价等五项机制落实，深入推进行业扶贫、定点扶贫、片区联系、对口支援、老区建设“五位一体”水利扶贫各项工作，取得良好开局。2016年，832个县中央水利投资计划分解下达502.7亿元，其中中央投资340.3亿元，农村饮水安全巩固提升等“六大工程”顺利推进。精准实施千塘万亩特色产业支撑工程等定点扶贫“八大工程”，帮助重庆四县脱贫2万多人，丰都、武隆两县顺利脱贫摘帽。水利部定点扶贫工作得到国务院扶贫办和中央国家机关工委的充分肯定。三是落实扶贫责任，强化监督检查。年初印发水利扶贫开发工作方案，将9类31项任务落实到司局，明确责任分工和时间节点，加强督办，推动工作。赴滇桂黔、大别山、滇西等8个片区10余个省调研，指导地方水利扶贫工作。加强政策业务培训，做好宣传信息报送，挖掘树立先进典型，努力营造干事创业的良好氛围。

2017年，水利扶贫工作要按照规划目标，进一步抓好各项任务的落实，着力在规划和政策落地上下工夫，在项目和资金安排上促精准，在监督检查和指导上加大力度，全力推动“五位一体”水利扶贫各项工作。一是抓好政策规划落地。进一步强化水利扶贫工作组织领导，层层落实责任制，明确年度工作目标任务，强力推进水利扶贫开发行动指导意见、“十三五”全国水利扶贫专项规划、定点扶贫工作方案、滇桂黔石漠化片区水利扶贫方案和重点地区水利扶贫规划方案的落实。二是推动扶贫项目实施。按照精准扶贫精准脱贫要求，聚焦贫困县、贫困村、贫困户，加大投资倾斜支持力度，优先安排贫困地区的年度投资和项目，扎实推进水利行业扶贫“六大工程”和定点扶贫“八大工程”建设，加快补齐贫困地区水利基础设施短板。三是健全完善工作机制。进一步落实水利扶贫需求调查、项目储备、投资倾斜、统计分析、考核评价五项精准机制，提高水利扶贫的精准度和有效性。充分发挥石漠化片区跨区域合作协调机制，推动片区区域发展与脱贫攻坚。完善定点扶贫组团帮扶、对口支援和人才技术支持机制，确保重庆四县全面完成脱贫任务。四是加大监督考核力度。加强水利扶贫调查研究和督促检查，强化水利扶贫考核，抓好水利扶贫统计、定点扶贫第三方评估、水利扶贫舆论引导和业务培训等工作，确保水利扶贫取得实实在在的效果。

殷海波　执笔

唐传利　审核

专栏二十

《“十三五”全国水利扶贫规划》介绍

水利部规划计划司　水利部水库移民开发局

2016年12月，水利部印发了《“十三五”全国水利扶贫专项规划》（以下简称《规划》），全面布局全国832个贫困县“十三五”水利建设任务，全力助推打赢脱贫攻坚战。

《规划》坚持“节水优先、空间均衡、系统治理、两手发力”的新时期水利工作方针，以《中国农村扶贫开发纲要（2011—2020年）》明确的14个集中连片特困地区和片区外国家扶贫开发工作重点县为主要对象，坚持精准扶贫、精准脱贫的基本方略，把提高贫困地区水利服务与保障能力作为主要目标，把贫困地区民生改善作为水利扶贫的重点任务，把守护贫困地区绿水青山放在水利扶贫优先位置，把破除贫困地区制约水利发展的机制障碍作为重要抓手，因地制宜、精准施策，着力加强农村饮水安全巩固提升工程、农田水利工程、防洪减灾工程、水资源开发利用工程、水土保持和生态建设、农村水电工程、基层行业能力、涉水管理能力等八大任务建设，努力提升贫困地区的水利发展能力，切实提高人民群众生活水平，改善生产生活条件，保护生态环境，构建与全面建成小康社会相适应的贫困地区水安全保障体系，是“十三五”期间全国水利扶贫工作的重要指导性文件。一是全面解决1573万建档立卡贫困人口存在的饮水安全问题，贫困地区农村集中供水率达到83%，自来水普及率达到75%；二是新增和改善农田有效灌溉面积5900万亩，发展高效节水灌溉工程面积2000万亩，为实施“发展生产脱贫一批”提供重要的水利保障；三是实施459座大中型病险水闸除险加固，83条河流重点河段治理，提高防洪减灾能力，保障人民群众生命财产安全；四是开工建设大型水库9座，推进124座中型水库建设，新建600余座小型水库，加快甘肃引洮供水二期等重大引调水工程建设，逐步解决贫困地区工程型缺水和水资源性缺水问题；五是治理水土流失面积4.2万km^2，坡耕地综合整治面积470万亩，水土保持生态修复面积6600km^2，实施水源地保护和农村荷塘清淤整治工程，保护和改善水生态环境；六是力争新增水电装机200万kW，帮扶规划区内1万个建档立卡贫困村100万户贫困农民增加收入，开展农村水电增效扩容改革，力争新增装机59万kW；七是帮助和指导基层建立健全基层水利服务体系、强化人才技术支撑帮扶、提高水利信息化水平，增强贫困地区基层行业能力建设；八是加快水利管理体制改革、深化水利工程管理体制改革、积极落实最严格水资源管理制度、全面推行河长制和推进综合水价改革，逐步建立有利于水利良性发展的新的体制机制。

《规划》的实施将使贫困地区水利基础设施得到进一步加强，水利服务和保障能力进一步提高，水利发展能力进一步提升。到2020年，制约脱贫攻坚的水利“瓶颈”问题得到有效解决，与全面建成小康社会相适应的贫困地区水安全保障体系全面构建，贫困地区水利基础设施公共服务能力达到或接近全国平均水平。

殷海波　温　鹏　谢　维　执笔

唐传利　张祥伟　陈群香　审核

链接

山西：石楼县沟域经济助力脱贫攻坚

山西省自古被称为表里山河，历史上曾经植被茂密，得天独厚的山水条件养育了一代代三晋人民。但是，随着经济社会发展、人口增加，特别是森林砍伐，山西省出现严重水土流失。全省水土流失面积达10.8万km^2，占全省总面积的69%，严重程度排在全国第二位。

水土流失不仅导致生态恶化，更成为山西省山区特别是吕梁山区广大群众长期贫困的重要原因，也是山西省众多贫困县的"穷根"。水土流失带走了山西人民生存和致富的血液，流失了永续发展的家园，成为山西省的"大地之痛、民生之患"。

"将根治水土流失、建设绿水青山的过程变成脱贫致富奔小康、农村旧貌换新颜的过程，走一条符合山西省实际的生态脱贫新路。"在2016年召开的全省脱贫攻坚大会上，山西省政府明确提出要将水保生态建设与贫困地区脱贫攻坚紧密结合，同步推进，用水土流失治理推进山区群众的脱贫致富，下决心在"一个战场"上打好"脱贫攻坚、生态治理"两个攻坚战。

石楼县是国家级贫困县，也是水土流失重灾区。2010年，石楼县被列入国家坡耕地水土流失综合治理项目试点县，短短几年，这里就发生了显著变化：坡地变平地，小块并大块，"三跑田"变成了"三保田"，农业生产条件有效改善，农业机械化进程加快推动，耕地的综合生产能力显著提高。

近年来，石楼县在大力开展水土流失治理过程中，不断总结经验，大胆探索，着眼贫困人口稳定脱贫、长久发展，通过水土流失生态治理推动产业发展，提出“沟域经济”发展模式。所谓沟域经济，就是通过“公司+合作社+农户”模式，以小流域为单元，以产业发展为方向，以生态治理为措施，引导企业投入植树造林、治沟造地、矿山生态修复，发展种植、养殖、加工、旅游等当地优势特色产业，带动周边贫困群众脱贫致富。沟域经济最终目的是形成水土流失治理与产业循环发展相得益彰的生态治理新范式，使城乡面貌转变，农民收入持续增加。仅2015年，石楼县就实施坡耕地水土流失综合治理面积3958.55hm^2，年增加粮食生产能力1022.13万kg，受益人口1.5万余人。

2016年，石楼县继续强化措施，扎实推进沟域经济加大产业扶贫投入力度，开展“金鸡计划”“银狐计划”，加大投入力度，积极开展“合作社+农户”试点示范，让发展沟域经济产业成为实现脱贫的根本途径，让沟域经济开发成为山西省新时期贫困山区农民群众治山治水、实现脱贫的又一创举。留住了水土，就留住了发展的根；实现了绿水青山，就会拥有金山银山。在生态脱贫的攻坚路上，山西省不仅重塑了美好的生态颜值，更强壮了脱贫的筋骨。

张　焱　洪安娜　赵洪涛　王秀芳　魏永平　执笔

席　晶　审核

水库移民工作综述

水利部水库移民开发局

一、2016 年工作情况

2016 年，在水利部正确领导下，水库移民工作深入贯彻中央决策部署，积极践行新时期治水方针，务实创新，精准施策，狠抓落实，奋力推进水库移民事业新发展。

一是扎实开展移民安置管理。紧紧围绕重大水利工程建设，认真履责，扎实开展移民安置管理工作，通过督查、专项检查等方式，对已开工的 25 个重大水利工程移民安置开展监督检查，及时协调解决移民安置中存在的问题，保障水利工程顺利建设。顺利完成百色、涔天河、旁多、拉洛等工程移民安置验收。通过调研、会议、培训等方式，及时总结各地经验，研究部署“十三五”移民安置工作。积极配合国务院法制办做好移民条例修订工作。配合水利部规划计划司完成 37 项重大水利工程移民安置规划（大纲）审查审核，指导和督促地方做好移民安置前期工作。

二是深入推进后期扶持政策实施。按照全面建成小康社会的要求，着力改善水库移民生产生活条件，联合有关部委印发了《关于切实做好水库移民脱贫攻坚工作的指导意见》，完成全国 82 万贫困移民精准识别工作。指导各地编制实施后期扶持“十三五”规划、水库移民贫困人口脱贫攻坚工作方案，加快推进水库移民脱贫解困工程，大力开展移民美丽家园建设行动，全面实施移民增收致富计划。据初步统计，截至目前全国共建成美丽移民村 5700 个，30 万贫困移民和 3500 个贫困移民村实现脱贫，农村移民人均可支配收入超过 9640 元。认真履行承担部际联席会议办公室日常工作的职责，核定新增水库移民 8.44 万人，加强对各地政策实施的督促检查指导，配合财政部研究起草后期扶持项目资金管理办法和绩效管理暂行办法。组织开展后期扶持政策实施10年中期评估工作，全面系统总结10年工作成效和经验，研究对策建议。

三是持续加强政策实施监管。完成对9省18县的后期扶持政策实施情况的监测评估工作，完成陕西王圪堵水库、新疆阿尔塔什水利枢纽、云南德厚水库、广西大藤峡水利枢纽等4个在建大型水利工程移民安置资金管理稽察。组织稽察广西等15省（自治区）30县后期扶持政策实施情况，发现各类问题321个，提出整改意见321条，并对稽察中发现的后期扶持政策实施典型问题在全国范围内进行实名通报。

四是依法有序开展信访稳定工作。会同有关部门督促地方政府和部门切实加强移民信访稳定工作，指导督促河北省加大潘大桃重点水库移民遗留问题处理实施进度，认真做好重点水库进京上访移民的政策解释和劝返工作。

二、2017年工作安排

2017年，围绕保障重大水利工程建设和移民同步实现全面小康，水库移民工作将重点抓好以下工作：

一是完善移民安置政策法规。积极衔接《中华人民共和国土地管理法》修订和土地管理制度改革，研究建立水利工程移民安置后评价机制，加快修订移民安置验收管理暂行办法，研究制订移民安置监督评估管理工作指导意见，加快完善水利工程移民法规体系建设。

二是创新移民安置方式。结合户籍制度改革和征地政策调整，指导地方将移民安置与新型城镇化、新农村建设统筹考虑，积极探索多途径安置移民方式，有效破解移民安置容量不足的难题，确保移民搬得出、安得下、稳得住、能发展。

三是实施水库移民脱贫解困工程。指导各地重点实施、统筹推进贫困移民脱贫攻坚工作，计划帮助25万贫困移民、2500个移民贫困村实现脱贫。

四是推进移民美丽家园建设行动。指导各地通过新村建设、环境整治和完善设施等措施，建设宜居宜业宜游的水库移民美丽家园，全年计划建成5000个美丽移民村。

五是实施移民增收计划。指导各地通过产业扶持、生产设施建设、实用技能培训等措施，发展移民特色产业，计划建成移民特色产业自然村2000个，促进移民增收。

六是加强政策实施监管。充分运用督查、专项检查和资金稽察等手段，加强对重大水利工程移民安置工作的监督检查，督促地方按时完成移民安置各阶段目标任务和年度投资计划，提高移民安置质量和效果，保障重大水利工程顺利建设。扎实开展后期扶持资金使用管理绩效评价、稽察和监测评估等工作，健全监督检查工作体系，保障大中型水库移民后期扶持政策顺利实施。继续做好水库移民信访稳定工作，维护库区和移民安置区社会和谐稳定。

殷海波　执笔

唐传利　审核

专栏二十一

水库移民后期扶持政策实施十年成效显著

水利部水库移民开发局

2006 年，国务院全面调整水库移民前期补偿补助和后期扶持政策，出台了《国务院关于完善大中型水库移民后期扶持政策的意见》，水库移民工作进入一个新的历史阶段。10 年来，全国累计征收大中型水库移民后期扶持基金 2131 亿元，重点安排解决了水库移民的温饱问题以及库区和移民安置区基础设施薄弱的突出问题，为水库移民的可持续发展奠定了坚实基础。

一、全面解决水库移民温饱问题

据统计，经过 10 年扶持，移民年人均收入由 2006 年的 1557 元增加到 8765 元，人均收入水平由原来全国农村居民年人均收入水平的 53% 提高到了 76.7%，有 20% 的移民已达到或超过当地农村居民平均收入水平。移民家庭的洗衣机、冰箱、计算机、手机等家用电器百户拥有量与全国农村居民基本持平，移民人均住房面积达到 $32m^2$，生活质量大幅提升，温饱问题全面解决，移民贫困发生率由政策实施前的 21% 下降到 3.3%。

二、有效解决库区和移民安置区基础设施薄弱的突出问题

各地在切实做好移民每人每年 600 元直补政策兑现的同时，着力加强库区和移民安置区基础设施建设，重点解决了移民“行路难、用电难、吃水难、上学难、就医难”等问题。10 年来，累计建成通村公路、机耕道 50 万 km、供电线路 9 万 km，基本实现了村村通公路、户户能用电；解决饮水安全人数 800 万人，义务教育阶段学生就学率达到 99%，村级卫生室配置率达到 90%，电视信号覆盖村组达到 99%，库区和移民安置区基础设

施条件明显改善。

三、库区和移民安置区呈现和谐稳定局面

各级政府高度重视库区和移民安置区社会稳定工作，加强政策宣传，创新移民信访工作机制，开展“平安库区”“和谐库区”创建和社会稳定风险评估等工作，解决移民的生产生活困难问题，并同步化解安置区原住村民、“淹地不淹房”人口、“非农”移民和小型水库移民等连带影响群体攀比的矛盾。据抽样调查，农村移民群众对后期扶持政策实施和生活的综合满意度达98%以上，群体性事件大幅度下降，信访量逐年减少，库区和移民安置区社会总体和谐稳定。

10年来，通过后期扶持政策的实施，库区和移民安置区经济社会总体稳定，呈现出一派繁荣景象。但是，由于库区和移民安置区自然禀赋不足和历史欠账较多等原因，水库移民的历史遗留问题和长远发展问题尚未得到根本解决，后期扶持管理体制机制不健全等突出问题仍然存在，需要在以后的工作中采取有效措施加以解决。

殷海波　执笔

唐传利　审核

水资源管理篇

最严格水资源管理制度落实取得扎实成效

水利部水资源司

一、落实最严格水资源管理制度成效显著

（一）严格红线管控，全面完成“十二五”期末考核

一是严格实施“十二五”期末考核。水利部会同国家发展改革委等八部门完成“十二五”期末考核工作，实现31个省（自治区、直辖市）全覆盖。“十二五”期间，“三条红线”指标得到有效管控，各项制度措施全面落实，以用水总量的微增长支撑了全国GDP年均7.8%的中高速发展，重要江河湖泊水功能区水质达标率达70.8%。国务院办公厅对考核等级为优秀的山东、江苏、浙江、重庆、上海5省（直辖市）人民政府予以通报表扬。

二是基本建立水资源管理考核责任体系。各省（自治区、直辖市）全部建立了由政府主要负责同志负总责的最严格水资源管理制度行政首长负责制，大部分省（自治区、直辖市）将水资源管理相关考核结果纳入地方党政领导班子考核评价体系。水资源管理工作实现由部门推动向政府全面推动的重要跨越。

三是扎实开展“十三五”考核前期工作。在总结“十二五”考核工作经验基础上，结合“河长制”、双控行动等新要求，水利部等九部门联合印发《“十三五”实行最严格水资源管理制度考核工作实施方案》，作为“十三五”时期考核的依据。

（二）实施双控行动，推进建立水资源承载能力刚性约束机制

一是健全双控指标体系。基本完成“十三五”用水总量控制指标市县级分解，批复19条跨省江河流域水量分配方案。分解确认各省级行政区

2020 年万元国内生产总值用水量、万元工业增加值用水量和农田灌溉水有效利用系数控制指标。

二是全面实施双控行动。经国务院批复同意，水利部和国家发展改革委联合印发《“十三五”水资源消耗总量和强度双控行动方案》，启动实施双控行动。

三是稳步推进水资源承载能力监测预警机制建设。印发了《关于做好建立全国水资源承载能力监测预警机制工作的通知》《建立全国水资源承载能力监测预警机制技术大纲》等，完成京津冀和 8 个试点地区水资源承载能力评价，全面启动地级行政区水资源承载能力评价。

（三）落实节水优先，全面推进节水型社会建设

一是强化节水总体谋划。水利部、国家发展改革委和住房和城乡建设部联合印发《节水型社会建设“十三五”规划》，明确“十三五”时期的总体思路、区域布局、重点任务和重点领域。水利部、国家发展改革委等九部门联合印发《全民节水行动计划》，提出开展农业节水增产、工业节水增效、城镇节水降耗等十大节水行动。起草完成《节约用水条例》，已列入国务院立法计划。

二是创新节水机制。水利部、国家发展改革委等部门联合印发《水效领跑者引领行动实施方案》《灌区水效领跑者引领行动实施细则》，启动水效领跑者遴选工作。水利部、国家发展改革委、国家税务总局联合印发《关于推行合同节水管理　促进节水服务产业发展的意见》，重点推进公共机构、高耗水工业、高效节水灌溉等领域的合同节水管理。

三是严格定额管理。河北、浙江、重庆、四川 4 省（直辖市）修订完成省级用水定额，西藏自治区首次起草完成省级用水定额，实现 31 个省级行政区用水定额全覆盖。编制完成丝绸产品等 4 项定额国家标准，高耗水工业行业定额国家标准达到 23 项。发布第二批国家鼓励的工业节水工艺、技术和装备目录。将 800 家用水单位纳入第一批国家重点监控用水单位名录管理。

（四）强化水资源保护，深入开展水生态文明建设

一是严格水功能区和入河排污口监管。编制完成全国和七大流域水资

源保护规划，修订完善《水功能区监督管理办法》，进一步深化水功能区分级分类管理，“十三五”期间纳入考核的重要水功能区将增加到4245个。规范入河排污口监督管理，基本实现淮河、海河、松辽流域主要入河排污口监督性监测全覆盖，起草《关于进一步加强入河排污口监督管理工作的意见》，印发《长江经济带沿江取水口入河排污口和应急水源布局规划》。

二是不断加强重要饮用水水源地保护。完成2015年度全国重要饮用水水源地达标评估，水质达标率稳定保持在95%以上。修订印发《全国重要饮用水水源地名录》，将618个供水人口20万以上地表水饮用水水源地及年供水量2000万m^3以上地下水饮用水水源地纳入名录管理。

三是深入推进水生态文明建设。印发《水生态文明城市建设评价导则》《全国水生态文明城市建设试点验收办法》，加快推进105个水生态文明城市试点建设，济南市圆满完成试点建设并通过验收。开展62个河湖水系连通项目建设，黄河、淮河生态流量试点工作有序推进。

（五）加强水资源调度与监管，提升水资源保障能力和管理水平

一是做好南水北调和重要江河水量统一调度。南水北调东线一期工程年调入山东水量6.02亿m^3，中线一期工程受水区年累计收水37.19亿m^3。北京市城区供水中引江水占比超过70%，天津市中心城区、滨海新区等全部用上引江水。黄河干流实现连续17年不断流，黑河下游东居延海连续12年不干涸。

二是规范水资源论证和取水许可。起草《关于推进规划水资源论证工作的意见》，编制采矿业、火电建设项目水资源论证导则。全国共完成60多项规划水资源论证和3400多项建设项目水资源论证。印发《关于做好取水许可和建设项目水资源论证报告书审批整合工作的通知》，进一步做好审批整合，加强事中事后监管。

三是推动地下水超采综合治理。存在地下水超采问题的省（自治区、直辖市）基本完成禁采和限采范围划定工作。加快推进南水北调东中线压采工作，开展受水区地下水压采评估检查，起草完成受水区地下水压采工作考核办法，南水北调受水区累计压采地下水2.78亿m^3。推进河北地下水超采综合治理试点，通过水源置换、种植结构调整、节水等综合措施，已形成 15.6 亿 m^3 的地下水压采能力。

四是积极推进国家水资源监控能力建设。完成国家水资源监控能力建设一期项目，实现全国 75% 的总许可水量的在线监控，86% 的重要江河湖泊水功能区水质的常规监测，省界断面水质常规监测全覆盖。启动国家水资源监控能力建设二期项目建设。

（六）坚持改革创新，稳步推进水资源领域改革

一是加快水权试点工作。深入推进 7 个全国水权试点工作，探索明晰了区域、取用水户两个层面的确权，形成五种水权交易模式。试点带动效应逐步显现，河北、新疆等 8 个省（自治区）开展省级水权试点。水利部、国土资源部联合印发《水流产权确权试点方案》，在宁夏回族自治区、甘肃省疏勒河等典型地区（流域）开展水流产权确权试点。

二是培育发展水市场。印发《水权交易管理暂行办法》，推动成立中国水权交易所，促成甘肃等 7 省（自治区）利用平台开展水权交易，累计交易水量超过 6 亿 m^3。

三是积极推进其他改革。印发《关于加强水资源用途管制的指导意见》，充分发挥水资源的多重功能，强化用途管制。会同财政部、国家税务总局印发《水资源税改革试点暂行办法》，指导河北省开展水资源税改革试点。

二、2017 年工作重点

当前，水资源管理仍存在水资源承载能力刚性约束机制、促进节约用水的激励约束机制尚未完全建立，流域和区域管理相结合的水资源管理体制尚不完善，水资源管理立法和基础能力较为薄弱等问题，迫切需要加快解决。

2017 年工作重点如下：一要完善最严格水资源管理制度体系，全面实施双控行动，落实水污染防治行动计划，做好 2016 年度实行最严格水资源管理制度考核。二要开展县域节水型社会达标建设，实施全民节水行动，推进水效领跑者引领行动和合同节水管理，深入推进各行业节水。三要切

实落实河长水资源保护责任，严格水功能区和入河排污口监管，强化水源地安全保障达标建设，推进水生态文明城市试点建设和河湖水系连通。四要严格规划水资源论证，加强南水北调东中线一期工程和重要跨省江河流域水量统一调度，持续开展地下水超采综合治理。五要深化水权水市场改革，加快推进水权试点建设，积极稳妥地开展水流产权确权试点。六要加快《节约用水条例》《地下水管理条例》立法进程，研究推动水资源保护立法，强化法制保障。

程晓冰　杨　运　汝　楠　管恩宏　王　华　执笔

程晓冰　审核

专栏二十二

跨省江河流域水量分配工作取得重要进展

水利部水资源司

根据《中华人民共和国水法》和2011年中央一号文件等有关规定，水利部自2011年7月开始，分两批启动了全国53条跨省江河流域水量分配工作。水利部领导高度重视，多次主持研究水量分配工作并作出重要部署；水资源司精心组织，加强领导；水利部水利水电规划设计总院强化技术指导和审查；各流域机构精心组织编制水量分配方案，并加强技术协调工作；各省（自治区、直辖市）积极支持、密切配合，跨省江河流域水量分配工作取得了重要进展。

一是国务院明确了跨省江河流域水量分配方案审批权限，淮河、太湖、松花江、金沙江、西江水量分配方案由国家发展改革委和水利部联合审批，其余48条跨省江河流域水量分配方案由水利部审批，并将水量分配方案落实情况纳入了最严格水资源管理制度考核内容。

二是水利部部长办公会议审议通过20条跨省江河流域水量分配方案，其中19条已获得批复，包括松辽流域7条（嫩江、第二松花江、东辽河、牡丹江、雅鲁河、绰尔河、诺敏河）、淮河流域2条（沂河、沭河）、长江流域5条（汉江、赤水河、嘉陵江、岷江、沱江）、珠江流域5条（东江、北江、韩江、黄泥河、北盘江）。

三是其余33条跨省江河流域水量分配工作取得积极进展。其中21条跨省江河流域水量分配方案已与相关省（自治区、直辖市）水行政主管部门达成共识，水利部正在陆续征求省级人民政府意见；12条跨省江河流域水量分配方案正与省级水行政主管部门开展协调工作。

目前，水利部正在抓紧开展剩余33条跨省江河流域水量方案的协调工作，力争尽快批复，同时组织开展已批复水量分配方案的宣贯和实施工作，按照“确有需要、技术可行、可操作”的原则，组织开展第三批跨省江河流域水量分配的准备工作。

孙远扩　陈华鑫　钟　华　执笔

郭孟卓　审核

专栏二十三

“十二五”期末实行最严格水资源管理制度考核结果公布

水利部水资源司

按照考核工作总体部署，水利部会同国家发展改革委等八部门成立了考核工作组，对31个省（自治区、直辖市）“十二五”期末实行最严格水资源管理制度情况进行了考核。考核结果经国务院审定后，于2016年11月向社会公告并报送中组部。

一、“十二五”期末考核工作整体情况

在全面总结2013年度和2014年度考核工作经验基础上，优化考核方案和指标体系，突出考核的连续性、针对性和可操作性，实现全国31个省（自治区、直辖市）考核全覆盖。

全国31个省（自治区、直辖市）“十二五”期末考核等级均为合格以上，其中山东、江苏、浙江、重庆、上海5个省（直辖市）考核等级为优秀。国务院办公厅发布了《关于对“十二五”时期实行最严格水资源管理制度成绩突出的省级人民政府给予表扬的通报》，对山东、江苏、浙江、重庆、上海5个考核等级为优秀的省（直辖市）进行通报表扬。从“十二五”期末考核结果来看，全国31个省（自治区、直辖市）用水总量6103.2亿m^3，实现了全国用水总量控制在6350亿m^3以内的规划目标。全国万元工业增加值用水量比2010年下降36.7%，完成“十二五”期末比2010年下降30%的控制目标。全国农田灌溉水有效利用系数达到0.536，完成“十二五”期末0.530的控制目标。全国重要江河湖泊水功能区水质达标率为70.8%，完成“十二五”期末60%的控制目标。通过

严格考核，最严格水资源管理制度体系逐步完善，考核机制逐步健全，考核技术和能力支撑体系有效加强，各地对水资源管理工作重要性认识不断提高，有力促进了水资源管理工作由部门推动向政府全面推动转型。

二、下一步工作考虑

（一）全面落实中央关于水资源管理新要求

贯彻落实中央关于“河长制”、用水总量和强度双控行动要求，将全面推行河长制纳入最严格水资源管理制度考核，加快完成用水总量和强度控制指标分解落实到市、县级行政区工作。

（二）进一步完善考核指标体系

按照“十三五”考核工作方案，进一步细化年度考核指标和评分内容，更加突出地区差异，鼓励各地创新，严格“一票否决”，增强考核工作严肃性和权威性。

（三）全面做好“十三五”各年度考核工作

严格考核程序，坚持日常监管与考核相结合，加强国家水资源管理系统支撑，强化重点抽查和现场检查，提升考核水平，全力做好“十三五”期间各年度的考核工作。

程晓冰　王　华　许　峰　郭志阳　管恩宏　执笔

程晓冰　审核

专栏二十四

加强和规范南水北调东中线一期工程水量调度管理工作

水利部南水北调规划设计管理局

2016 年，为做好南水北调东中线一期工程水量调度管理工作，确保水量调度工作的顺利开展和工程效益的充分发挥，水利部及时组织编制下达年度水量调度计划和开展上一年度水量调度计划执行情况的总结，先后多次就年度水量调度计划的执行情况、水量水质监测设施建设情况和信息传输等问题赴山东省、河南省以及丹江口水库等地开展现场调研和水量调度执行情况的督促检查，各省（直辖市）计划执行率逐年提高、调度管理工作逐步规范有序。截至 10 月底，东中线一期工程 2015—2016 年度调水工作全部结束。东线一期工程在江苏省江水北调工程充分发挥效益的基础上增加抽引长江水 7.67 亿 m^3 向山东省调水，中线一期工程从丹江口水库向北方调水 38.45 亿 m^3。其中，山东省调水量从通水初期的 0.79 亿 m^3 增至 6.02 亿 m^3，计划执行率已从 42% 提高到 100%。中线一期工程实际供水量从 2014 年度的 18.66 亿 m^3 增至 37.18 亿 m^3，计划执行率由 51% 提高到 94%。东线一期工程通水 3 年来累计向山东省调水 10.09 亿 m^3，中线一期工程通水 2 年来累计向受水区供水 55.38 亿 m^3。

为了动态掌握南水北调运行调度相关信息，加强水资源统一管理，提高水资源调度管理水平，2016 年水利部组织启动南水北调水资源统一管理系统建设。目前，已完成系统总体设计方案、信息服务子系统和业务管理子系统开发、数据库建设和大屏幕显示系统建设的年度任务，系统正在试运行中。

为落实国务院批复的《南水北调东中线一期工程受水区地下水压采总

体方案》，水利部研究提出了地下水压采评估考核工作计划和2016年调查评估工作方案，并商国家发展改革委、财政部、国务院南水北调办等，成立了南水北调东中线一期工程受水区地下水压采评估考核工作组，共同部署、实施评估和考核工作，考核工作组办公室设在水利部南水北调规划设计管理局。针对近期工程受水区地下水压采任务重、难度大，与国务院提出的2020年城区地下水压采目标差距较大的严峻形势，考核工作组办公室与水利部水资源司会同相关部委和机构对受水区6省（直辖市）地下水压采工作进行了技术评估，对压采任务较重的河北、河南、山东等省有重点地开展行政督察，强化并督促落实地方政府主体责任。水利部会同国家发展改革委、财政部、国务院南水北调办等四部委将地下水压采有关情况上报国务院。为进一步推进地下水压采管理工作，规范考核程序，水利部相关部门组织起草了《南水北调东中线一期工程受水区地下水压采工作考核办法》，在征求相关部委意见后已报送国务院，计划于2017年正式实施考核。

陈文艳　执笔

尹宏伟　审核

专栏二十五

滇黔桂粤跨省（自治区）河流水资源保护与水污染防治协作机制正式建立

水利部珠江水利委员会

随着珠江流域经济社会的快速发展，局地水污染形势严峻，突发水污染事件时有发生，严重威胁流域供水安全。珠江流域先后经历了2010年北江铊污染事件、2011年云南曲靖铬渣污染事件、2012年广西河池龙江镉污染事件、2013年广西贺江水污染事件等。历次事件处置过程中，水利部珠江水利委员会（以下简称“珠江委”）快速反应，在应急监测、释污调度、信息通报、沟通协调等方面发挥了重要作用。

实践证明，应对跨省水污染事件，需要多部门特别是水利、环保部门通力合作、共同应对，才能及时有效处置。2007年以来，针对北盘江及红水河跨省区水污染问题，珠江委会同贵州、广西两省（自治区）环保、水利部门，建立了“黔桂跨省区河流水资源保护与水污染防治协作机制”。该机制运作以来，各成员单位在重大水污染事件报告、信息共享、沟通协调等方面做了大量的工作，有效防控了贵州、广西两省（自治区）跨界水污染事件，取得了良好的成效。西江流域一些省（自治区）水利、环保部门和部分社会团体纷纷呼吁和要求扩大流域跨省区河流水资源保护与水污染防治协作机制的合作范围，共同保护珠江流域水资源，促进经济社会发展和保障供水安全。

经过多次调研协调及征求4省（自治区）人民政府办公厅同意，2016年9月下旬，由珠江委牵头，云南、贵州、广西、广东4省（自治区）环境保护厅、水利厅参加的滇黔桂粤跨省（自治区）河流水资源保护与水污染防治协作机制正式建立。

协作机制主要任务包括研究水资源保护和水污染治理方向及总体方案，共同推进水资源保护方案和水污染防治措施的实施，加强信息共享，完善预警预报制度，研究推动建立流域水资源、水生态调度机制，完善参与预防、处置跨省（自治区）水污染事件工作机制，通过协商向有关政府提出解决问题的方案和建议，妥善解决、化解导致或引发跨省（自治区）的水污染问题。

加强协作机制建设。一是建立重大水污染事件通报制度。当珠江流域西江水系发生或可能发生跨省（自治区）重大水污染事件时，事发地及其下游的成员单位应立即向协作机制领导小组办公室通报。各成员单位接到突发水污染事件通报后，按各自职责及时采取措施控制事态发展，做好应急监测工作。二是建立了水资源保护与水污染防治信息共享制度，各成员单位共享内容主要包括水污染事件调查处理、水资源管理、水环境质量、入河排污口、污染源、污染治理等信息。

袁建国　吴怡蓉　执笔

束庆鹏　审核

专栏二十六

加强水资源保护
潘大水库有效清理网箱养鱼

水利部海河水利委员会

潘家口、大黑汀水库（以下统称“潘大水库”），是引滦工程的主要水源地，承担着向天津市、唐山市供水的重要任务。2000 年以来，潘大水库库区网箱养鱼数量快速增加，大量的饵料粪便成为潘大水库的重要污染源，致使潘大水库总氮、总磷、高锰酸盐指数等指标逐年上升。为保障引滦水资源安全，水利部海河水利委员会（以下简称“海委”）加强监督管理，组织开展水源保护规划，积极协调推动网箱养鱼清理工作，取得了明显成效。

一是加大潘大水库水质监测频次，及时掌握水质变化趋势，定期开展异常数据分析研究；多次组织开展引滦水资源保护联合执法检查，并致函地方政府，明确要求对潘大水库库区的网箱养鱼问题进行治理。

二是积极推动潘大水库水源保护顶层设计，组织编制了《潘家口、大黑汀水库水源地保护规划》《海委直管水库城市饮用水水源地安全保障规划》《潘家口、大黑汀水库饮用水水源地安全保障规划实施方案》《潘家口、大黑汀水库周边水源地保护综合治理工程项目建议书》并推动实施。

三是深入开展调查研究，连续多年对库区网箱养鱼进行了跟踪调查，采用遥感、航拍调查与人工调查相结合的方式，摸清网箱数量；开展了潘大水库健康诊断、污染负荷分析等研究，探明潘大水库污染来源及污染机理，确定了网箱养鱼造成的污染负荷比例，为推动网箱养鱼清理工作提供了基础数据支撑。

2013 年，李克强总理在天津市调研时要求把清理网箱作为支持引滦水资源保护的三项重点工作之一；国务院办公厅明确要求由水利部会同有关方面研究支持河北省制定潘大水库网箱养鱼清理实施方案，并解决好养殖户安置问题；随后，水利部多次组织海委及天津、河北两省（直辖市）研究并协调推动网箱养鱼清理工作。

为推动落实网箱养鱼清理工作，在水利部指导下，海委积极配合河北省研究提出了网箱养鱼清理方案，并于2016年10月印发。按照清理方案要求，河北省承德市、唐山市逐级制定具体实施方案。11月，网箱养鱼清理工作正式启动，清网和清鱼相关工作同步进行。截至2016年年底，潘大水库库区网箱已清理完成74.2%，工作进展顺利。按照计划，唐山市将于2017年4月底前完成清理工作，承德市将于2017年11月底前完成清理工作，河北省将于2017年12月对清理情况进行全面考核。

随着网箱养鱼清理工作的大力实施，潘大水库往日网箱密布、水体发黑的情况已不复存在，库区水环境逐步好转。据预测，网箱全部清理后，潘大水库污染源将削减约50%，其中总磷污染将削减约71%。为做好网箱养鱼清理后潘大水库的监测监管工作，海委安排部署了潘大水库库区管理整治及引滦综合治理等重点工作，届时，辅以底泥整治和生态修复等系列措施，潘大水库的水资源保护将得到加强，水质将逐步改善并恢复。

赵立坤　王　超　执笔

任宪韶　审核

全面推进节水型社会建设迈出新步伐

水利部水资源司

一、节水型社会建设工作进展

2016 年，紧紧围绕落实最严格水资源管理制度，着力加强宏观统筹，严格用水效率控制，健全定额标准，推动载体建设，加大宣传教育，节水型社会建设取得积极进展。

（一）加强顶层设计

一是编制完成“十三五”规划。联合国家发展改革委、住房和城乡建设部，制定《节水型社会建设“十三五”规划》，明确了“十三五”期间节水型社会建设的总体思路、重点任务、重点领域和区域布局。各省（自治区、直辖市）编制了节水专项规划，统筹推进“十三五”期间节水型社会建设。二是实施全民节水行动计划。会同国家发展改革委、住房和城乡建设部等九部门联合印发实施《全民节水行动计划》，部署开展农业节水增产、工业节水增效等十大节水行动。三是加快推进节水立法。加强与国家发展改革委、住房和城乡建设部的沟通协调，进一步修改完善《节约用水条例》，并完成意见征求工作。各地也积极推进节约用水立法，江苏省颁布实施《节约用水条例》。四是完成 2020 年各省级行政区用水强度控制指标分解工作。将万元国内生产总值用水量、万元工业增加值用水量和农田灌溉水有效利用系数三项指标分解到各省级行政区，报经国务院同意后印发。各省（自治区、直辖市）逐步将 2020 年用水强度指标分解到县级行政区，进一步加强约束性指标管理。

（二）建设节水市场机制

一是开展水效领跑者引领行动。会同国家发展改革委、工业和信息化部等六部门，制定印发《水效领跑者引领行动实施方案》，部署开展用水产品、用水企业和灌区水效领跑者引领行动。会同国家发展改革委制定印发《灌区水效领跑者引领行动实施细则》，组织开展灌区水效领跑者遴选工作。会同国家发展改革委、工业和信息化部编制《坐便器水效领跑者引领行动实施细则》和《重点用水企业水效领跑者引领行动实施细则》。二是推行合同节水管理。会同国家发展改革委、国家税务总局印发实施《关于推行合同节水管理 促进节水服务产业发展的意见》，在公共机构、高耗水工业、高耗水服务业、高效节水灌溉等领域推广合同节水管理模式。组织制定合同节水管理试点示范方案，研究推进合同节水管理试点工作。河北、天津、黑龙江、内蒙古等省（自治区、直辖市）在多个领域积极实践合同节水管理模式，探索了一系列经验做法。三是积极推进水效标识管理。会同国家发展改革委推进“用水效率标识管理办法”立法，加强与国家质检总局以及有关科研院所的沟通合作，研究推进水效标识管理工作。四是协调国家质检总局推动对家用电动洗衣机、整体式智能坐便器、淋浴用花洒、给水用聚乙烯（PE）管材、无规共聚聚丙烯（PP－R）管材和滴灌带等节水产品开展质量国家监督抽查工作。

（三）加强用水定额和计划管理

一是加强定额和计划用水工作指导。组织完成省级用水定额评估，指导各省（自治区、直辖市）加快制修订用水定额，健全用水定额体系。目前，31 个省（自治区、直辖市）全部制订了用水定额标准，建立了省级用水定额体系。严格计划用水管理，指导各省（自治区、直辖市）落实《计划用水管理办法》，严格用水计划的核定、下达和调整。组织流域机构对 31 个省（自治区、直辖市）计划用水管理工作开展督查。二是加强重点用水单位管理。制定印发《关于加强重点监控用水单位监督管理工作的通知》，选取 800 家工业和服务业企业、公共机构以及城市供水企业纳入第一批名录。各省（自治区、直辖市）建立省、市级重点监控用水单位名录，严格对重点监控用水单位的监督管理。

（四）健全节水技术标准

一是编制《节水标准一览表》，明确“十三五”时期节水标准制修订任务，并纳入规划。会同国家发展改革委、国家标准化管理委员会等，推动成立全国节水标准化技术委员会。二是编制完成《节水型社会评价标准》，明确了节水型社会达标建设的具体要求。三是组织编制完成丝绸产品、麻纺织产品等6项取水定额国家标准，起草节水型灌区、节水型工业园区、节水型机关、节水型学校等载体建设行业标准。四是会同工业和信息化部公布《国家鼓励的工业节水工艺、技术和装备目录（第二批）》，将钢铁、石化、纺织、造纸、食品等5个高耗水行业的72项先进节水工艺、技术和装备纳入目录。

（五）推进节水载体建设

一是印发《关于开展节水型居民小区建设工作的通知》和组织制定《节水型居民小区评价标准》，推进节水型居民小区建设。全国20余个省（自治区、直辖市）已开展节水型居民小区建设工作。二是协调科学技术部推进节水型社会创新试点，以水资源严重短缺、水生态脆弱地区为重点，研究开展全区域、多行业的综合节水创新示范。三是会同工业和信息化部、国家机关事务管理局，深入推进节水型企业、公共机构节水型单位建设。结合实行最严格水资源管理制度考核，推动各省（自治区、直辖市）加快推进节水载体建设。

（六）开展宣传教育和培训

一是组织开展"节水在路上"公益宣传和节水中国行主题宣传活动，会同团中央开展"人人节水　志愿先行"节水护水志愿服务行动，会同教育部以中小学一线教师及课外辅导教师为对象，举办节水辅导员培训班。面向全国征集节水主题班会教案，评选优秀节水教案。二是面向基层水资源管理人员，举办基层水资源管理能力培训，累计培训690人次，有效提高了基层管理人员的节水管理能力和水平。

二、2017年工作重点

落实节水优先方针，按照《节水型社会建设"十三五"规划》要求，重点做好已有制度的贯彻落实，深入推进农业、工业、生活服务业节水。

一是制定印发节水型社会达标建设的政策性文件，部署开展县域节水型社会达标建设。二是推动“节约用水条例”尽早出台。三是加强用水定额和计划管理，深入开展省级用水定额评估，指导各省（自治区、直辖市）健全用水定额标准体系。督导各地落实《计划用水管理办法》，严格用水计划管理。四是开展节水型社会创新试点，有针对性地开展综合节水技术、政策、机制的集成创新与应用示范。五是继续推进节水型企业和公共机构建设，全面开展节水型居民小区建设。六是实施水效领跑者引领行动，公布灌区、用水产品和重点用水企业水效领跑者名单。七是推行合同节水管理，开展一批合同节水管理试点示范。八是加快健全各行业节水标准，新制订一批取水定额国家标准。九是推动出台“用水效率标识管理办法”，做好宣贯解读和培训工作。十是广泛开展节水宣传，组织多种形式的节水主题宣传教育活动。

陈　博　执笔

颜　勇　审核

专栏二十七

九部委联合印发《全民节水行动计划》

水利部水资源司

2016年10月，水利部、国家发展改革委、住房和城乡建设部、农业部等九部委联合印发实施《全民节水行动计划》（以下简称《计划》），旨在将节水融入到农业、工业、服务业各领域，城镇、乡村、社区、家庭等各层面，生产、生活、消费等各环节，动员全社会深入、持久、自觉节水，以高效的水资源利用支撑经济社会可持续发展。

《计划》包括十大行动。一是农业节水增产行动。要求优化调整种植业结构，在严重缺水的地下漏斗区严格限制种植高耗水农作物，鼓励种植耗水少、附加值高的农作物。大力发展旱作节水农业。加快农田水利设施建设，推广先进适用节水灌溉技术，推行农业水价综合改革。完善养殖业节水配套建设。二是工业节水增效行动。依据水资源条件，确定产业发展重点和布局，优化高耗水行业空间布局。提高工业用水效率，加快建设节水型企业，到2020年，规模以上企业工业节水重复利用率达到91%以上，万元工业增加值用水量下降到48m^3以下。加强工业节水管理，逐步降低产品用水单耗。三是城镇节水降损行动。推行城市供水管网漏损改造，到2020年，全国公共供水管网漏损率控制在10%以内。推动重点高耗水服务业节水。推广绿色建筑，实施建筑节水。开展园林绿化节水，严格控制灌溉和景观用水。实施城镇节水综合改造。四是缺水地区节水率先行动。严格用水定额和计划管理，以县域为单元开展水资源承载能力评价，建立预警体系，严格水资源刚性约束。完善节水基础设施建设。加快推进水价改革，积极利用非常规水源，推进苦咸水水质改良工程。五是产业园区节水减污行动。推动节水型工业园区建设，构建有利于水循环的园区产业体系，提升园区污水处理和再生利用率。六是节水产品推广普及行动。对节水潜力大、适用面广的用水产品实行用水效率标识制度。推广节水产品认证，增加认证覆盖范围。实施高效节水产品“以旧换新”。七是节水产业培育行动。推行合同节水管理，形成基于市场机制的节水服务模式。推进节水技术装备研发及产业化。八是公共机构节水行动。积极开展公共机构节水改造，推广应用节水新技术、新工艺和新产品。加强公共机构节水管理，组织开展节水型单位和节水标杆单位建设。九是节水监管提升行动。明确区域用水强度控制要求，严格用水强度管理。严格用水定额和计划管理，强化行业和产品用水强度控制。对严重缺水地区，突出节水考核要求，严格责任追究。加大执法力度，严厉查处违法取用水行为。十是全民节水宣传行动。广泛开展节水宣传，加强节水教育培训，推广普及节水科普知识和产品，倡导节水行为。

黄利群　执笔

颜　勇　审核

《水效领跑者引领行动实施方案》解读

水利部水资源司

2016 年 4 月，国家发展改革委、水利部、工业和信息化部、住房和城乡建设部、国家质检总局、国家能源局等六部门印发《水效领跑者引领行动实施方案》（以下简称《实施方案》），在工业、农业等用水领域部署开展水效领跑者引领行动。水效领跑者是指同类可比范围内用水效率处于领先水平的用水产品、企业和灌区。水效领跑者引领行动通过定期遴选领跑者，树立节水标杆，建立鼓励政策，示范引领带动全社会节水。

一、《实施方案》出台背景

我国人均水资源占有量仅为世界平均水平的 28%，正常年份全国缺水量达 500 多亿 m^3，近 2/3 城市不同程度缺水，水资源供需矛盾突出。与此同时，我国用水方式较为粗放，用水高消耗特征明显。2015 年，我国万元国内生产总值用水量为 $90m^3$，万元工业增加值用水量为 $58.3m^3$，农田灌溉水有效利用系数为 0.536，与国际先进水平存在一定差距。当前，我国经济发展进入新常态，需要加快转变高消费的发展方式，更加强调节约集约利用水资源。

党的十八届五中全会和《中华人民共和国国民经济和社会发展第十三个五年规划纲要》对开展水效领跑者引领行动提出了明确要求。国家发展改革委、水利部组织开展水效领跑者政策研究，经广泛调研和反复论证，联合有关部门出台了《实施方案》，在灌区、用水企业和用水产品领域部署开展水效领跑者引领行动，通过典型示范，标准引导，政策鼓励，形成用水效率不断提升的长效机制，推动建立节水型的生产方式、生活方式和消费模式。

二、水效领跑者引领行动实施范围

（一）农业用水方面

我国是农业大国，农业用水量占比大，约占全社会用水总量的63%，其中灌溉用水是农业用水的重要组成部分。《实施方案》提出在农业领域实施灌区水效领跑者引领行动，综合考虑灌区的气候地理条件、水资源状况、农作物种类、灌区规模等情况，选择灌溉面积10000亩以上、具有完善的管理机构、安全运行状况良好的大中型灌区实施水效领跑者引领行动。

（二）工业用水方面

我国工业用水占用水总量的22%，工业用水效率总体水平较低，主要生产工艺和关键环节用水量大、水循环利用率不高等问题依然存在，先进节水工艺技术有待加快推广。火力发电、钢铁、纺织染整、造纸、石油炼制、化工等行业用水量占工业用水总量的60%以上，是工业领域的用水大户，综合考虑工业行业特点和节水潜力等情况，选择火力发电、钢铁、纺织染整、造纸、石油炼制、化工等行业中技术水平先进、用水效率领先的用水企业实施水效领跑者引领行动。

（三）用水产品方面

用水产品是节水技术的载体，其节水效果直接影响到我国总体的用水效率水平。综合考虑用水产品的市场规模、节水潜力、技术发展趋势以及相关标准规范、检测能力等情况，选择坐便器、水嘴、洗衣机、净水机等生活领域用水产品实施水效领跑者引领行动。

三、水效领跑者基本要求

（一）灌区水效领跑者基本要求

灌区水效领跑者用水效率应处于同类型灌区的领先水平；灌区工程管理和用水管理措施到位，并满足《节水灌溉工程技术规范》（GB/T 50363—2006）的要求；灌区应具备完善的管理制度，用水计量和调度设施配置完备、技术先进，水效监测和评价符合《全国农田灌溉水有效利用系数测算分析技术指导细则》。

（二）用水企业水效领跑者基本要求

用水企业水效领跑者应符合相关节水标准，单位产品取水量指标达到行业领先水平；有取用水资源的合法手续，近 3 年无超计划取水情况；具有健全的节水管理制度，各生产环节有配套的节水措施，具有完备的用水计量和统计管理体系，水计量器具符合《用水单位水计量器具配备和管理通则》；无重大安全和环境事故，无违法行为。

（三）用水产品水效领跑者基本要求

用水产品水效领跑者水效指标应达到国家标准 1 级以上，且为同类产品的领先水平，具有符合要求的第三方水效检测报告或节水产品认证证书；产品应为量产的定型产品，并达到一定的销售规模；产品质量性能优良，近一年内无不合格产品，无质量违法行为；生产企业为中国大陆内合法的独立法人，具有完备的质量管理体系、健全的供应体系和良好的售后服务能力。

四、水效领跑者引领行动组织程序

《实施方案》明确由国家发展改革委、水利部负责水效领跑者引领行动的统筹协调和综合推进。根据各参与部门职能，灌区水效领跑者引领行动由水利部会同国家发展改革委负责；用水企业水效领跑者引领行动由工业和信息化部会同水利部、国家能源局、国家发展改革委、国家质检总局等负责；用水产品水效领跑者引领行动由国家发展改革委会同水利部、住房和城乡建设部、国家质检总局等负责。各领域水效领跑者引领行动实施细则由其牵头部门制定并组织实施。

水效领跑者遴选以自愿申报为原则，省级有关部门组织初审、国家有关部门组织专家评审，并进行不少于 15 天的社会公示。对公示无异议的用水产品、用水企业和灌区水效领跑者进行公告，用水产品和用水企业水效领跑者名单每两年发布一次，灌区水效领跑者名单每三年发布一次。

五、水效领跑者引领行动保障措施

水效领跑者引领行动涉及不同领域和不同部门，必须加强部门合作，健全工作机制，确保《实施方案》落实到位。一是加强统筹协调，国家发展改革委、水利部负责统筹组织，其他有关部门各司其职、各负其责、密切配合、通力合作。二是加强监督管理，开展跟踪调查，及时撤销不符合条件的产品、企业或灌区的领跑者称号，对评选过程中弄虚作假的行为实施联合惩戒，确保遴选过程的客观公正。三是加强标准引导，建立水效领跑者指标持续更新机制，逐步提高水效领跑者指标要求，将水效领跑者指标与产品、企业和灌区的节水评价体系相结合，促进节水标准提升。四是加强宣传推广，利用新闻发布会、表彰会等形式和电视、网络等大众传媒，对先进的管理经验、技术方法进行宣传推广，弘扬典型、表彰先进，为引领行动实施营造良好氛围。

陈宇灿　执笔

颜　勇　审核

《关于推进合同节水管理促进节水服务产业发展的意见》解读

水利部综合事业局

一、《意见》出台的背景及意义

为积极践行“节水优先，空间均衡，系统治理，两手发力”的新时期水利工作方针，落实《中华人民共和国国民经济和社会发展第十三个五年规划纲要》，2016 年 7 月，国家发展改革委、水利部、国家税务总局联合发布了《关于推进合同节水管理促进节水服务产业发展的意见》（以下简称《意见》）。《意见》的出台对于节水型社会建设意义重大，推行合同节水管理，有利于降低用水户节水改造风险，提高节水积极性；有利于促进节水服务产业发展，培育新的经济增长点；有利于节水减污，提高用水效率，推动绿色发展；有利于建立节约用水的长效运行管理机制，是落实新时期水利工作方针的有力举措和重要抓手，对我国探索节水管理新模式具有里程碑意义。

二、合同节水管理内涵和实质

合同节水管理是指节水服务企业与用水户以合同形式，为用水户募集资本、集成先进技术，提供节水改造和管理等服务，以分享节水效益方式收回投资、获取收益的节水服务机制。其实质是募集社会资本，集成节水技术，先期投入节水改造，用获得的节水效益支付节水改造全部成本，分享节水效益，实现各方共赢的一种投资模式。

三、《意见》的总体要求

《意见》提出了推行合同节水管理促进节水服务产业发展的指导思想，

核心是围绕着节水减污、提高用水效率，通过加强政府引导和政策支持，促进节水服务产业发展，加快节水型社会建设。这一指导思想，全面贯彻了新时期水利工作方针和新发展理念，为推行合同节水管理、促进节水服务业发展指明了方向。

《意见》提出了坚持市场主导、坚持政策引导、坚持创新驱动和坚持自律发展的基本原则，揭示了推行合同节水管理的基本规律，即充分发挥市场配置资源的决定作用，更好发挥政府引导作用，突出科技支撑作用，发挥节水行业自我约束的作用，为繁荣节水服务业提供了根本依据。

《意见》紧扣我国“十三五”规划纲要中提出的“推行合同节水管理”的要求，提出了到2020年，合同节水管理成为机关单位、高校等公共机构和钢铁、纺织等用水企业实施节水改造、建设节水型单位（企业）的主要方式；搭建和完善节水服务平台，培育一批具有专业技术、融资能力强的节水服务企业，推广应用一大批先进适用的节水技术、工艺、装备和产品；形成科学有效的合同节水管理政策制度体系，节水服务市场竞争有序，发展环境进一步优化，用水效率和效益逐步提高，节水服务产业快速健康发展。

四、合同节水管理的重点领域和典型模式

《意见》提出了推行合同节水管理主要在公共机构、公共建筑、高耗水工业、高耗水服务业等四大重点领域，以及高效节水灌溉、供水管网漏损控制和水环境治理等其他领域。

《意见》提出了节水效益分享型、节水效果保证型和用水费用托管型三大合同节水典型模式。节水效益分享型是指节水服务企业和用水户按照合同约定的节水目标和分成比例收回投资成本、分享节水效益的模式。该模式作为合同节水管理的主要方式，适用于高用水行业、公共机构等大部分用水户。节水效果保证型是指节水服务企业与用水户签订节水效果保证合同，达到约定节水效果后，用水户支付节水改造费用。该模式主要适用于生活服务业、企业日常改造、中小型公共建筑改造等周期较短、特殊水价、节水量较小、工程技术较为简单的用水户。用水费用托管型是指用水

户委托节水服务企业进行供用水系统的运行管理和节水改造，并按照合同约定支付用水托管费用。该模式主要适用于酒店、商场等大型公共建筑。

五、重点任务

《意见》从加快推进制度创新和培育发展节水服务市场两大方面，提出了九项推行合同节水管理促进节水服务产业发展的具体意见和重点任务。

（一）加快推进制度创新

第一，强化节水监管制度。落实水资源消耗总量和强度双控制度，完善节水的法律法规体系，把节水的相关制度要求纳入法制化轨道。制（修）订完善取水许可、水资源有偿使用、水效标识管理、节水产品认证等方面的规章制度，落实节水要求。健全并严格落实责任和考核制度，把节水作为约束性指标纳入政绩考核。加强节水执法检查，严厉查处违法取用水行为。依据法规和制度，优化有利于节水的政策和市场环境。第二，完善水价和水权制度。全面实行城镇居民阶梯水价、非居民用水超计划超定额累进加价制度。稳步推进农业水价综合改革，建立健全合理反映供水成本、有利于节水和农田水利体制机制创新、与投融资体制相适应的农业水价形成机制。因地制宜探索地区间、行业间、用水户间等多种形式的水权交易，鼓励和引导水权交易在规范的交易平台实施。完善水权制度体系，落实水权交易管理办法。鼓励通过合同节水管理方式取得的节水量参与水权交易，获取节水效益。第三，加强行业自律机制建设。加强节水服务企业信用体系建设，并纳入全国信用信息共享平台，探索对严重失信主体实施跨部门联合惩戒。同时，鼓励各方面龙头企业成立节水服务产业联盟，形成企业间的优势互补。第四，健全标准和计量体系。建立合同节水管理技术标准体系，加强用水计量管理，完善用水计量监控体系，实行节水量第三方评估机制，确保节水效果可监测、可报告、可核查，明确争议解决方式。

（二）培育发展节水服务市场

第一，培育壮大节水服务企业。鼓励具有节水技术优势的专业化公司与社会资本组建具有较强竞争力的节水服务企业，鼓励节水服务企业优化要素资源配置，加强商业和运营模式创新，不断提高综合实力和市场竞争力。充分发挥水务等投融资平台资金、技术和管理优势，培育发展具有竞争力的龙头企业，形成龙头企业+大量专业化技术服务企业的良性发展格局。第二，创新技术集成与推广应用。及时制定和发布国家鼓励和淘汰的用水工艺、技术、产品和装备目录，同时充分利用国家科技专项资金，支持企业牵头承担节水治污科技项目等关键技术攻关，鼓励发展一批由骨干企业主导的节水服务产业技术创新联盟，发挥国家技术推广服务体系的重要作用，积极推广节水技术和产品。第三，改善融资环境。鼓励合同节水管理项目通过发行绿色债券募资。鼓励金融机构开展绿色信贷，探索运用互联网+供应链金融方式，加大对合同节水管理项目的信贷资金支持。有效发挥开发性和政策性金融的引导作用，积极为符合条件的合同节水管理项目提供信贷支持。鼓励金融资本、民间资本、创业与私募股权基金等设立节水服务产业投资基金，各级政府投融资平台可通过认购基金股份等方式予以支持。合同节水管理项目要充分利用政府性融资担保体系，建立政府、银行、担保机构三方参与的合作模式。第四，加强财税政策支持。符合条件的合同节水管理项目，按相关政策享受税收优惠。要把财税优惠政策落实到合同节水管理项目的相关参与方，在企业所得税、增值税、技术转让的税收等方面加大优惠力度。研究鼓励合同节水管理发展的税收支持政策，完善相关会计制度。各地各部门要利用现有资金渠道和政策手段，对实施合同节水管理的项目予以支持。第五，组织试点示范。利用5年左右时间，在生态文明先行示范区等地区先行先试，重点在公共机构、公共建筑、高耗水工业和服务业、公共水域水环境治理、经济作物高效节水灌溉等领域，分类建成一批合同节水管理试点示范工程，及时总结经验，广泛宣传推行合同节水管理的重要意义和明显成效，提高全社会对合同节水管理的认知度和认同感，促进节水服务产业发展壮大。

任　亮　王　崴　执笔
刘云杰　审核

《关于加强水资源用途管制的指导意见》解读

水利部水资源司

为贯彻落实中央关于健全自然资源用途管制制度要求，按照“节水优先、空间均衡、系统治理、两手发力”的新时期水利工作方针，加强水资源用途管制工作，水利部印发了《关于加强水资源用途管制的指导意见》(以下简称《指导意见》)，明确了加强水资源用途管制的重要性和紧迫性、总体要求、主要任务和保障措施。

一、为什么要加强水资源用途管制

党的十八届三中全会以来，中央将自然资源用途管制作为生态文明制度建设的重要内容，多次对自然资源用途管制作出部署。《中共中央关于全面深化改革若干重大问题的决定》要求健全自然资源用途管制制度。《生态文明体制改革总体方案》要求将用途管制扩大到所有自然生态空间。近年来，各级水行政主管部门通过编制水资源规划、实行用水总量控制、严格水资源论证和取水许可管理、强化水功能区监督管理等措施，初步形成了水资源用途管制框架体系。但是，用途管制要求相对原则，缺乏系统性，各项管理制度和措施有待深入落实；同时，水权水市场逐渐发育，用途监管亟须加强。为此，按照水利改革任务要求，水利部制定印发了《指导意见》。

出台《指导意见》，对加强水资源用途管制具有十分重要的意义：

一是推进生态文明建设的重要举措。水资源是生态环境的控制性要素，保障生态需水是建设生态文明的基础支撑。长期以来，我国经济社会发展付出的水资源、水环境代价过大，经济社会发展挤占生态环境用水，河道断流、湖泊湿地萎缩、地下水超采、水生态退化等问题突出，亟须加强水资源用途管制，切实采取措施，保障生态环境基本需水，这是推进生态文明建设的重要举措。

二是推进“四化”同步发展和保障经济社会可持续发展的必然要求。水资源是基础性的自然资源和战略性的经济资源，是实现“四化”同步发展的基本保障条件。随着经济社会快速发展，生活、农业、工业等各行业之间的用水矛盾将日趋突出。这就要求必须强化水资源用途管制，统筹协调各行业用水需求，以水资源节约集约利用和可持续利用支撑工业化、城镇化和农业现代化，保障经济社会可持续发展。

三是深化水利改革的重要内容。水利部明确将加强水资源用途管制作为深化水利改革的重要内容。《指导意见》定位于贯彻中央决策部署、落实水利部改革任务，以充分发挥水资源的多重功能、促进生态文明建设和保障经济社会发展为出发点，以落实最严格水资源管理制度为主要抓手，系统提出水资源用途管制工作思路与目标要求，指导各流域机构和各地水行政主管部门健全水资源用途管制制度、落实水资源用途管制各项措施，这是深化水利改革的重要举措。

二、水资源用途管制总体要求是什么

《指导意见》系统提出了加强水资源用途管制的指导思想、基本原则和总体目标。全面贯彻党的十八大和十八届三中、四中、五中全会精神，深入贯彻习近平总书记系列重要讲话精神，按照“节水优先、空间均衡、系统治理、两手发力”的新时期水利工作方针，统筹生活、生产和生态用水，优先保证生活用水，确保生态基本需水，保障粮食生产合理需水，优化配置生产经营用水，有效发挥水资源的多种功能，保障国家经济安全、资源安全、生态安全、粮食安全和供水安全。坚持以人为本，服务民生；节水优先，注重保护；统筹兼顾，综合利用；落实责任，严格监管。到2020年，水资源用途管制的制度体系基本建立，各项监管措施得到有效落实，行业用水配置趋于合理，生活用水得到优先保障，重要河湖生态环境用水得到基本保障，地下水超采得到严格控制；到2030年，水资源用途管制的制度体系全面建立，各行业合理用水得到保障，挤占的河湖生态环境用水得到退减，地下水实现采补平衡。

三、水资源用途管制有哪些工作基础

目前水资源用途管制已具备了较好的工作基础。在法律法规层面，《中华人民共和国水法》对水资源用途管制进行了原则规定："开发、利用、节约、保护水资源，应当全面规划、统筹兼顾，发挥水资源的多种功能，协调好生活、生产经营和生态环境用水"；"开发、利用水资源，应当首先满足城乡居民生活用水，并兼顾农业、工业、生态环境用水和航运等需要"。《取水许可和水资源费征收管理条例》要求取水许可证必须明确取用水的具体用途。在实施层面，近年来，各级水行政主管部门以落实最严格水资源管理制度为抓手，已初步形成了水资源用途管制框架体系。基本建立了覆盖省、市、县三级行政区域的用水总量控制指标体系，这是控制经济社会发展用水、留足生态用水、确保水资源生态用途的重要举措；江河水量分配加快推进，经济社会发展用水和生态用水指标进一步落实到具体江河湖泊；《全国水资源综合规划》明确了全国生活、农业、工业、生态用水的水资源配置方案；《全国重要江河湖泊水功能区划》明确了各类水功能区的用途要求；取水许可审批将水资源用途作为重要许可内容，水利部统一印制的取水许可证将水资源用途作为必须载明的重要许可事项。

四、加强水资源用途管制有哪些重要措施

《指导意见》明确了加强水资源用途管制的主要任务和具体措施：

一是进一步明确水资源的生活、生产和生态用途。明确水资源用途是实行用途管制的前提。为此，要健全用水总量控制指标体系，抓紧开展跨行政区域江河水量分配，将用水总量控制指标细化明确到具体江河、湖泊、水库和地下水源；以区域用水总量控制指标和水量分配方案为依据，将用水总量控制指标进一步细化到生活、农业、工业等主要用水行业；科学确定江河湖泊的生态流量，在试点经验基础上制定江河湖泊生态流量（水位）技术标准，逐步明确各主要河流和湖泊的生态流量（水位）。

二是落实水资源用途管制各项措施。在生活用水方面，将保障城乡居

民生活用水作为水资源用途管制的第一目标；在生态需水方面，加强江河湖库水量统一调度管理，合理安排重要断面下泄水量，维持河湖基本生态用水需求，退减被挤占的生态环境用水，加快实施地下水超采治理等；在农业用水方面，强化农业取水许可管理，明确各灌区的合理用水量和供水水源，保障各灌区的合理用水，具备条件的地区进一步明确农村集体经济组织、农民用水合作组织、农户等用水主体的水权，维护其合法权益；在工业、服务业等经营性用水方面，合理配置好工业、服务业等行业生产经营用水，引导、鼓励采用先进节水技术，降低用水定额，提高用水效率。

三是强化水资源用途监管。健全规划水资源论证制度，按照以水定产、以水定城的要求，把水资源论证作为产业布局、城市建设、区域发展等规划审批的重要前置条件。严格取水许可管理，规范取水许可验收、取水许可证发放和延续工作，全面加强农业取水许可管理。强化水功能区分类管理，把水功能区作为各项涉水活动管理的基础平台，按照水功能区类别实行分区管理。严格水资源用途变更监管，未经批准不得擅自改变水资源用途。切实加强取用水计量监管，加快推进水资源监控能力建设等。

五、落实水资源用途管制有哪些保障措施

水资源用途管制涉及不同部门，事关各用水行业的利益。为此《指导意见》要求：一是加强组织领导，各流域管理机构、地方各级水行政主管部门要结合本流域、本区域实际，制订工作方案，落实相关措施，建立工作机制，层层分解责任，强化监督检查，抓好督办落实；二是健全协作机制，各流域管理机构要加强对流域内各省（自治区、直辖市）的指导、沟通和协调，地方各级水行政主管部门要主动做好与各有关部门的沟通和协调，形成工作合力；三是加强宣传引导，充分利用各种媒体，加大对水资源用途管制工作的宣传力度，提高全社会对水资源用途管制重要性的认识，动员全社会力量关心、支持和参与水资源用途管制工作。

齐兵强　刘国军　执笔

郭孟卓　审核

水生态文明篇

精心组织　狠抓落实
确保如期完成国家水土保持重点工程建设

刘　宁

一、国家水土保持重点工程执行进度明显加快

加快推进国家水土保持重点工程建设是深入贯彻落实国务院稳增长、促发展、调结构、惠民生、施德政的重要举措，也是交给水利部门的一项政治任务。2016年以来，各级党委政府高度重视，认真贯彻落实水利部关于加快推进水利工程建设的总体部署，各级水行政主管部门认真总结2015年推进工程建设的经验，凝心聚力、攻坚克难、开拓进取、措施得力，各项工作进度全面加快，国家水土保持重点工程建设取得明显成效。

第一，重点工程前期工作圆满完成。2016年国家水土保持重点工程共下达中央投资计划73.44亿元，其中中央投资54.18亿元，在中央投资中，中央预算内坡耕地水土流失综合治理工程14.83亿元、中央财政资金国家水土保持重点工程33亿元、国家农业综合开发水土保持项目6.35亿元。重点工程涉及26个省（自治区、直辖市）、黑龙江省农垦总局和水利部水土保持植物开发管理中心的1220个项目。截至8月底，所有项目年度实施方案均已完成审批，为2016年各类重点工程顺利实施奠定了坚实的基础。

第二，招投标工作全面开展。截至8月底，2016年国家水土保持重点工程需招投标的1184个项目中已有942个项目开展了招投标工作，有789个项目已完成招投标，招投标完成率为66.64%，较往年同期明显提高。其中，中央预算内投资坡耕地水土流失综合治理工程招投标完成率44.83%，广西、四川两省（自治区）已完成招投标工作。中央财政资金国家水土保持重点工程招投标完成率为59.28%，其中北京、河北、辽宁、吉林、黑龙江、福建、山东、湖北、湖南、四川、西藏、陕西、宁夏和新

疆14个省（自治区）招投标完成率超过60%。国家农业综合开发水土保持项目招投标完成率为92.61%，其中，内蒙古、辽宁、吉林、黑龙江农垦总局、湖南、广西、重庆、四川、云南和宁夏10个省（自治区、有关单位）已全部完成招投标工作。

第三，开工率较往年大幅提高。截至8月底，2016年国家水土保持重点工程有28个省（自治区、有关单位）的714个项目已开工建设，开工率为58.52%。中央预算内投资坡耕地水土流失综合治理工程开工率为39.61%，其中吉林、山东、河南、湖北、广西、四川、贵州、陕西和甘肃9个省（自治区）开工率超过40%。中央财政资金国家水土保持重点工程开工率为52.84%，其中北京、河北、辽宁、吉林、福建、江西、山东、河南、湖北、湖南、广西、四川、西藏、陕西和新疆15个省（自治区、直辖市）开工率超过50%。国家农业综合开发水土保持项目开工率为91.67%，其中山西、吉林、黑龙江农垦总局、江西、湖南、广西、四川、云南、甘肃和宁夏10个省（自治区、有关单位）开工率超过90%。

第四，中央投资计划执行进度明显加快。截至8月底，2016年国家水土保持重点工程中央投资计划省级分解计划已全部下达。中央投资到位率为96.20%，配套资金到位率为48.29%，均为历史同期最高水平。年度投资计划完成率为29.61%。中央投资完成率为32.40%，地方配套投资完成率为21.96%，均高于以往同期水平。中央预算内投资坡耕地水土流失综合治理工程中央投资完成率为14.97%，中央财政资金国家水土保持重点工程中央投资完成率为37.01%，国家农业综合开发水土保持工程中央投资完成率为48.85%。

二、如期完成国家水土保持重点工程年度建设任务十分艰巨

在充分肯定取得成绩的同时，也要清醒地认识到，受工程施工季节等因素影响，2016年中央投资计划完成率不足30%，与截至8月底全国水利建设中央投资完成率达到全年总投资50.7%的目标相比还有一定差距，工程建设中还存在一些问题亟待解决，如期顺利完成年度目标，任务依然十分繁重而艰巨。

第一，建设任务依然十分艰巨。根据国务院和水利部总体要求，2016年国家水土保持重点工程年底前黄河以北地区中央投资计划完成率须达到80%以上，黄河以南地区应达到90%以上。截至8月底，已完成国家水土保持重点工程中央投资17.4亿元，到年底还需完成近37亿元，后续建设任务极为艰巨。特别是北方地区，10月以后将陆续进入冰冻期，有效施工时间短，如期完成年度目标任务的形势更为严峻。

第二，施工前准备工作相对滞后。截至8月底，2016年中央预算内投资坡耕地水土流失综合治理工程部分省份招投标完成率和开工率均为零。中央财政资金国家水土保持重点建设工程部分省份招投标工作滞后，工程开工率偏低。前期准备工作滞后已成为影响重点工程建设进度的主要因素。

第三，地方配套资金到位率普遍偏低。2016年国家水土保持重点工程地方配套资金到位率仅为48.29%。中央预算内投资坡耕地水土流失综合治理工程地方配套资金到位率为29.25%，中央财政资金水土保持项目地方配套资金到位率为49.63%，国家农发水保项目地方配套资金到位率为77.79%。地方配套资金不到位，不同地区之间、不同项目类型之间到位情况很不平衡，对确保顺利完成年度建设任务造成较大影响。

第四，工程建设管理亟待加强。从截至8月底月调度情况看，各地的工程建设进度很不平衡，问题主要集中在部分地区的少数项目。从组织领导方面看，个别地方对工程建设重视程度还不够，工程总体安排和组织协调需要加强。从建设管理看，有的地方建管力量严重不足，从省级协调推动到具体工程现场组织，都存在明显的制约因素，导致工程进展缓慢。从工作方式看，面对新形势、新要求，个别地方缺少主动性和创造性，仍然存在等靠要思想等。

三、狠抓落实，确保顺利完成年度建设任务

2016年，是实施“十三五”规划的开局之年，也是加快推进水利建设的关键之年。国家水土保持重点工程建设年度目标要求高，完成任务压力大，落实投资困难多，各地进展不平衡的问题仍然存在。完成年初确定的

水土保持工程建设各项目标任务，时间非常紧，任务非常繁重。同时，各地施工前准备工作陆续完成，项目即将全部开工建设，全面进入施工高峰期、进度提速期和投资消化期，只要措施到位、责任夯实圆满完成年度目标任务是有底气的、有把握的。各级水利部门要以对党和人民高度负责的精神，坚定信心、咬定目标、同心协力、全力以赴抓好各项工作落实，确保如期高质完成好年度工程建设目标任务。

第一，加强组织领导，落实目标责任。按照既定目标，细化分解任务，进一步完善责任体系，确定好全年工作的时间表、路线图和责任网。切实加强组织领导，抓好责任落实，层层压实责任，逐级传导压力，确保各项工作落地生根。各级水利部门要进一步强化责任担当，克服松紧与畏难情绪，加大工作力度，全力推进工程建设进度。要加强与相关部门的密切协作，及时解决工作中遇到的配套资金难落实，财政评审、招投标周期长等问题，形成合力，确保工程及早开工建设。

第二，倒排工期，全面加快工程建设进度。各地要克服不利因素影响，采取有力有效措施，全力加快工程建设进度。按照年底前黄河以北地区中央投资计划完成率须达到80%以上，黄河以南地区应达到90%以上的总体目标要求，北方省份9—12月至少分别完成中央投资计划达到20%、40%、60%、80%，南方省份至少分别达到30%、50%、70%和90%。各地要倒排工期，逐月落实需要完成的施工进度和投资计划等。目前投资完成率低于全国平均水平的省份，要逐个分析存在问题，及时研究解决方案，切实加快投资计划执行进度。投资规模较小但总体进度明显滞后的省份，更要引起重视，抓紧行动，迎头赶上，达到工程建设进度要求。

第三，多措并举，及时足额落实地方配套资金。2016年水土保持重点工程需落实地方投资19.26亿元，配套资金到位情况，关系到2016年重点工程执行目标任务能否如期完成。从调度情况看，多数地区地方配套资金落实情况不是很好。配套投资还没有足额到位的省份，省级水利部门要加强与发改、财政以及农发等部门沟通，努力争取加大省级财政投入，并督促市县落实配套资金。要充分用好水土保持补偿费、过桥贷款、开发性金融、专项债券等金融支持政策，多措并举保障地方配套资金尽快足额落实。同时要加强宣传引导，完善政策机制，积极鼓励和吸引民间资本参与水土保持工程建设。

第四，狠抓执行，全面强化工程建管措施。各级要继续抓好国家水土保持重点工程执行情况月调度工作，及时了解各项目执行情况，协调解决制约工程进度的突出问题。要加强工程建设管理，高度重视安全管理、质量管理和进度管理。同时，要加强统计报送工作，杜绝漏报、误报、虚报、瞒报。要充分发挥好水利部、流域机构和省级水利部门三级监督检查机制，实现年度水土保持工程检查全覆盖，要把招投标完成、工程开工建设、投资计划执行等情况作为督查工作重点，并对开工率低，剩余投资多的项目县将进行重点督导，对存在问题多、进度严重滞后的省份进行专项督导、约谈，督促其切实加快工程建设进度。

第五，严格管控，确保工程建设"四个安全"。各地在加快推进国家水土保持重点工程建设进度的同时，把安全生产工作放在首位，强化安全生产主体责任，严格落实项目责任主体、勘测设计、施工监理等单位责任，及时发现和消除施工中的安全隐患，坚决防止安全事故发生。要充分发挥施工监理、质量检测单位的作用，抓好工程建设全过程质量监管，确保工程建设质量安全。同时，要认真落实党风廉政建设两个责任，切实强化审查审批、招标投标、建设管理、资金使用等关键环节的廉政风险防控，确保资金安全和干部安全。

第六，超前谋划，扎实做好2017年项目前期工作。各地要按照水利部《加快推进国家水土保持重点工程建设实施方案》要求，有关省级水行政主管部门的主要负责同志、前期工作负责人要亲自抓，组织专门力量，加强与有关部门汇报沟通，做好衔接，全面加快重点工程前期工作进度。积极筹措前期工作经费，及早开展2017年项目前期工作，尽快完成实施方案的编制和审查，建立储备项目库。要严把项目审批关，确保前期工作质量，并于2016年年底前完成年度实施方案审批。请各省按照不低于正在编制的不同投资渠道水土保持工程建设方案确定年度规模的1.5倍完成前期工作。

第七，加强淤地坝工程安全运用，开展病险淤地坝除险加固。当前全国仍处于汛期，秋雨可能引发秋汛，黄土高原7省（自治区）防汛形势依然严峻。各地不能掉以轻心，继续保持高度警惕和高度戒备，全力以赴做好淤地坝安全度汛工作。按照《黄土高原地区中型以上病险淤地坝除险加固工程实施方案》和《关于开展黄土高原地区中型以上病险淤地坝除险加固工作的通知》要求，采取有效措施，切实加快推进病险淤地坝除险加固工程进度，2016 年年底前必须完成每座病险淤地坝除险加固主体工程建设任务，完成中央投资计划的 80% 以上。水利部黄河水利委员会要继续组织精干力量，抓紧开展中型以上淤地坝病险情况核实工作；全面调研内蒙古自治区淤地坝工程溃坝情况，从技术标准、工程建设和管理，以及防汛工作薄弱环节等方面分析溃坝原因；10 月底前完成开展病险淤地坝除险加固工程专项督查，并及时向水利部提交专项督查报告。

第八，要重点做好生产建设项目水土保持方案审批和验收工作。各地要切实强化责任意识，依法全面履行生产建设项目水土保持监督管理职责。做好生产建设项目水土保持工作，事关国家生态文明建设大局，事关生态安全和人民生命财产安全。各地要切实提高对这项工作的认识，牢固树立安全发展理念，强化红线意识和底线思维，时刻保持警惕，全面履行好监管职责，坚决杜绝“不作为”、玩忽职守和渎职行为。按照“该放的放开、该扶的扶好、该管的管好”要求，经认真审慎研究，水利部下放了部分生产建设项目水土保持方案审批和验收权限。这次调整方案审批和验收权限，减少和下放微观审批事项，是水利部贯彻落实党中央、国务院深化行政审批制度改革要求的具体措施，也是新形势下水土保持行政管理职责转变的又一举措。各地要切实抓好承接工作，增强责任感和使命感，落实主体责任和配套措施，确保审批质量不下降、工作效率不降低。水土保持司和各流域机构要尽快梳理下放项目清单，做好与省级的下放对接，强化督促指导，加强上下联动，全面提升水土保持监管水平，为推进生态文明建设切实把好水土保持生态关。

（编者注：本文选自水利部刘宁副部长 2016 年 9 月 22 日在国家水土保持重点工程集中办公会上的讲话）

水土保持生态建设与改革发展取得新成就

水利部水土保持司

2016年，水土保持工作认真贯彻党的十八大和十八届三中、四中、五中、六中全会以及习近平总书记系列重要讲话精神，按照中央新时期水利工作方针和水利部党组决策部署，进一步理清思路、明确重点、凝心聚力、狠抓落实，实现了"十三五"规划的良好开局，为促进水利改革发展、加快生态文明建设提供了有力支撑。

一、2016年工作进展及成效

（一）以构建机制与落实责任为重点，如期完成年度水土流失综合治理目标任务

按照国务院关于《全国水土保持规划（2015—2030年）》批复要求，2016年年初将年度任务指标下达到省、分解到县，督促各地落实水土流失防治主体责任，推进各地建立水土保持部门协作机制，地方各级政府、有关部门和民间资本共同投入水土流失治理，全年全国共计完成水土流失综合治理面积5.44万km^2，实施坡耕地改造400万亩，建成生态清洁小流域300多条，圆满完成了2016年度水土流失综合治理任务。国家水土保持重点工程共安排中央投资54.18亿元，完成水土流失治理面积1.16万km^2、坡改梯91.32万亩，受益贫困人口85万人。截至12月底水土保持中央投资计划完成率达90%以上。

印发了《水利部关于加强水土保持工程验收管理的指导意见》。组织编制了《全国水土保持发展"十三五"规划》《黄土高原沟壑区"固沟保塬"综合治理专项规划》《东北黑土区侵蚀沟治理专项规划》《丹江口库区及上游水污染防治和水土保持"十三五"规划等专项规划以及国家水土

保持重点工程2017—2020年实施方案》《全国坡耕地水土流失综合治理“十三五”专项建设方案》《水利部农业综合开发东北黑土区侵蚀沟综合治理和黄土高原塬面保护实施规划（2017—2020年）》等实施规划。

（二）以落实“三同时”制度为重点，进一步强化水土保持监督管理

截至12月底，已有29个省（自治区、直辖市）修订颁布《中华人民共和国水土保持法》实施办法或条例，23个省（自治区、直辖市）出台水土保持补偿费管理办法，水土保持法律法规体系基本构建形成。全国审批生产建设项目水土保持方案2.4万多个，验收水土保持设施5300多项，征收水土保持补偿费近50亿元。其中，水利部审批大型生产建设项目水土保持方案124个、验收水土保持设施135项。印发《水利部生产建设项目水土保持方案变更管理规定（试行）》，进一步规范和严格水土保持方案审批和验收许可。对国家高速公路网G85渝昆高速公路昭通至会泽段改扩建工程、新建商丘至合肥至杭州铁路等2项水土保持方案变更报告书作出不予许可决定。组织流域机构专项监督检查950多个在建大中型生产建设项目。

（三）以强化责任与除险加固为重点，确保淤地坝度汛和生命财产安全

坚持汛前组织水利部、流域机构和省有关部门开展淤地坝工程安全运用专项逐级检查制度，督促各地切实落实行政首长和部门负责制等制度。4月，刘宁副部长主持召开黄土高原7省（自治区）淤地坝工程安全运用和病险淤地坝除险加固建设座谈会，全面部署淤地坝工程安全运用和病险淤地坝除险加固工作。针对2016年特殊汛情特别是8月中下旬晋陕蒙区间强降雨过程，按照陈雷部长和刘宁副部长的指示精神，以国家防总、水利部办公厅文件多次印发通知，并先后派出7个工作组赴晋陕蒙检查指导防汛工作，及时指导加强7省（自治区）淤地坝安全度汛工作。启动黄土高原地区中型以上病险淤地坝除险加固工程，2016年在7省（自治区）安排中央财政资金2亿元，安排221座病险骨干坝除险加固任务。

（四）以加强顶层设计为重点，推动《全国水土保持规划》落实

印发《水利部关于贯彻落实〈全国水土保持规划（2015—2030年）〉

的意见》，明确要求各级水利部门切实发挥规划实施的组织协调作用，加强跟踪监测、督促检查和考核评估，推动落实地方政府水土流失防治主体责任以及有关部门水土保持职责。浙江、江苏、福建等17个省（自治区）和厦门、宁波、深圳3个计划单列市人民政府已批复水土保持规划。完成《全国水土保持规划（2015—2030年）》实施年度进展情况报告，并已征求国家发展改革委、财政部、国土资源部、环境保护部、农业部和国家林业局等六部委意见，近期将会签上报国务院。全国水土流失预警指标纳入国家生态安全指标体系，新增水土流失治理面积纳入国家绿色发展指标体系。

（五）以深化行政许可改革为重点，积极推进水土保持改革

印发《水利部关于下放部分生产建设项目水土保持方案审批和水土保持设施验收审批权限的通知》，除国务院审批核准备案、跨省和水利项目外，其余近2/3的生产建设项目水土保持方案审批和验收权限全部下放至省级。建立健全地方落实水土保持“三同时”制度督查工作机制，强化流域机构监督检查职能，督促各级水利部门依法履职。水利部审批项目水土保持方案全面推行信息公开，在网上公布，缩短方案审批时间。督促各地落实鼓励和引导民间资本参与水土流失治理的相关政策，2016年民间资本投入资金达到60多亿元。湖北省建立水土保持省级部门联席工作制度，广西壮族自治区、重庆市建立水土保持目标考核制度。

（六）以服务与支撑行业监管为重点，推进水土保持监测和信息化

印发《水利部关于加强水土保持监测工作的通知》《水土保持监测实施方案（2017—2020年）》，提出新时期监测工作的思路、目标任务。全国水土流失动态监测项目顺利实施，改版《中国水土保持公报》并及时发布。编制了《全国水土流失动态监测与公告项目规划（2018—2022年）》《水土保持监控能力建设规划》。全国开展生产建设项目监管示范工作的38个县基本实现生产建设项目天地一体化动态监管，其中31个县基本实现重点工程“图斑”精细化管理。

（七）以国策宣传教育为重点，进一步增强全社会水土保持意识

印发《水利部办公厅关于加强水土保持宣传教育工作的通知》，明确

“十三五”时期水土保持宣传教育目标任务和工作重点。全国 62 个地（市）党校培训各级党政领导干部 3.8 万人次，全年创建 24 个国家级水土保持科技示范园和 10 个国家水土保持生态文明示范工程，全国累计建成 74 个国家水土保持生态文明示范工程、128 个国家水土保持科技示范园、24 个中小学教育基地，开展中小学生宣传教育活动 1277 批次，参与人数超过 25 万人。

（八）以统筹安排全面推进为重点，有序开展水土保持基础性工作

2016 年，在编水土保持技术标准共 13 项，其中新启动风沙区水土流失综合治理技术标准等 7 项技术标准的编制工作。黄河流域水沙变化机理与趋势预测、喀斯特石漠化区治理技术研发与示范等 9 个项目已列入国家重点研发计划；黄河中游多沙产沙空间分布及其演变等 70 多项国家自然基金项目获得批复；鄱阳湖沙山地区风力侵蚀监测与防治关键技术研究、土石山区水土保持植被优化配置技术研究与应用获得大禹水利科学技术三等奖。

二、2017 年水土保持工作计划及重点

2017 年，水土保持工作将认真贯彻落实全国水利厅局长会议和陈雷部长重要讲话精神，以推动落实《中华人民共和国水土保持法》和全面落实《全国水土保持规划（2015—2030 年）》为目标，坚持问题导向，紧盯薄弱环节，创新机制、完善政策、强化管理，推动水土保持工作取得新进展。

（一）创新机制，完善政策，增强发展后劲

着力构建由水利部门组织协调、地方政府负责、部门发挥职能作用、社会广泛参与的水土保持大格局。制定出台重点工程以奖代补试点指导意见。建立部委协作机制，共同完成 2017 年新增水土流失综合治理面积 5.4 万 km^2、坡耕地改造 400 万亩的目标任务。

（二）补齐短板，重点推进监测和信息化工作

推动各地深入贯彻落实《水利部关于加强水土保持监测工作的通知》。

发布不同区域年度水土流失动态变化状况，开展第五次水土保持普查前期工作。提出近期推进水土保持信息化工作方案，建成全面支撑信息化监管的国家水土保持综合监管与服务平台。

（三）敢于作为，强化水土保持社会管理

建立依法履职逐级督查制度，强化对地方特别是市、县一级水土保持“三同时”落实情况督查。加强水土保持方案评审和验收管理，对不符合法律法规规定的项目坚决不予批复或验收。推动地方各级水行政主管部门强化责任意识，依法全面履行监管职责，加大执法力度，严控人为水土流失。

（四）突出重点，推进综合治理

持续推进长江、黄河中上游、东北黑土区、西南岩溶区等重点区域的水土流失综合治理，加强坡耕地综合整治、病险淤地坝除险加固，加快东北黑土区侵蚀沟治理，推进生态清洁小流域建设。严格抓好水土保持中央投资计划的执行，确保中央投资计划完成率达到80%以上。

（五）主动应对改革，积极谋划发展

制定出台建立地方水土保持目标责任考核制度的意见。完成“生产建设项目水土保持方案审批”和“生产建设项目水土保持设施验收审批”两项行政许可标准化示范项目，积极探索和完善水土保持投资政策和社会参与机制，加快水土流失治理进程。

（六）统筹协调，加强规划等基础工作

全力推动《全国水土保持规划（2015—2030年）》的贯彻落实，督促省级水土保持规划的编制报批，积极推进重要水源地等专项规划和相关项目实施规划的编制，及时掌握各地、各部门年度水土保持工作情况，确保年度目标任务落实并做好向国务院报告的工作。加快推进在编技术标准的编制、审查和审批。

潘庆宾　执笔

蒲朝勇　审核

专栏二十八

黄土高原淤地坝安全运行

水利部黄河水利委员会

淤地坝工程在黄土高原地区生态建设和经济社会发展中具有重要地位和作用，其安全事关当地人民群众生命财产安全和经济社会发展。目前，黄土高原地区有淤地坝59037座，其中骨干坝5829座、中型坝11234座（见表1）。

表1　　黄土高原地区7省（自治区）淤地坝情况　　单位：座

坝型	青海省	甘肃省	宁夏回族自治区	内蒙古自治区	陕西省	山西省	河南省	小计
骨干坝	176	552	330	851	2587	1188	145	5829
中型坝	97	372	324	517	9045	590	289	11234
小型坝	404	653	463	875	21915	16434	1230	41974
合计	677	1577	1117	2243	33547	18212	1664	59037

水利部和水利部黄河水利委员会（以下简称“黄委”）高度重视黄土高原淤地坝工程安全工作。陈雷部长和刘宁副部长先后对病险淤地坝除险加固和安全度汛提出要求、召开专题办公会议，水利部水土保持司、国家防总办公室召开专门会议和印发文件，安排部署有关工作。黄委积极响应做好淤地坝度汛工作。

黄委水土保持局和黄河防总办公室认真组织、狠抓落实，先后印发了《关于做好直管淤地坝工程2016年安全度汛工作的通知》和《关于做好黄河上中游地区淤地坝工程度汛安全工作的通知》，对淤地坝安全运用工作提出了明确目标和具体要求。4—5月，黄委有关部门和单位组成8个检查组，分别由水利部水土保持司、黄委领导及有关部门和单位厅局级负责同志带队，对青海、甘肃、宁夏、内蒙古、陕西、山西、河南等7个省（自治区）和黄委三站直管的淤地坝工程安全运用工作进行了专项检查。检查组现场抽查了25个县（区、旗）的80多座淤地坝，重点检查了淤地坝防汛责任制落实、防汛预案制定、病险淤地坝除险加固、淤地坝运行管护等情况，与7省（自治区）、有关市水利水土保持部门以及被抽查的县（区、旗）政府和水利水土保持、防汛管理部门负责人进行了座谈。针对检查中发现的问题，各检查组提出了改进意见和要求。刘宁副部长重点对延安市宝塔区的骨干坝进行了现场检查。

7—8月主汛期，黄河防总办公室根据雨情预报，多次派出督导组，指导有关省（自治区）淤地坝防汛工作，保障了2016年黄土高原地区淤地坝工程的总体安全。特别是在8月中旬内蒙古自治区鄂尔多斯市局部地区发生24h降雨量达404mm的特大暴雨过程中，黄委督导组人员坚守现场，协助当地政府及时采取有效措施，准确处置汛情险情，使淤地坝工程未发生人员伤亡事故和重大财产损失。9—12月，黄委抽调130多名技术人员，组成29个工作组，配备无人机29架、照相机29架、车辆29台、GPS 29个、测距仪29部，按照“一坝一单，建立台账”的要求，逐坝深入现场，外业工作两个多月，行程16.6万km，完成了1084座中型以上病险淤地坝现场核实工作。10—11月，组织7个督查组，对2016年黄土高原病险淤地坝除险加固工程进行了专项督查，督查组抽查了7省（自治区）22个项目县，重点督查了前期工作、建设管理、工程建设进度、资金管理、度汛安全等，促进了2016年221座病险淤地坝除险加固工程的顺利实施。

秦鸿儒　执笔

苏茂林　审核

链接

山东：泰安市引导社会资本投入水保建设实现生态经济共赢

山东省泰安市地处鲁中泰沂山区，是山东省水土流失重点防治区之一。治理任务繁重，资金不足是制约水土保持生态建设的关键环节。为了解决这一难题，近年来泰安市通过广泛发动群众，充分调动农业大户，激励企业参与等多种举措吸引社会资本投入水保建设。

集体主导，广泛发动群众。泰安市建立了水土保持生态建设中成功的新模式：以村为单元组建股份合作社，将农户分散的土地通过流转集中连片，形成一定规模；然后按照统一规划、统一治理、统一种植管理、统一产品销售、收益按比例分红，“四统一分”的思路，调动群众积极性。以彩石小流域为例，流域内的村两委立足山区丘陵实际，明确了生态立村、经济林果产业脱贫、生态旅游致富的发展路子，采取“参股+分红+劳务收入”土地流转模式，村集体先行注册成立了宁阳县金彩林果种植专业合作社，以“农民入股土地每亩年纯收益不低于1000元、多余收益按参股土地质量分红”的承诺，引导村民自愿以土地入股，把土地逐步向合作社流转集中，为小流域水土保持统一规划、综合治理奠定了基础。目前，全村75%的土地得到流转，合作社拥有土地2400亩。彩石小流域成为了名副其实的生态清洁型小流域。

规划引导，充分调动大户。泰安市采取“多投资、多补助”政策，积极整合涉农资金，坚持重点突破，典型带动，向水土保持生态建设大户倾斜。泰安市确定石莱镇北官庄小流域为水土保持生态建设重点片区后，当地政府引进泰茶农业发展有限公司对其实施投资治理。市水利部门整合财政资金130万元，对其中的沟道拦蓄和坡面整地等工程进行补助。泰茶公司以此为契机，加大资金投入，两年内投入5000余万元，开发建设有机茶叶种植基地10000亩、南植北引珍稀苗木实验性种植繁育基地2000亩、有机茶叶猪养殖基地1处，并建设了茶博园、禅茶文化广场、休闲娱乐等生态旅游配套设施。项目建设有效地促进了当地经济发展，安置剩余劳动力1000余人，人均增收1万余元。

政府指导，激励企业参与。泰安市下辖的肥城市翦云山水土流失比较严重，但拥有丰富的历史古迹和自然景观。肥城市与社会资本合资成立了泰安翦云山旅游开发有限公司，投资2.59亿元建设了翦云山旅游度假风景区。项目建设初期，该公司以水土流失治理为重点，通过发展特色林果和观赏树种，形成了独特的山林景观；同时通过挖掘修缮文化古迹，恢复齐长城遗址、黄巢寨、擂鼓台、将军墓、跑马岭、风动石等景观40多处。目前，项目区内植被覆盖率达95%以上，已成为集采摘、休闲、观光为一体的生态旅游景区。

实践证明，引导社会资本主动参与，对提高水土流失治理成效，加快山区群众的脱贫致富，都将起到促进作用。

赵　新　王　忠　邢攸三　执笔

席　晶　审核

链接

陕西：白河县穷山沟变身美丽小流域

陕西省白河县以河为名，1450km^2 的辖区面积上布满了大大小小 700 余条河流沟溪，沟道面积占全县面积 70% 以上，这是白河人最主要的生存和发展空间。集中进行沟道治理是改变当地农村面貌和改善生态环境的关键，多年来，白河县坚持水土保持建设，走出一条生态致富的成功之路。

针对地形特点，白河县以沟道治理为重点的小流域综合整治，把河堤、田间道路、排洪沟建设作为重点，配套实施水土保持、节水灌溉、小型水利工程，连片修建水浇地，集中培育风景林，合理利用和科学整合沟道资源，实行全方位的综合治理。近年来，白河县连续治理沟道 40 条，治理沟道水土流失面积 1000 余 km^2，以沟道治理促进坡改梯连片治理，取得了良好效果，不仅促推了全县农业规模化经营，而且对防治水土流失、做到泥沙不出沟起到了最后一道屏障作用，成为中后高山水保综合治理的成功典范。

积极鼓励社会民营资本参与水土流失治理工程，解决治理资金不足的矛盾，实现小县能办大水利的目标，这是白河县水利改革创新的成果。天宝村位于白河县后高山，没有像样的土地，没有稳定的水源，天干缺水，下雨成灾，2010 年被列入水保生态建设项目区。在当地政府和水利部门的鼓励支持下，白河县兴达建设工程有限公司参与仓上镇天宝村生态示范园建设，三年累计投资过亿元，流转土地 6000 亩，科学规划，综合治理，重点实施坡改梯、蓄水池、排灌沟渠、荒山造水保林等项目建设，让天宝村变成了生态环境优美的画卷。

白河县还积极促进社会参与，为小流域治理锦上添花。围绕生态小流域治理转型发展起来的15个林业专业合作社、5个治理大户以及数十个个体专业施工队，在水土流失治理战线上发挥着重要作用。

卡子镇陈庄村实施小流域治理，近200亩的二荒地变成了连片整齐的坡改梯，地坎间修建了蓄水池和引水渠道，田间公路及水利配套设施健全，村支书韩吉强牵头联户建成了茶园产业。“生活了大半辈子，穷了几十年，还是靠水保建设让这里彻底变了样，穷日子总算是熬到头了。”看着长势旺盛的茶苗，韩吉强说。

生态建设产生循环效益，水保项目结合农村产业结构调整，促进了当地蚕桑、木瓜、茶叶、核桃、板栗等绿色产业发展，群众有了稳定的经济收入，流域治理项目区共有3万多名群众从海拔800m的高山上搬迁到生态新村安置点，群众的生活质量发生了质的变化。

路相通，水相连，林成荫，地连片，生态流域美如画。白河县小流域综合治理实现了社会、经济和生态综合效益最大化，把生态流域打造成了永不生锈的金饭碗。

黄良明　执笔
席　晶　审核

全国水生态文明建设试点成效初显

水利部水资源司

2013 年以来，水利部全面启动了水生态文明建设工作，选择了两批 105 个基础条件较好、代表性和典型性较强的城市作为试点城市，探索不同经济发展水平、不同水资源禀赋条件和水生态系统特点的水生态文明建设模式。试点工作已取得初步成效，部分试点效果显著。

一、工作开展情况

目前，试点城市全部按照批复的实施方案积极推动各项任务。第一批试点城市中，42 个已完成 70% 的建设任务，其中 33 个已完成 80% 的建设任务，北京市密云区、上海市青浦区、江苏省苏州市、浙江省宁波市、河南省许昌市、湖北省鄂州市、湖南省长沙市、重庆市永川区等 8 个试点城市基本完成建设任务。首个试点城市——山东省济南市已率先通过水利部与山东省人民政府共同组织的验收，河南省许昌市和湖南省长沙市已向水利部提交验收申请。第二批试点城市中，多数也完成了过半任务。天津市武清区、山东省临沂市等 38 个试点城市成为国家生态文明先行示范区，山东省济南市、广西壮族自治区南宁市、吉林省白城市、辽宁省大连市、浙江省宁波市、山东省青岛市等 16 个城市成为国家海绵城市试点。

二、主要经验做法

试点工作开展以来，各省级水行政主管部门及试点城市凝心聚力、周密部署、精心组织、扎实推进，已经探索出很多好的经验做法。

一是政府主导，部门协作。试点城市大多建立了由政府主导、水利部门牵头、各有关部门参加的水生态文明建设领导机制，发挥各部门、各行业治水的积极性和协调性，形成“统一规划、全面布局、综合考虑、分工实施”的水生态文明建设格局，并建立了试点期目标考核指标体系，强化监督考核和责任追究。

二是系统治理，统筹推动。遵循山水林田湖是一个生命共同体的系统思维，打破部门局限，把治水与治山、治林、治田有机结合起来，从涵养水源、修复生态入手，统筹上下游、左右岸、水域陆域、地上地下、城市乡村、工程措施非工程措施，协调解决水资源、水环境、水生态、水灾害问题。

三是以人为本，问题导向。把解决城市发展和人民群众最关心的水问题作为工作的核心和重点，切实为广大民众的利益服务。同时这些城市的水利地位也得到明显提升，得到群众、社会广泛认可。

四是财政引导，两手发力。整合地方财政及水利、国土、城建、环保、交通、林业等各种渠道资金，集中优势资源推进试点示范项目建设的同时，积极运用市场机制，搭建各种投融资平台，不断拓宽投融资渠道，广泛吸引金融资本和社会民间力量投入水生态文明建设。

五是政策保障，软硬兼施。各试点城市不仅通过工程措施推动试点工作开展，而且更是在政策保障、制度建设、技术标准等非工程措施上下工夫，为推动水生态文明建设提供强有力保障。

三、取得的初步成效

一是最严格水资源管理制度得到有效落实。各试点城市积极推进最严格水资源管理制度的落实，明确将“三条红线”指标作为试点建设约束性指标，纳入政府绩效考核体系。试点城市水功能区水质总体达标率为81%，用水总量在保障经济社会稳步发展条件下较试点前平均下降7.4%，农田灌溉水有效利用系数平均值为0.577，万元工业增加值用水量平均值为37.2m^3。“四项指标”达标情况明显优于全国水平。

二是人民群众生活生产用水安全得到有效保障。各试点城市优先解决民生需求，采取“开源与节流并重、兴利与除害统筹、城乡保障与生态保护并行”举措，集中式饮用水水源地安全保障能力大幅提升，安全保障达标率较试点前提升23%；城市防洪除涝达标率分别较试点前提高42%和

35%，有力地保障了人民群众生命财产安全。

三是生态系统稳定性和人居环境得到明显改善。各试点城市通过水生态保护与修复、生态补水、控源截污的措施，严格水资源保护与水污染防治，特别是通过中央补助江河湖库水系连通项目的带动，有效增强了水系完整性，保障了河湖生态用水，促进了区域河湖水网格局构建、水资源和水环境承载力提高、生态系统抗干扰能力提升，改善了人民群众生活环境。

四是水资源监督管理能力得到较大提升。各试点城市按照最严格水资源管理制度的要求，不断规范管理，加强监管，监督监测范围不断扩大，取水计量能力不断提升，全面提升水资源监督管理能力和水平，逐步适应新形势新要求。其中，入河排污口平均监测率为90%，比试点前提升了25个百分点，试点范围内国家或省级人民政府批复的水功能区水质实现全覆盖监测。

五是城市水生态格局不断优化。各试点城市按照主体功能区划和城市发展定位，将水生态文明建设与海绵城市建设、城市水生态空间功能定位相结合，引导区域发展方式、经济结构、产业布局与水资源承载能力相均衡，恢复河流、湖泊、洼地、湿地等自然水系连通，构建系统完整、空间均衡的现代城市水生态格局。如黑龙江省哈尔滨市遵循“以松花江为纲、以水定城、以水兴城”的理念，构建“一江两岸，一主两翼，南北双廊，多点共生”的水生态文明城市建设格局。

六是水生态文明建设长效机制初步构建。各试点城市在投融资机制、水利管理体制、政府领导下的多部门协作机制等方面做了大量探索，出台水生态文明城市建设相关政策250余项，有关制度近300项、相关技术标准约70项。不断加强水生态文明建设宣传和培训，累计开展各类培训活动近800次，发布各类新闻信息、出版相关刊物书籍44000多条（本）。社会水生态文明意识得到明显提升，初步构建了水生态文明建设长效机制。

七是不同区域水生态文明建设模式得到初步探索。华北地区针对水资源开发利用过度、水生态破坏严重的状况，重点实施节水、产业结构调整、地下水超采治理等措施；西北干旱半干旱区，针对资源型缺水和水土流失严重等问题，把严控用水总量、全面建设节水型社会、强化水土流失综合治理作为优先任务；长江中下游、珠三角等经济发达地区，针对水污染严重、局部生态退化等问题，运用控源截污、调水引流、水系连通等综合措施，提高水资源、水环境承载能力；东北、西南地区及江河源头等生态相对良好地区，突出水资源保护与水源涵养，积极探索水生态补偿机制，确保生态安全。

四、下一步工作重点

一是继续做好试点城市进展跟踪，指导完成试点建设任务，探索水生态文明建设体制机制以及投融资机制。

二是指导督促各试点城市按期保质地完成试点各项建设任务，组织做好技术评估和行政验收工作，加强经验总结和宣传引导，充分发挥试点带头示范作用。

三是深入结合全面推行河长制工作要求，深化水生态文明建设，真正让水生态文明建设成为地方、部门的自觉行动。

四是研究“水美城市（乡村）”评价标准和相关程序要求，结合水生态文明城市建设试点工作，适时开展“水美城市（乡村）”创建工作，推动全国水利行业生态文明建设水平的提高。

詹卫华　张鸿星　陈吉虎　执笔

石秋池　审核

专栏二十九

《水生态文明城市建设评价导则》介绍

水利部水资源司

2016年4月11日，水利部批准《水生态文明城市建设评价导则》（SL/Z 738—2016）（以下简称《导则》）为水利标准化指导性技术文件。目前，《导则》已由中国水利水电出版社出版发行。《导则》的出台，为在全国范围内创建水生态文明城市提供了重要的专业指导，为评价水生态文明城市建设成效提供了技术标准，为今后城市水利工作，特别是城市水生态系统的保护和修复工作，提出了基本要求。

一、《导则》出台的背景和意义

生态文明建设不仅是党的十八大提出的要求，也是全国人民的期盼。习近平总书记在推动长江经济带发展座谈会上再次明确要求，要走生态之路、绿色发展之路，使绿水青山产生巨大生态效益、经济效益、社会效益。生态文明建设不仅要求我们留下一个良好的生态环境，而且更要求我们用文明的理念指导实践，用尊重自然规律、尊重经济和社会规律的方式来做好工作。

城市是我国经济社会发展最为活跃的地方，也是自然生态环境变化最大的地方。城市水系变化大、地面硬化面积大、受到人为破坏和污染的程度深，已经严重影响了城市的总体布局和发展，急需从流域、水系层面，从尊重自然规律的角度，统筹考虑城里城外、上游下游、自然泄水和城市排污及其治理，统筹考虑水域分区与城市功能分区、提出保护和改善城市水环境的根本性措施。因此，《导则》的编制，旨在引导建设生态城市、文明城市，造福一方百姓。

二、《导则》编制的基本原则

《导则》编制的基本原则就是要用清晰明了的指标，全面反映一个城市水生态文明建设的效果。着重从水安全、水生态、水环境、水文化、用水行为和监督管理等方面，选择能够反映全国和各地特色实际情况的指标作为评价指标，各项指标力求做到定义准确、计算方法简单、代表性强，可以基本全面、准确地反映一个城市的水生态文明建设情况。

三、《导则》的主要内容

《导则》的核心目的是评价城市水生态文明建设的效果，对评价指标、评价要求、评价方法和总体评分（包括计分细则）进行了明确规定。

在全国通用指标中，水安全评价主要评估区域防洪排涝与饮水安全保障程度，包括防洪排涝达标率、降雨滞蓄率、集中式饮用水水源地安全保障达标率、自来水普及率4项通用指标；水生态评价主要评估区域水生态系统健康程度，包括河流生态基流满足率、河流纵向连通性指数、河湖生态护岸比例、水域空间率、水生生物完整性指数、水土流失治理程度6项通用指标；水环境评价主要评估区域水环境质量和水污染防治水平，包括水功能区水质达标率、水质优良度、废污水达标处理率3项通用指标；水节约评价主要评估工业、农业、生活用水和公共供水的水资源节约程度及效率水平，包括万元工业增加值用水量相对值、农田灌溉水有效利用系数、生活节水器具普及率、公共供水管网漏损率4项通用指标；水监管评价主要评估水资源监控管理能力建设及重要管理制度的落实情况，包括用水总量控制达标情况、水资源监控管理能力指数、水生态文明建设重视度3项通用指标；水文化评价主要评估水文化传承及水生态文明意识普及情况，包括水文化传承载体数量、水生态文明建设公众认知度、水生态环境质量公众满意度3项通用指标。

在区域特色指标中，东北地区主要评估农田面源污染控制与天然湿地保护情况，包括化肥和农药施用强度、重要湿地保留率2项特色指标；黄淮海地区主要评估地下水超采区治理与污水处理再生利用情况，包括地下水超采面积比例、污水处理再生利用率2项特色指标；长江中下游地区主要评估湖泊生态环境与入河污染控制情况，包括湖库富营养化指数、水功能区限制纳污控制率2项特色指标；东南沿海地区主要评估入河污染控制与城镇低影响开发情况，包括水功能区限制纳污控制率、建成区透水面积率2项特色指标；西南地区主要评估供水工程能力与湖泊生态环境情况，包括人均占有供水能力、湖库富营养化指数2项特色指标；西北地区主要评估地下水超采区治理与节水灌溉情况，包括地下水超采面积比例、高效节水灌溉面积比例2项特色指标。

刘韶杰　练湘津　司毅兵　执笔

石秋池　审核

专栏三十

水利风景区建设成效显著

水利部综合事业局

2016年，全国新增水利风景区300多个，其中59个水利风景区被批准为国家水利风景区，近200个达到省级水平，建设成效显著。

一是水利风景区建设量增质升，成为美丽中国建设的重要推手。一大批生态环境优美、山水林路相融、文化历史传承的水利风景区，已成为美丽中国的缩影，是国家自然保护体系中不可或缺的重要内容。

二是水利风景区水生态环境保护成效明显，成为践行生态文明理念的生力军。各水利风景区建设围绕“涵养水源，修复生态”核心宗旨，突出水生态保护，严格水污染防治，水土流失治理率不断提高，水源涵养能力日益提升，水质不断优化，水生态修复成效显著。据近年跟踪调查，近98%的景区水质和生态环境均得到不同程度的改善，景区Ⅲ类水质以上河长比例普遍提高10%以上。

三是水利风景区普惠百姓，成为城乡居民享受水利发展红利的重要场所。水利风景区建设管理工作始终坚持服务民生，把群众满意作为重要标准，积极打造“生态河湖、文化河湖、美丽河湖”，成为城乡居民享受水利发展红利的重要场所。一些水利风景区每天早晨的“健走军团”、夜晚的“广场舞”，已成为当地亮丽的风景。

四是水利风景区促进产业融合，为脱贫攻坚提供有效途径。部分地区巧妙利用自然生态和文化资源优势，将建设水利风景区、发展旅游作为精准扶贫的措施手段，带动了地方山水生态旅游业、特色养殖业发展。

五是夯实发展基础，强化规划引领。水利部启动了全国水利风景区10年发展规划编制工作，推动各地以县为单元，提出规划方案，纳入当地经济社会发展规划，汇总形成各市、各省及全国水利风景区建设发展规划，为今后水利风景区有序发展奠定坚实基础。

六是工作机制不断完善，发展能力逐步提升。各级水行政主管部门已明确将水利风景区工作纳入工作日程，做到了有领导抓、有部门管、有具体人办，水利风景区管理组织体系基本建立，形成了上下联动、协调发展的长效工作机制。在完善基础设施的同时，积极开展业务培训，全年培训千余人次，发展能力逐步提升。

董　青　汪升华　执笔

刘云杰　审核

链接

浙江："五水共治"践行系统治理答卷

浙江省因水而美，却也受水之困。洪涝台旱灾害频繁发生，强台风"菲特"让余姚市大水浸城；江河污染严重，多地百姓邀请政府官员"下河游泳"；水资源供需缺口大、结构矛盾突出、利用率低……"治水就是治省，治省必先治水。"2013年年底，浙江省委、省政府做出部署，明确以"治污水、防洪水、排涝水、保供水、抓节水""五水共治"为突破口倒逼转型升级，走出一条"绿水青山就是金山银山"的发展新路。

浙江"五水共治"，要点是"治"，特点是"共"，充分体现了"系统治理"的治水思想。全省水利工作铁腕攻坚，以"十百千万"治水大行动为载体，"千人万项"蹲点指导服务行动为抓手，通过强库、固堤、扩排，完善主要江河流域防洪减灾工程体系——防洪水、排涝水；开源、引调、提升，构建多源供给、联网联调的水资源保障格局——保供水；清淤泥，不断改善水环境，推进全社会、全行业、全覆盖、全过程的节约用水——治污水、抓节水，全线突破，系统出击。

经过3年努力，浙江全省共加固病险水库856座、主要江河堤防606km、海塘436km；基本建成治太五大工程太嘉河、环湖河道整治；建成运行杭州三堡排涝泵站、萧山钱江枢纽、闲林水库；舟山大陆引水二期、长兴合溪水库、浙东引水曹娥江至慈溪引水等工程建成投入运行，新昌钦寸水库主体工程已完成；农村饮水安全提升工程加快推进；全力推进河湖库塘清淤工作，积极落实淤泥处置

“无害化、减量化、资源化”，完成河道综合整治5210km，实施河岸绿化美化1317km，河道保洁实现了全覆盖，主要江河源头县全面禁采河砂。

浙江省水利系统与有关各方密切协作，3 年时间交上过硬答卷：80% 以上的市、县城市核心区防洪能力50 年一遇以上，主要江河堤防规划达标率70%；以水库型水源地为主的供水人口占70%，农村自来水覆盖率由63% 提高到99%；重点水功能区水质达标率74.1%，超国家考核要求12.1%；“十二五”期间，用水总量从197.91 亿m^3 下降到186.05 亿m^3，农田灌溉水利用系数从0.560 提高到0.582；涌现出仙居永安溪、柯城庙源溪和石梁溪、开化马金溪等为代表的一大批“美丽河道”。

李先明　王浩宇　滕红真　郑盈盈　徐鹤群　执笔

席　晶　审核

链接

河南：许昌市兴水圆梦建设水生态文明城市

河南省许昌市，古称“许地”，是一座因三国曹魏文化而闻名的中原古城。历史上的许昌，依水而建，因水而兴，但随着社会进步与城市发展，近半个世纪以来，许昌市却饱受缺水之困。治水兴水，解水之困，成为许昌人民的历史诉求，历届市委、市政府和几代许昌人都在为兴水圆梦而不懈努力。

2013 年，许昌的兴水之梦迎来了转机。2013 年 7 月，水利部正式批准许昌市为全国首批水生态文明城市建设试点市。水利部部长陈雷指出，要积极探索，力争为中西部缺水地区的水生态文明建设，树立标杆和典型。

近年来，按照新时期水利工作方针，许昌市把兴水之梦放到全国的治水大局之中考量，把治水之策放到全省的水系发展之中布局。以水生态文明城市建设为契机，许昌市新时期治水兴水的时代画卷，就此拉开大幕。借助这一难得机遇，许昌市高起点站位，科学谋划和实施了水生态文明建设试点市、水系连通工程和 50 万亩高标准粮田高效节水灌溉三个重大水利项目。水生态文明城市建设不仅要解缺水之困，更要节水护水，打造美丽水生态，实现更高水平、更高层次的发展。

缺水城市，水生态工程如何布局？许昌市树立协调理念，推进系统治水，打造“盆景”式的精品工程。将城区所有河湖水系全部连通，把水蓄起来，让水“活”起来。同时，坚持水利与城建、旅游、文化一体推动，“水安全、水资源、水环境”统筹发展，同步推进城市建设、水系建设、生态建设。按照“空间均衡、系统治理”的思路，借助南水北调、引黄调蓄工程，科学调配北汝河水源，集蓄自然降水，处理污水，回用再生水，形成长江水、黄河水、淮河水、天上水汇聚许昌，多种水源互济的良好局面，解决水资源的后续保障问题。

水生态建设需要巨大的资金投入，钱从哪里来？在资金筹措上，许昌市创新理念，坚持“政府主导、企业主体、市场运作、社会参与”，在争取上级资金支持的同时，与河南水投集团共同出资组建了“许昌市水生态投资开发有限公司”，撬动银行投资50亿元。在全省率先成立市水务局，统筹管理涉水事务，保障了项目建设的顺利推进。

在水生态文明城市建设中，许昌市始终坚持生态理念，实现人水和谐。河道全部建设成生态护坡，护岸、步道由建筑垃圾再生制成的透水砖铺就，堤岸不再硬化；河流可以自由呼吸，河水可以自我净化。治水先治污，点、面一起治，许昌市投入10多亿元用于污水处理。中心城区建设人工湿地7处，污水处理厂处理后的所有排水，必须经过湿地深度净化后才可以进入河道。

在工程措施不断实施的同时，非工程措施及制度建设也在同步推进。许昌市出台了实行最严格水资源管理制度的实施意见和考核办法，确立了水资源开发利用控制、用水效率控制、水功能区限制纳污“三条红线”。配套制度得到进一步完善，《许昌市节约用水管理办法》等一系列规范性文件先后出台，为水生态文明城市建设提供了制度保障。

通过水生态文明城市建设，许昌市优化了城市水系格局，提升了防洪排涝能力，推进了用水方式转变，为城市打造了如诗如画的滨水景观，为发展集聚了雄厚的生态优势，为百姓发放了丰厚的民生红利，使许昌市人民真正告别了“缺水之痛”，实现了“兴水之梦”。

许昌市兴水圆梦的生动实践证明，缺水地区只要找准定位，科学谋划，合理布局，精心实施，一样能够做好水文章，一定能够实现缺水地区的生态梦。

董自刚　李　坤　陈　静　张　凯　杨沙平　董一鸣　执笔

席　晶　审核

江河湖库水系连通工作稳步推进

水利部水资源司

为落实《关于加快水利改革发展的决定》和国家“十三五”规划有关要求，水利部把江河湖库水系连通作为水生态文明建设的重要内容，印发了《水利部关于推进江河湖库水系连通工作的指导意见》，编制了《河湖水系连通工程技术指南》，引导各地科学实施江河湖库水系连通，积极构建布局合理、生态良好，引排得当、循环通畅，蓄泄兼筹、丰枯调剂，多源互补、调控自如的现代化水网格局，全面推进城乡水生态文明建设。

2015—2016 年，全国实施了 84 个江河湖库水系连通项目，总投资 208.10 亿元，其中中央补助资金 35.27 亿元，涉及 25 个省（自治区、直辖市）、1 个计划单列市。目前，已完工 24 个项目，累计已完成投资 112.80 亿元，投资完成率达 54.2%，其中中央投资已完成 31.78 亿元，占中央下达投资的 90.1%。在建的 60 个项目中，预计 2017 年年底完工 49 个、2018 年年底前完工 8 个。

通过中央补助项目的引领，各地开展江河湖库水系连通工作的热情高涨，成效显著。

一是增强了水系完整性，促进了构建良性循环的区域河湖水网格局。各地在项目实施中，因地制宜，结合区域水系格局，加强了多水源的互通互济和联合调度，积极构建区域水网。2015—2016 年实施的 84 个项目，通过实施清淤疏浚、打通隔断、新建必要的人工通道，新建或改善 264 条（个）河流（湖泊或水库）的连通性，将原割裂或阻隔的河湖水系打通，部分地区构建了流域区域河湖水循环体系，促进了水体的流动性。

二是保障了河湖生态用水，改善了水体水质，提高了水资源和水环境的承载力。河湖水系连通保障了生态环境用水，修复了河湖和区域的生态环境，生态环境效益显著。2015 年连通项目的实施，新增或保护水面（湿地）面积130km^2、生态护岸长度约110km；2016年连通项目的实施，预期可新增或保护水面（湿地）面积240km^2、生态护岸长度约460km；项目实施改善了河湖水质，如江苏省淮安市萧湖、勺湖、月湖水系连通及水生态整治工程的水质从Ⅳ～Ⅴ类提升至Ⅲ～Ⅳ类。

三是增强了供水保障能力，改善了区域洪涝水出路。连通项目多具有生态、供水、防洪等综合效益，在改善河湖连通性的同时，通过连通的多水源联合调度，互调互济，提高了区域供水保障水平。2015年连通项目实施后，新增供水量约1.7亿m^3；2016年连通项目实施后，预期可新增供水量约5.9亿m^3。同时，通过清淤疏浚、生态护岸，也加大了洪水调蓄能力，增加了行洪出路。如江苏省苏州市走马塘项目建成后，防洪除涝受益面积为18.8km^2，供水受益人口19.3万人。

四是改善了人居环境，促进了中华水文化传承。在项目建设中，秉承顺应自然、保护自然的生态文明理念，通过河道蜿蜒性修复技术、河流生态堤防护岸技术等多种手段，保护了自然生态系统。连通项目建设与当地水文化、自然风景区、周边环境治理等其他项目的结合实施，极大改善了区域居住及人文环境，满足老百姓对美好水环境需求的同时，有力推动了区域经济社会的协调发展。如山东省济南市玉符河综合治理工程实施后，充分发挥南部山区“补”的作用，为城市生活、玉符河回灌补源、城市生态用水等提供有效保障，改善了城市水生态环境，保障了泉群持续喷涌。

五是引导带动了社会资本和地方资金投入连通工程建设。在项目实施中，通过中央资金引导示范作用，积极吸引社会资本和地方财政投入水利建设。2015年中央补助资金5.27亿元，引导带动了29.77亿元水利投资；2016年中央补助资金30亿元，引导带动了82.66亿元水利投资。连通项目建设多采取生态、供水、环境、防洪等多领域综合整治，提升改善了区域总体面貌，推动了区域经济社会发展。

李云成　连泽俭　汪升华　执笔
石秋池　审核

农村水电绿色发展亮点纷呈

水利部农村水电及电气化发展局

2016 年是开启“十三五”农村水电改革发展的关键性一年，农村水电行业坚持开发与保护统筹、建设与管理并重，大力转变工作思路，全年新增农村水电装机容量 200 万 kW，总装机容量达到 7700 万 kW。全年发电量超过 2500 亿 kW·h，相当于节约了 7500 万 t 标准煤，减排二氧化碳 2 亿 t，圆满完成各项年度目标任务。

一、以政策和资金扶持为重点，保障农村水电持续发展

2016 年中央一号文件提出“发展绿色小水电”。在水利部党组高度重视、陈雷部长等部领导的推动下，新启动了“十三五”农村水电增效扩容改造工程和农村小水电扶贫工程建设，出台了《关于推进绿色小水电发展的指导意见》，开辟了农村水电中央投资新渠道，推动了农村水电转型升级，稳定了农村水电发展大局和政策环境。

二、以绿色发展为主线，明确绿色小水电建设重点

水利部印发实施了《关于推进绿色小水电发展的指导意见》，阐明了绿色小水电建设的总体要求和保障措施，进一步明确推进农村水电绿色发展的工作思路，提出两个目标：到 2020 年，建立绿色小水电标准体系和管理制度，初步形成绿色小水电发展的激励政策，创建一批绿色小水电示范电站；到 2030 年，全行业形成绿色发展格局。扎实推进中小河流水能资源开发规划修编工作。2016 年，全国 25 个省（自治区、直辖市）的 3200 多条河流规划报告已编制完成，共落实规划工作经费 1.2 亿元，绿色发展理念在规划修编中得到很好体现。

三、以实现精准帮扶为目标，推进农村小水电扶贫试点工程建设

2016年，国家发展改革委、水利部联合印发试点实施方案，启动重庆、湖南等6个省（直辖市）试点建设。探索农村水电扶贫国有资产管理、国有投资收益保障、精准帮扶有效落实的制度安排，做到项目安排精准、扶持对象精准、扶贫资金使用精准、措施到户精准，不断完善贫困户获得长期收益的体制机制。目前试点项目建设进展顺利，成效显著，形成了可复制、可操作的建设管理模式，并将从2017年开始全面实施。

四、以河流生态修复为内容，全面开展新一轮增效扩容改造

2016年，财政部、水利部联合印发《关于继续实施农村水电增效扩容改造的通知》，水利部出台《关于农村水电增效扩容改造河流生态修复指导意见》。在财政资金支持标准不变前提下，新一轮增效扩容改造要求以河流为单元，在增效扩容的同时，对河流进行生态修复，开展电站梯级联合调度和水量生态调度。该项工作涉及21个省（自治区、直辖市）和新疆生产建设兵团的河流1249条，总投资120亿元，拟修复减脱水河道2000多km，改造后装机容量和年发电量分别比改造前增加25.3%和42.1%。同时，根据各地需求，及时新增补一批项目，扩大了实施范围和规模。截至目前，已拨付中央财政奖励资金20.4亿元，工程进展顺利，部分项目已提前发挥效益。

五、以加强事中事后监管为手段，提升农村水电安全监管水平

一是部署农村水电安全生产检查。印发了《水利部办公厅关于开展农村水电安全生产大检查的通知》，组织各地对农村水电安全生产“双主体”履职情况、已建和在建农村水电站及其配套电网安全生产情况开展大检查，农村水电安全形势总体稳定。二是做好农村水电安全度汛工作。下发了《水利部办公厅关于做好农村水电站安全度汛工作的通知》，配合国家防汛抗旱总指挥部办公室工作，印发《关于进一步做好水库水电站安全度

汛工作的紧急通知》，对重点省份进行防汛督导检查，确保了 2016 年农村水电站安全度汛。

六、以调整发展方式为方向，各地积极探索农村水电转型升级

浙江省采取增效扩容改造、转变运行方式、增设生态机组等措施，在安吉县等 3 个县实施农村水电生态示范区试点建设。福建省选择长汀和永春两县先行试点，通过“限、改、转、退”等各种措施，开展农村水电生态修复，消除安全隐患，缓解用水矛盾，恢复河流生态。陕西省出台绿色水电建设指导意见，以规划引领农村水能资源科学合理开发。江西省积极探索绿色小水电机制建设，开展小水电站最小下泄流量监测试点和梯级水电站联合调度试点。各地实践探索的做法和经验，对全国农村水电转型发展具有积极的借鉴意义。

七、以落实行业廉政风险防控为核心，夯实农村水电行业基础

一是全面落实廉政风险防控措施。编制印发《水利行业廉政风险防控手册（农村水电分册）》，排查出 113 个关键环节中的 290 个廉政风险点，制定 314 项防控措施，确保工程建设“四个安全”。二是行业标准体系不断完善。全年新增制修订标准 10 项，新发布标准 5 项。目前现行有效标准 52 项，其中国家标准 16 项、行业标准 36 项。三是加强正面宣传引导。通过网站、杂志、宣传片、画册等多种平台和载体，宣传农村水电作用和成效；采取典型采访、新闻发布、专家答疑解惑等多种方式，及时回应社会关切，为农村水电发展营造良好外部环境。四是通过国际交流，不断强化小水电国际影响力。水利部与联合国工业发展组织合作申请的“中国小水电增效扩容改造增值项目”获全球环境基金正式批准实施。

邢援越　夏海霞　曲　鹏　执笔

邢援越　审核

专栏三十一

中小河流水能资源开发规划工作成效显著

水利部农村水电及电气化发展局

2012 年，水利部印发《开展中小河流水能资源开发规划工作的意见》，要求对2025 年以前有开发需求但尚未编制水能资源开发规划，以及原有规划不能满足经济社会可持续发展新要求的中小河流，开展规划编制或修订。4 年多来，3200 多条河流规划报告编制工作已经完成，其中2300 多条河流规划通过审查或审批。

规划贯彻绿色发展理念，摸清了2025 年以前有开发需求并具备开发条件的中小河流水能资源情况，提出近期实施的新建小水电站2374 座，总装机容量758 万 kW，基本涵盖了列入农村水电发展“十三五”规划的所有项目。

规划明确了综合利用要求和开发任务。结合当地经济社会发展、水资源条件、电力需求等，重视发挥小水电站的供水、灌溉、防洪、发电等综合效益，科学确定中小河流水能资源开发任务。如重庆市大溪河流域水能资源开发规划改变单一以发电为目的的开发方案，改2 库3 级为1 库2 级，规划调整后装机容量减少48%，但可以增加5.81 万亩耕地灌溉面积和满足11.77 万城乡人口的用水需求。

规划摒弃了吃干榨尽水能资源的开发理念，要求切实考虑生态环境保护要求，优化调整小水电站布局。如福建省在禁止开发区建立了已建水电站的清退机制。陕西省对《陕西省小水电开发利用规划》进行修订时，取消了位于依法划定的自然保护区、风景名胜区等禁止开发区内的180 多座小水电站。

规划对已建小水电站进行了调查评估，并提出规划意见。根据规划成果，3200 多条河流上的13500 座已建小水电站中，10596 座小水电站可以继续运行，2513 座小水电站需要改造修复或调整运行，391 座小水电站逐步退出。如福建省长汀县汀江上游、涂坊河 2 条试点河流的老旧小水电站，已经按照水能资源开发规划的成果直接退出。

规划是水利部首次大规模地组织各地集中人力、物力、财力对中小河流水能资源进行的规划修编，显著地改善了规划工作面貌。今后，规划工作内容将作为水能资源日常管理的重点任务，将继续加强规划的约束作用，将水能资源开发规划作为制定农村水电发展规划的基本依据、中央财政奖励资金项目安排的前提条件。同时，按照河流功能定位和水资源综合利用要求，适时开展河流水能资源开发规划的回顾性评价或后评价工作。

陈大勇　张学进　郝远远　执笔

邢援越　审核

河北地下水超采综合治理试点进展

水利部财务司　水利部水资源司

解决好地下水超采问题，对于保障华北地区水安全、支撑京津冀协同发展具有现实和深远的意义。为落实党中央、国务院决策部署，从2014年起，财政部会同水利部等有关部门指导河北省开展了地下水超采综合治理试点工作。目前，试点工作正稳步推进，整体进展顺利。

一、2015年试点年度考核结果

2016年，财政部、水利部、农业部、国土资源部对河北省2015年度试点工作进行了考核。按照评分标准，河北省2015年度试点工作考评等次为良好。

在压采目标方面，2014年、2015年累计形成农村地下水压采量15.12亿m^3，完成102%；2015年实现地下水压采量5.39亿m^3，其中农村地下水压采5.08亿m^3，城市地下水压采0.31亿m^3。在治理措施方面，种植结构调整面积累计达到104.07万亩，完成104%；退耕还林还湿面积累计达到24.27万亩，完成99.9%；农业节水措施累计达到1128.55万亩，完成99%；累计发展高效节水面积642.34万亩，完成101%。在体制机制创新方面，53个县落实《河北省水权确权登记办法》，向475万户农户发放了水权证。出台了《农业水价改革及奖补办法》，62个试点县编制完成了农业水价综合改革方案并实施了新的农业水价改革政策。发放小型水利设施产权证13.6万套。在地下水计量监控方面，累计布设地下水水位监测站1690处，建设农业地表水取水计量站点4536处，安装农业地下水取水计量设施11676套，建设非农取水计量监测点2843处。

考核工作同时指出了存在的主要问题。一是城市地下水压采工作仍然滞后。2015年城市地下水压采仅完成计划目标的10.3%。二是部分治理措施有待进一步完善。2015年实际引黄、引卫等外调水工程新增置换水量仅完成计划任务的 24.2%；种植结构调整的长效机制有待建立，试点县存在项目区减种但非项目区增种冬小麦的现象；部分压采措施节水量指标估计偏高等。三是地下水监控管理工作尚需加强。少部分地下水位监测和非农取用水计量站点运行异常，部分自动监控点的监控数据尚未完成校核工作等。四是体制机制改革任重道远。农业水价综合改革涉及的面积仅占 2015 年试点区耕地面积的 9.6%；依靠经济手段促进农民节水的有效机制有待形成等。

二、2016 年度试点工作进展

（一）对考核发现的问题及时进行整改

第一，加快城市地下水压采。河北省政府制定了《建立健全水价调整补偿实施意见》，配套出台了《关于用足用好南水北调引江水的实施意见》等 5 个专门文件，推进使用南水北调长江水解决城市压采问题。2016 年南水北调长江水使用量已累计达到 3.57 亿 m^3，是 2015 年使用量（0.31 亿 m^3）的 11.5 倍。

第二，完善治理措施。一是加大引调水工作力度，2016 年引调外来水 8.48 亿 m^3。二是着力健全种植结构调整长效机制。按照“一季休耕、一季雨养、旱作雨养”的思路，依据农民种植需求，合理确定种植区域，加快调整农业产业结构。同时，引导农民转变传统种植习惯，大力发展稳产、低耗水作物，力求做到减地节水不减产。三是合理修订压采措施节水量指标。通过正在开展的压采效果第三方评估工作，对各项压采措施节水量进行再评估。

第三，加强地下水监控。进行历史人工监测数据与自动监测数据的衔接工作，实现数据采集、传输、分析计算、平台运行维护一体化管理。已完成全省 1970 眼地下水位自动监测井中的 1580 眼井的现场技术评定工作。

第四，健全体制机制。试点区农业水权证累计发放 1033 万套，为农业水价改革奠定了基础。2014 年和 2015 年试点县的项目区全部落实了新的农业水价改革政策。

（二）明确试点工作 2016 年度目标任务

在 2015 年度试点工作基础上，财政部、水利部等部门指导河北省编制了《河北省地下水超采综合治理试点方案（2016 年度）》（以下简称《方案》)。《方案》于2016年7月由河北省人民政府正式印发实施，具体包括以下几部分内容。

试点范围：试点区由2015年度的5个设区市63个县（市、区）扩大到9个设区市和定州、辛集市，共115个县（市、区），涵盖全省全部7个主要地下水超采区。

治理目标：新增农村地下水压采能力7.08亿m^3，累计形成农村地下水压采能力22.20亿m^3。

重点措施：全面推行“确权定价、控管结合、内节外引、综合施策”的治理模式，明确水权，制定水价，大力实施水价综合改革；控制总量，强化管理，从严管控地下水开采使用；节约当地水，引调外来水，着力发展现代节水农业和增加替代水源，通过综合治理，压减地下水开采，修复地下水生态。一是推行确权定价，加强地下水管理。实施水权确权登记，制定用水价格，规范农业水费收缴使用管理。实施用水总量结构控制，开展水资源税改革试点，建设监测管理系统。强力关停地下水开采井，南水北调工程受水区城市自备井填埋570眼、封存1680眼；2014年度、2015年度项目区超采治理措施稳定达效后，试点县（市、区）农业灌溉机井填埋990眼、封存3200眼；2016年规划关停井2084眼，待2~3年超采治理措施稳定达效后实施关停。二是节约使用当地水。选择无地表水替代的部分区域，调整种植结构，适当压减依靠地下水灌溉的冬小麦面积；在地下水超采且无地表水替代的小麦种植区，实施非农作物替代农作物；发展喷灌、微灌、水肥一体化等节水灌溉；推广农艺节水，扩大渠灌区灌溉范围，用好当地地表水等。三是多渠道增加替代水源。加快南水北调配套工程建设，尽快实现工业、生活水源切换，减少城市地下水开采量；加快引黄入冀补淀等工程建设，扩大地表水灌溉范围，减少农业地下水开采量，将用足用好外调水作为解决地下水超采的重要措施。在微咸水分布区，推广地表水与微咸水混合灌溉方式，实施井渠混灌，防止土壤盐渍化。通过多渠道增加替代水源。

（三）2016年度试点主要进展情况

截至2017年1月16日，河北省落实《方案》总体进展顺利。

农村压采方面，农业项目计划实施 987.36 万亩，完成 953.59 万亩，完成率 96.6%。其中，种植结构调整计划实施 214.76 万亩，完成 213.89 万亩，完成率 99.6%。水利工程项目共 118 个，均已开工建设，已完成投资 43.95 亿元，投资完成率 82%。其中，已发展节水灌溉面积 267.2 万亩，完成率 86.9%；实施地表水置换地下水面积 137.8 万亩，完成率 91%；整治河渠 1685.94km、坑塘 139 个，完成率分别为 82% 和 81%；安装农业灌溉计量设施 8566 个，完成率 58%。已完成 100 个试点县的水权确权工作，完成率 90.1%，新发放水权证 558 万套。115 个试点县全部完成农业水价综合改革方案审查批复，62 个试点县发布改革公告，完成率 54%。115 个试点县全部完成产权制度改革实施方案编制，水利工程“两证一书”发放率 100%。

城市压采方面，2015 年 11 月至 2016 年 12 月，累计使用南水北调江水 4.37 亿 m^3。2014 年 12 月南水北调干线工程建成通水后，河北省建设水厂以上输水配套工程线路 2056km，已建成 4 条大型输水干渠和 129 条输水管线。目前，除 4 条输水管线（石家庄市高新区和东南管线、青县管线、霸州胜芳管线）未全线贯通外，其余工程已全部具备通水条件。河北省 2016 年应新建、改建配套水厂 112 座，目前已建成 111 座，有 43 座水厂已切换供水水源。截至 2016 年 12 月底，南水北调受水区城市自备井已关停 1010 眼，其余 1489 眼暂不具备关停条件，各市县水行政主管部门已与自备井产权（使用）单位签订了关停协议书，具备条件后立即关停。

下一步，财政部、水利部等有关部门将继续指导河北省做好试点工作，督促河北省切实贯彻落实党的十八届三中、四中、五中、六中全会精神及《生态文明体制改革总体方案》要求，坚持问题导向，转变发展方式，推进经济社会和生态环境协调发展，进一步提高综合治理工作成效，及时总结易复制、可推广的经验，为全面开展华北地区地下水超采区综合治理提供借鉴。

郑红星　陈艺伟　齐兵强　贾永志　执笔
叶建春　陈明忠　周明勤　审核

水利法治篇

全面贯彻落实《农田水利条例》切实推进农田水利法治化

田学斌

2016年5月17日李克强总理签署第669号国务院令，6月2日公布《农田水利条例》（以下简称《条例》），自2016年7月1日起施行。《条例》的颁布施行，必将为推动我国农田水利持续健康发展提供法治保障作用。

一、《条例》制定的背景和意义

农田水利具有很强的公益性、基础性和战略性。我国人多水少地缺、水旱灾害频繁、水土资源不匹配的基本国情，决定了农田水利在农业发展、粮食安全、经济社会发展和生态环境保护中具有极其重要的地位。党中央、国务院高度重视农田水利工作，坚持把农田水利建设作为农业农村基础设施建设的重点任务，组织开展了规模宏大的水利建设，到2015年年底，全国共建成各类水库9.8万余座、大中型灌区7700多处、小型农田水利工程2000多万处，农田有效灌溉面积达到9.88亿亩，其中高效节水灌溉面积2.69亿亩。在占耕地面积一半的灌溉农田上，生产了占全国总量约75%的粮食和90%以上的经济作物，农田水利对提高农业综合生产能力、促进现代农业发展、保障国家粮食安全做出了重要贡献。近年来，我国农村生产方式发生深刻变革，农村大量劳动力转移，土地流转加速推进，农村税费改革取消“两工”后动员机制弱化和农业比较效益持续下降，农田水利建设组织难、投入难、管理难等问题十分突出。

当前和今后一个时期，农田水利投入不断加大，建设任务十分繁重，但目前主要依靠行政手段推动工作，管理基础较为薄弱，建设投入、规划统筹、运行维护、用水管理等制度不够健全，立法缺位的问题在一定程度上制约了农田水利建设和管理长效机制的形成。因此，全面总结多年来农田水利工作实践经验和地方立法经验，研究制定《农田水利条例》，把中央关于大兴农田水利的方针政策和实践中行之有效的做法用法规的形式固定下来，建立健全农田水利基本制度和长效机制，为农田水利发展提供法治保障，是十分必要和紧迫的。

《条例》是国家关于农田水利的第一部行政法规，是一项开创性和填补空白的立法，是水法规体系中一部具有支架作用的重要法规。《条例》明确了农田水利工作的基本原则和政府责任，建立了农田水利规划制度，强化了农田水利工程建设管理，完善了农田水利工程运行维护机制，规范了农田灌溉与排水管理，规定了保障扶持措施和法律责任。《条例》充分体现新发展理念和新时期水利工作方针，立足于促发展和保民生，其颁布实施，在农田水利史上具有里程碑意义，对于切实推动农田水利事业全面步入法治轨道、从根本上扭转农田水利建设明显滞后的局面必将发挥重要的保障作用。

二、《条例》规定的主要制度和措施

《条例》共 8 章 45 条，包括总则、规划、工程建设、工程运行维护、灌溉排水管理、保障与扶持、法律责任和附则。

（一）明确了农田水利定性

纵观我国农田水利发展历程，农田水利的定性及其与国家经济体制和农村生产方式的适应程度，深刻影响着农田水利发展。《中华人民共和国水法》要求各级政府将农田水利建设作为其重要职责。“十二五”以来特别是党的十八大以来，中央进一步明确了水利的公益性、基础性、战略性，并把水安全上升为国家战略，这是全党全社会对水利认识的新的重大飞跃。《条例》把“政府主导”作为农田水利工作的根本和基石，规定：一是县级以上人民政府应当加强组织领导，采取措施保障农田发展。二是国务院水行政主管部门负责全国农田水利的管理和监督工作，有关部门按照职责分工做好农田水利相关工作。《条例》还规定要进一步强化县级以上人民政府在农田水利工作中的组织协调、规划编制、政策扶持、资金保障、建设监管、运行维护等主导作用，进一步明确了各级水行政主管部门对农田水利的监管责任以及政府有关部门按照职责分工应当承担的责任，并强调乡镇政府应切实承担起农田水利工程建设与运行维护的主体责任，配合上级政府及其有关部门做好辖区内的农田水利工作，凸显了农田水利的公益性。

（二）确立规划的地位与作用

为避免农田水利建设各有关部门按条块体制多头管理、工程建设投入分散、重复建设、资金使用效率低等问题，《条例》把“科学规划”作为发展农田水利的一项基本原则，明确农田水利规划的法律地位，增强规划的约束力，并着重建立了规划统筹机制，规定：一是明确农田水利规划由各级水行政主管部门编制，征求同级有关部门意见后，报本级人民政府或者授权的部门批准。二是规划编制应当统筹考虑经济社会发展水平、水土资源供需平衡、农业生产与灌溉排水发展需求、环境保护等因素，要求以调查为依据，并广泛征求基层组织和农民的意见。三是强调经批准的规划是农田水利建设和管理的依据，县级以上人民政府水行政主管部门和其他有关部门按照职责分工负责实施。四是规定编制土地整治、农业综合开发等规划涉及农田水利的，应当与农田水利规划相衔接。

（三）规范了工程建设管理

为进一步规范农田水利建设管理行为，确保工程质量、安全与效益。《条例》规定：一是要求县级政府应当根据规划组织制定年度实施计划，统筹协调有关部门和单位安排的与农田水利有关的建设项目。二是乡镇政府应当协调受益主体和社会力量开展农田水利建设。三是工程建设应符合有关标准，标准由中央和省级相关部门依法制定。四是建设单位对工程质量安全负责，应健全制度、对工程建设进行公示，各级政府相关部门应加强建设监督管理。五是不同投资主体工程由各投资主体组织或共同组织验收，不同规模工程按相应办法验收，工程验收后由水行政主管部门组织造册存档，并建设农田水利信息系统。

（四）突出了工程运行管护

为扭转农田水利“重建轻管”特别是一些小型农田水利工程“有人用、无人管”的问题，《条例》把“建管并重”作为发展农田水利的一项重要原则，规定：一是明确各级政府及有关部门在农田水利管理中的责任，为强化农田水利管理提供了组织保障。二是区分不同情况规定了农田水利工程运行维护主体，建立健全运行维护制度，明确运行维护责任。三是建立运行维护经费合理负担机制，要求工程所有权人应多渠道筹措资金，落实管护经费。四是强化县级以上人民政府水行政主管部门和农田水利工程所有权人对农田水利工程运行维护工作的监督。五是规定危害农田水利工程设施的禁止行为，明确因开发建设占用农业灌溉水源、农田水利工程设施应当经过同意并予以补偿。六是建立健全基层水利服务体系，为农田水利管理提供技术指导与服务。

（五）强调了节水优先方针

为加强用水管理，促进节约用水，《条例》在总则中将节约用水作为有关单位和个人在农田水利工程建设、经营和运行维护中的一项重要义务。同时，作了以下具体规定：一是实行农田灌溉用水总量控制和定额管理制度，各地依照法定权限和程序制定并公布农作物灌溉定额。二是明确灌溉用水合理确定水价，实行有偿使用、计量收费，通过市场机制和水价政策促进农业节水。三是灌区用水要按用水计划与协议调配管理。四是规定加强对农田灌溉用水的水质监测，控制和合理利用农田排水，防止农业面源污染。五是要求省级水行政主管部门加强灌溉排水试验工作，灌溉试验站要做好灌溉排水研究及成果转化，鼓励推广应用高效节水灌溉技术并注重与农机、农艺、生物等措施结合，要求根据水资源条件规划建设商品粮、棉、油、菜等农业生产基地。

（六）加强了保障与扶持

坚持两手发力，切实发挥政府主导和财政的主渠道作用，按照中央要求和农田水利发展实际，不断拓宽投资渠道，特别是鼓励和引导社会力量参与农田水利建设与经营。《条例》规定：一是规定国家鼓励和引导农村集体经济组织、农民用水合作组织、农民和其他社会力量进行农田水利工程建设、经营和运行维护，依法保护农田水利工程投资者的合法权益。二是明确农田水利工程建设实行政府投入和社会力量投入相结合，将社会力量投入作为农田水利投入的重要渠道。三是强调县级人民政府应当及时公布农田水利工程建设相关信息，引导社会力量参与农田水利工程建设，支持其参与服务经营，保障合理经营收益；县级以上地方人民政府水行政主管部门应当为社会力量参与建设、经营农田水利工程提供指导和技术支持。四是从补助、信贷、用电、培训等方面对社会力量参与农田水利建设与经营给予扶持。同时，《条例》还强化了表彰与法律责任追究。

三、切实抓好《条例》的宣贯落实

《条例》的颁布实施，将开启农田水利工作新纪元。各级水行政主管部门要切实抓好《条例》的贯彻落实工作，促进农田水利再上新台阶。

（一）加强学习、深刻领会

通过多种形式的学习和培训，充分认识《条例》制定和实施的重要意义，准确把握条例的基本原则和主要制度，切实提高依法推进农田水利事业的能力和水平。

（二）面向社会、加强宣传

采取通俗易懂、灵活多样的方式，面向社会开展广泛深入的宣传，要让社会各界、相关行业都了解和遵守《条例》，为《条例》的有效实施营造良好的社会氛围。

（三）完善配套、细化实化

各级水行政主管部门要把《条例》的贯彻实施作为当前和今后一段时期水利工作的一件大事，制定切实可行的工作计划，按照《条例》的规定组织开展各项制度和措施的贯彻落实工作。抓紧研究制定《条例》的配套制度和政策措施，建立健全灌区管理、农田水利工程验收及造册存档和报废处置等制度，有条件的地方加快推进农田水利专门立法。

（四）加强监督、推进落实

采取多种方式，强化对《条例》贯彻实施情况的跟踪检查、监督落实，并以此为契机，健全完善权责明确、行为规范、监督有效、保障有力的水行政执行体系，为推进农田水利乃至整个水利法治化夯实基础。

（编者注：本文选自水利部田学斌副部长就《农田水利条例》颁布与施行问题答记者问）

《中华人民共和国水土保持法》修订实施五周年情况综述

水利部水土保持司

2011年3月1日，修订后的《中华人民共和国水土保持法》（以下简称《水土保持法》）正式施行。5年多来，各级水行政主管部门紧紧围绕国家生态文明建设大局，认真贯彻实施新《水土保持法》，履行法律赋予的职责，在法律宣传教育、配套法规建设和依法行政、依法决策、依法管理等方面做了大量工作，取得了明显成绩。

一、配套法规体系不断健全

《水土保持法》修订实施后，国务院批复了《全国水土保持规划（2015—2030年）》，为今后一个时期我国水土保持工作提供了重要依据和发展蓝图。国家发展改革委、财政部、水利部和中国人民银行联合印发了水土保持补偿费征收使用管理办法及征收标准，水利部出台了水土保持方案变更管理办法，进一步规范水土保持设施验收管理办法、加强水土保持方案审批信息公开、水土保持违法行为举报受理和处理办法、重点建设工程管理办法、廉政风险防控手册等重点配套制度。地方各级政府也结合实际，出台了一系列地方法规和配套制度，提出了一些具有地方特色、有实质性内容和操作性强的规定，对于保障新《水土保持法》的贯彻实施具有重要作用。截至目前，全国共有29个省（自治区、直辖市）修订出台了《水土保持法》实施办法或条例。江苏、福建等17个省（自治区）和3个计划单列市批复了规划；陕西、甘肃等23个省（自治区）出台了省级补偿费征收使用管理办法及收费标准；广西、北京等7个省（自治区、直辖市）将水土保持工作内容纳入市、县级地方政府目标考核。各地累计出台配套规定3000多件，一套自上而下、更加完备的水土保持法律法规体系基本形成。

二、学习宣传工作广泛开展

各级水行政主管部门把新《水土保持法》的宣传作为水利普法和水土保持国策宣传的重点，将每年3月确定为《水土保持法》宣传月，组织开展了大量内容丰富、主题鲜明、形式新颖、贴近实际的学习宣传活动。一是创新宣传形式。在发挥传统媒体优势的同时，积极挖掘新媒体新技术潜力，充分利用公益广告、动漫、微博、微信、志愿服务等多种手段，不断丰富和拓展宣传形式和载体。二是突出宣传内容。水利部组织编制了《水土保持法》宣传图解和中小学科普教材，各地也以宣传新《水土保持法》的重要制度为重点，全面宣传水土保持各项工作。《人民日报》、人民网、新华网、中央政府网等中央新闻媒体持续关注水土流失防治，在重要版面、重要位置发布了深度报道。三是扩大宣传对象。各地深入开展“四进”“五面向”等宣传活动，各级领导、机关干部、管理对象、社区公众、中小学生都已被纳入宣传覆盖范围。5年多来，全国共举办各类新《水土保持法》培训班、讲座1000余期，印发《水土保持法》图解40万套，在各类媒体上刊发新《水土保持法》宣传报道2万余条，水土保持志愿者队伍超过5万人，全民的水土保持意识和法治观念显著提高。

三、水土保持“三同时”制度得到有效落实

各级水行政主管部门严格履行法律赋予的职责，坚持依法行政，不断强化监督检查、督促指导和执法力度，有效地推动了生产建设项目水土流失防治责任的落实。一是进一步规范水土保持方案和设施验收。5年多来，全国共审批生产建设项目水土保持方案14万个，对4万个生产建设项目进行了水土保持设施验收。其中，水利部审批大中型生产建设项目水土保持方案1476个，开展设施验收948个，对国家重大水利、铁路、交通等基础设施建设项目，开辟“绿色通道”，加快办理审批。二是切实加强事中事后监管。水利部制定出台了进一步规范生产建设项目水土保持监督管理工作的通知，推动各级水行政主管部门依法履行水土保持监督检查职责。组

织流域机构对水利部审批方案的生产建设项目全面开展监督检查，基本实现了在建项目每年检查一遍的目标。各地累计开展监督检查 8 万多次，依法查处了一批水土保持违法行为。三是积极推进水土保持行政审批改革。水利部认真贯彻国务院“放管服”要求，将现有近 2/3 的生产建设项目水土保持方案审批和验收审批权限下放至省级水行政主管部门；水土保持方案技术评审和验收技术评估转为水利部委托开展的技术性服务，服务费用由水利部支付；水土保持方案编制和监测两项中介服务不再作为强制中介，由市场自主选择；将设施验收申请材料从 4 项减少到 2 项；全面推进水土保持方案申请受理信息、审批决定和方案全本等审批信息公开；优化行政审批流程，提高审批效率和质量。通过不断规范水土保持方案审批和设施验收，切实加大监督执法力度，提供高效便民服务，大力推动水土保持“三同时”制度落实，人为水土流失得到有效遏制。

四、机构能力建设扎实推进

为建设基层水土保持监督执法体系，2009—2014 年，水利部先后开展了两批水土保持监督管理能力建设活动。截至 2015 年 3 月，两批能力建设活动已圆满完成，全国有 1193 个县按期达到了能力建设标准，通过了验收，实现了机构能力的显著提升。一是建立健全了机构。各能力建设县设立了专门的水土保持机构，监督管理人员达 7000 余人。二是提升了履职能力。实现了组织机构、在编人员、办公场所、工作经费、取证设备装备“五到位”，水土保持行政行为质量明显提高，行政复议大幅减少，进入司法程序的无败诉。三是进一步规范了行政行为。各能力建设县不断强化水土保持方案审批、监督检查、设施验收、规费征收等工作，实现了对生产建设项目从立项到完建的全过程监督管理。大部分能力建设县水土保持行政许可申请，实现了由政府政务中心统一受理，公告办理流程、办理时限，公示办理结果，提高了效率和透明度。截至目前，7 个流域机构、31 个省（自治区、直辖市）、200 多个地（市）、2400 多个县（市、区）设有水土保持监督管理机构，共有监督执法人员 7.4 万人，基本形成了比较完善的监督执法体系。

五、沟通协调和督促检查机制基本建立

各级水行政主管部门积极争取本级人大、政府等领导机关和有关部门的支持，积极建立沟通协调和督促检查机制，有效推动了新《水土保持法》的贯彻实施。2015 年，全国人大环境与资源保护委员会组织开展了新《水土保持法》贯彻实施情况调研，河北、甘肃、福建、宁夏等省（自治区）人大也先后进行了执法调研。水利部和各流域机构强化了对省、市、县水行政主管部门的督促、指导和协调，建立了对下级履行职责情况的督查制度和重大水土保持违法违规案件督办制度，增强了执法活力。生产建设单位防治水土流失的积极性和主动性不断增强，水土保持方案编报率、实施率和设施验收率稳步提高。各级人民法院对水土保持工作予以积极支持，陕西、四川、辽宁等省法院通过依法办案，对严重违反《水土保持法》的单位和个人追究了相应的法律责任。人民群众水土保持法治观念进一步提高，对水土保持违法行为的举报力度不断加大。新闻媒体和社会舆论对水土保持工作的关注度明显提高，创造了良好的执法环境，形成了良好的水土保持法治氛围。

季玲玲　执笔
牛崇桓　审核

水利立法工作进展与需求

水利部政策法规司

一、2016 年水利立法工作进展情况

2016 年，水利立法以水利改革发展立法需求最为迫切的领域为重点开展工作，水法规体系日臻完善，各项涉水事务管理基本做到有法可依。

（一）《农田水利条例》颁布实施

《农田水利条例》于 2016 年 4 月 27 日由国务院常务会议审议通过，5 月 17 日由李克强总理签署第 669 号国务院令颁布，自 7 月 1 日起施行。条例确立了“农田水利科学规划、协同推进、建管并重、明确责任、科学灌溉、节约用水、各方参与、加大扶持”的总体原则，对农田水利的规划、建设、运行维护等环节进行了规范，并在农田灌溉排水、加大扶持鼓励社会力量参与等方面作了规定。条例是新中国关于农田水利的第一部行政法规，是一项开创性和填补空白的立法，是水法规体系中起支架作用的重要法规。

（二）《大中型水利水电工程建设征地补偿和移民安置条例》修订工作取得重大进展

2016 年，水利部配合国务院法制办公室完成了《大中型水利水电工程建设征地补偿和移民安置条例》（修正案草案）征求有关部门和地方意见、向社会公开征求意见和修改完善工作。10 月 25 日，按照国务院法制办公室要求，修正案草案送审稿已上报国务院。

（三）贯彻落实国务院取消审批事项有关决定，做好水法规修改工作

按照依法推进简政放权、放管结合、优化服务改革等决策要求，水利部配合全国人大法制工作委员会、国务院法制办公室研究修改了法律法规相关条款。7 月 2 日，习近平主席签署第 48 号主席令公布的《全国人民代

表大会常务委员会关于修改〈中华人民共和国节约能源法〉等六部法律的决定》，对《中华人民共和国水法》（以下简称《水法》）、《中华人民共和国防洪法》（以下简称《防洪法》）涉及企业投资项目核准前置审批等事项的相关条款作出修改。2月6日，李克强总理签署第666号国务院令公布的《国务院关于修改部分行政法规的决定》，对《水文条例》涉及取消和调整行政审批项目的有关条款作出修改。8月1日，陈雷部长签署第48号水利部令，废止《黄河下游引黄灌溉管理规定》和《治理开发农村“四荒”资源管理办法》2件水利部规章，并对《水利工程建设项目管理规定（试行）》等4件水利部规章有关条款进行了修改。

（四）加快推进重点立法项目立法进程

2016年，加快推进《节约用水条例》起草工作，成立水利部节约用水立法工作领导小组，与住房和城乡建设部和国家发展改革委成立三部委条例联合起草小组，先后3次召开联合起草工作会议，进一步加强立法调研，完成了征求有关部门和省级人民政府意见、向社会公开征求意见工作，各方意见渐趋一致。按照《生态文明体制改革总体方案》等相关要求，积极推动《地下水管理条例》起草工作，成立水利部地下水管理立法工作领导小组，与国土资源部、环境保护部沟通协商，完成了征求有关部门和省级人民政府意见工作，对条例进行论证和修改完善。按照《长江经济带发展规划纲要》和《2016年推动长江经济带发展工作要点》等有关要求，组织开展《长江保护法》前期研究工作，健全工作机制，成立水利部长江保护立法工作领导小组并召开第一次会议，开展立法关键问题、相关法律制度衔接等专题研究和立法框架构建等工作，已形成基本框架论证报告等阶段性成果。按照《国务院关于深化泛珠三角区域合作的指导意见》关于“强化珠江流域水资源的统一管理、统一调度，加快制定出台‘珠江水量调度条例’”的要求，开展《珠江水量调度条例》制订研究工作。

（五）《水权交易管理暂行办法》等规章和规范性文件出台

4月19日，陈雷部长签发《水权交易管理暂行办法》，对可交易水权的范围和类型、交易主体和期限、交易价格形成机制、交易平台运作规则等作出了具体的规定，是目前我国水权交易制度的顶层设计，填补了一项制度空白。6 月 24 日，国家发展改革委会同水利部等 14 个部门颁布《公共资源交易平台管理暂行办法》，该办法自 8 月 1 日起施行。

（六）积极配合全国人大常委会开展《水法》执法检查

2016 年 4—8 月，水利部积极配合全国人民代表大会常务委员会组织开展《水法》执法检查。这次执法检查的重点涉及农田水利建设投入、节水灌溉技术使用、灌溉水源和工程设施保护、小型农田水利设施产权制度改革、农村集体经济组织及其成员参与水利建设等内容。9 月 2 日，第十二届全国人民代表大会常务委员会第二十二次会议审议了执法检查组关于检查《水法》实施情况的报告，对全国水利系统持续深入贯彻《水法》、不断提高依法治水管水水平予以充分肯定，认为总体上《水法》实施情况较好，建议适时启动《水法》修订准备工作，发挥立法对水利改革发展的引领作用。

二、今后一个时期水利立法工作需求展望

按照 2015 年 7 月印发的《水利部关于全面加强依法治水管水的实施意见》和 2016 年 9 月印发的《水利部贯彻实施〈法治政府建设实施纲要（2015—2020 年）〉任务措施分工方案》要求，今后一个时期需要开展以下几方面的水利立法工作。

（一）完善立法工作机制

起草水法规应当深入基层、深入实际开展立法调研，加强必要性、合法性和合理性论证与审查，增强立法的针对性、系统性、操作性和有效性。探索推动开展委托第三方起草法律法规规章草案工作。制定法规规章立法后评估工作计划，统筹安排已颁布水法规的立法后评估，及时掌握水法规实施情况，根据后评估结果及时开展修改和废止工作。及时回应有关部门规章解释请求，依法进行解释。

（二）突出水利立法工作重点

适应经济发展新常态、水资源条件新变化和水利工作新发展的要求，围绕加快水利改革发展中心工作，加大项目储备，加强立法协调，向全国

人大法制工作委员会、国务院法制办公室提出立法项目建议，积极争取国家立法机关支持。根据水利改革发展情况，积极开展综合性、战略性水法律制度前期研究，适时启动《水法》《防洪法》等法律的修订工作。配合国务院法制办公室做好《大中型水利水电工程建设征地补偿和移民安置条例》修订后续工作。将《长江保护法》作为重点，加强立法前期研究论证工作，争取列入第十三届全国人民代表大会常务委员会5年立法规划。加强水生态环境保护法律制度建设，大力推进《节约用水条例》《地下水管理条例》立法进程。扎实做好《珠江水量调度条例》等立法前期研究工作。会同有关部门研究提出需要"立、改、废、释"的法律法规及其条款的建议，按照法定程序提请全国人大常务委员会、国务院审议。重视涉水立法协调工作，维护国家法制统一。配合国务院法制办公室完成行政法规清理工作。适时开展部门规章的制定修订工作。

（三）提高立法质量

落实《中华人民共和国立法法》《行政法规制定程序条例》《规章制定程序条例》和《水利部立法工作管理规定》的相关要求，完善立法程序，坚持科学立法、民主立法。立法草案应当征求有关国家机关、社会团体、专家学者的意见。充分发挥人大代表、政协委员、民主党派、工商联、无党派人士、人民团体、社会组织等在水利立法中的作用。加强与社会公众的沟通，采取多种形式广泛听取意见，健全公众意见采纳情况反馈机制。

（四）加强规范性文件的备案审查和清理

适时修订《水利部规范性文件审查与备案管理办法》，完善规范性文件制定程序，落实合法性审查制度，实行规范性文件统一登记、统一编号等制度，规范印发公布程序。按照国务院办公厅有关要求，完成规章和规范性文件清理工作，发布规章和规范性文件清理决定，及时完善水利部门户网站规章和规范性文件数据，公布继续有效、确认失效、决定废止的规范性文件目录，实现动态调整。

刘　洁　执笔

李　鹰　审核

专栏三十二

为维护河湖防洪安全提供有力司法保障

——解读河道非法采砂行为入刑司法解释

水利部政策法规司

《最高人民法院 最高人民检察院关于办理非法采矿、破坏性采矿刑事案件适用法律若干问题的解释》（以下简称《司法解释》）于2016年12月1日起施行。《司法解释》的出台，实现了河道非法采砂行为入刑目标，对严厉打击河道非法采砂、维护良好河道采砂秩序，提供了强有力的司法保障。

一、《司法解释》出台缘由

我国实行罪刑法定原则。由于现行《中华人民共和国刑法》（以下简称《刑法》）不涉及河湖水域保护相关内容，对河道非法采砂等严重影响防洪安全和生态安全的水事违法行为，只能施以行政处罚，难以实施刑事制裁，造成河道非法采砂违法风险小，屡禁不止、屡打不绝，出现暴力抗法、黑社会犯罪等情形，严重影响河湖防洪安全和社会稳定。实践证明，仅用行政处罚或治安处罚等手段，难以有效遏制河道非法采砂多发、频发问题，已成为困扰流域管理机构和地方水行政主管部门的一大顽症。党的十八大确立了最严格的土地、水资源和环境保护管理制度，但最严格水资源管理制度还缺乏《刑法》的有力保障，推动河道非法采砂行为入刑已十分迫切。在水利部的积极呼吁和有力配合下，最高人民法院、最高人民检察院根据《刑法》《中华人民共和国刑事诉讼法》的有关规定，出台了办理此类刑事案件适用法律若干问题的司法解释。

二、《司法解释》涉及河道非法采砂行为的制度安排

河道非法采砂犯罪行为适用非法采矿罪实施刑事处罚，《司法解释》

做了如下制度安排：

一是将《刑法》第三百四十三条规定的“违反矿产资源法”解释为违反《中华人民共和国矿产资源法》和《水法》等法律、行政法规，解决了将河道非法采砂纳入刑事处罚范围的问题。

二是将《刑法》第三百四十三条规定的“未取得采矿许可证”解释为未取得“河道采砂许可证”和“采矿许可证”等，明确了河道非法采砂入罪的条件。

三是为河道非法采砂规定了专门的定罪量刑标准，解决了河道非法采砂社会危害性大、入罪门槛高、处罚幅度与危害后果不相匹配的问题。

四是规定省级以上人民政府水行政主管部门和流域管理机构出具的河道非法采砂砂石价值的认定报告和危害防洪安全的鉴定报告，可以作为定罪量刑的依据，解决了河道非法采砂入罪事实情节认定和定罪处罚举证难的问题。

此外，《司法解释》还对河道非法采砂犯罪行为所使用的专门工具等规定了应当依法没收的惩罚措施。

《司法解释》对河道非法采砂犯罪行为的制度设计符合水行政执法实际，为打击河道非法采砂犯罪行为提供了有力武器，巩固了现行的河道采砂管理体制，为维护河湖防洪安全提供了有力的法治保障。

下一步，水利部将认真组织流域管理机构、各级水行政主管部门加强学习宣传，深化对《司法解释》的理解认识，狠抓贯彻落实，对涉嫌犯罪的水事违法行为坚决及时移交司法机关处理，严厉打击河道非法采砂犯罪行为，决不以行政处罚代替刑事处罚。同时，及时总结《司法解释》施行过程中的经验和做法，积极开展《司法解释》配套制度和标准建设，全面贯彻实施好《司法解释》。

李晓静　姚似锦　执笔

李　鹰　审核

链接

安徽：淮南市非法采砂入刑首案宣判

2016年12月15日，安徽省淮南市潘集区人民法院公开开庭审理一起非法采砂案，被告人涂某犯非法采矿罪，判处有期徒刑10个月，缓刑1年，并处罚金1万元，违法所得4万元上缴国库。这起案件是2016年11月最高人民法院、最高人民检察院联合印发《关于办理非法采矿、破坏性采矿刑事案件适用法律若干问题的解释》后，安徽省淮河河道非法采砂判处的第一例案件。按照该解释的规定，未依据有关规定取得相关许可证，在河道管理范围内采砂，情节严重的，以非法采矿罪定罪处罚。

安徽省水利厅印发通知，要求各地认真组织学习司法解释，增强宣传教育的传播力和辐射力，严厉打击河道非法采砂犯罪行为，组织开展集中打击和联合打击活动，坚决遏制非法采砂反弹势头。

据了解，法院审理查明，在该案件中，被告人涂某为牟取暴利，于2012年年底与苏某合伙购买一条无任何合法手续的二手采砂船，用于淮河河道内采砂，后由涂某独自经营该采砂船。自2014年年底至2016年2月底，被告人涂某在未办理采矿许可证的情况下，先后多次在淮河架河河段等多处非法开采河砂7900t，采取就地采砂、就地销售的方式，按照6～12元的价格出售，经淮南市价格认证中心鉴定，非法盗采河砂7900t，价值95600元。

法院审理认为，被告人涂某违反矿产资源法的规定，未取得采矿许可证擅自开采河砂，情节严重，造成矿产资源破坏，其行为已构成非法采矿罪，应依法惩处。被告人涂某归案后能如实供述自己的犯罪事实，可依法从轻处罚。

范　智　执笔

席　晶　审核

专栏三十三

贯彻落实《法治政府建设实施纲要（2015—2020 年）》

水利部政策法规司

2015 年 12 月，中共中央、国务院印发了《法治政府建设实施纲要（2015—2020 年）》（以下简称《纲要》）。《纲要》是党和政府对人民作出的庄严承诺，是今后几年加快建设法治政府的奋斗宣言和行动纲领，标志着我国法治政府建设进入了与全面建成小康社会同步规划、同步实施、同步建成的决胜阶段。

《纲要》立足于国情和客观实际，全面总结了我国推进依法行政的成功经验，提出了七个方面的主要任务和具体措施要求，并规定了组织保障和落实机制。针对《纲要》规定的主要任务和保障措施，结合依法治水实际，水利部于2016 年 9 月 5 日制定印发了《水利部贯彻实施〈法治政府建设实施纲要（2015—2020 年）〉任务措施分工方案》（以下简称《分工方案》）。

《分工方案》主要内容为：在依法全面履行政府职能方面，提出加强水生态环境保护法律制度建设、深化水价改革和生态补偿等具体内容；在完善依法行政制度体系方面，提出完善立法机制、加强水利立法工作、扩大水利立法公众参与度、强化水利规范性文件管理、及时清理规章和规范性文件等具体内容；在推进行政决策科学化、民主化、法治化方面，提出完善决策机制、加强公众参与平台建设、推行民意调查制度、加强水利智库建设、建立决策咨询专家库、落实好重大决策社会稳定风险评估机制、建立合法性审查机制、坚持集体讨论决定、开展重大行政决策后评估、落实重大决策终身责任追究制度及责任倒查机制等具体内容；在坚持严格规范公正文明执法方面，提出全面推进水利综合执法、加强水行政执法程序建设、推行水行政执法公示、加强执法信息化建设、健全水利建设市场信用记录、全面落实执法责任制、加强水政监察人员管理、加快水行政执法保障能力建设等具体内容；在强化对行政权力制约和监督方面，提出坚持用制度管权管人管事、加强党内监督、接受人大监督民主监督、支持司法监督、加强对权力运行的制约和监督、及时回应社会监督、加强政务公开、加强行政问责、落实党风廉政责任制等具体内容；在依法有效化解社会矛盾纠纷方面，提出依法化解行政争议具体内容；在全面提高政府工作人员法治思维和依法行政能力方面，提出加强水法治宣传教育培训、不断提高法治思维和依法行政能力等具体内容；在组织保障和落实机制方面，提出加强对法治建设的领导、建立水利法治建设责任制、加强考核检查督促、加强示范宣传工作等具体内容。

《分工方案》涵盖水利改革发展、建设管理、职能转变以及法治建设的各个方面，切实把落实《纲要》精神贯穿到依法治水管水全过程，分工具体明确，具有较强的针对性、指导性和可操作性，依法治水基本遵循更加明晰有力。

倪　鹏　执笔

李　鹰　审核

专栏三十四

《水权交易管理暂行办法》出台

水利部政策法规司

2016 年 4 月 19 日，陈雷部长签署了《水权交易管理暂行办法》（以下简称《办法》）。《办法》的出台，填补了我国水权交易的制度空白，对保障和规范水权交易行为、充分发挥市场机制在优化配置水资源中的重要作用、提高水资源利用的效率与效益，具有十分重要的意义。《办法》的核心内容主要体现在以下 6 个方面。

（一）关于水权交易定义

水权包括水资源的所有权和使用权。水资源属国家所有，水权交易的客体是水资源使用权。水权交易定义为“在合理界定和分配水资源使用权基础上，通过市场机制实现水资源使用权在地区间、流域间、流域上下游、行业间、用水户间流转的行为”。

（二）关于水权交易类型

按照水资源使用权确权类型、交易主体和程序，将水权交易分为区域水权交易、取水权交易、灌溉用水户水权交易三大类型。区域水权交易的主体均为地方人民政府或者其授权的部门、单位；取水权交易是法律法规明确规定的水权交易类型，也有取水许可证这一具有法律效力的载体作为交易依据，是当前实践中最为活跃的交易类型；灌溉用水户水权交易则主要指灌区内部用水户或者用水户组成的组织等不办理取水许可证但实际用水的主体之间的交易。

（三）关于水权交易平台

一是明确水权交易平台的定义和基本要求；二是规定区域水权交易或者交易量较大的取水权交易，应当通过水权交易平台进行；三是规定区域水权交易应当通过水权交易平台公告交易意向、寻求交易对象，以水权交易平台评估提出的基准价格为协商或者竞价的基础；四是规定取水权交易可以通过水权交易平台进行，可以通过水权交易平台公告意向、参考水权交易平台评估提出的基准价格。

（四）关于区域水权交易

区域水权交易是政府对政府的交易，《南水北调工程供用水管理条例》第十五条规定工程受水区省、直辖市可授权部门或者单位协商签订转让协议，确定转让价格，并将转让协议报送国务院水行政主管部门。《办法》参考此条作出以下规定：一是明确区域水权交易必须以现实的水量转让为基础，禁止单纯买卖指标，这就要求这种交易必然发生在同一流域，或者具有跨流域调水的工程条件；二是明确了交易程序，与南水北调区域交易程序大致相同，但要求协议应由共同的上一级人民政府水行政主管部门或者流域管理机构备案；三是规定转让方占用本方指标，受让方不占用本方指标。

（五）关于取水权交易

《取水许可与水资源费征收管理条例》第二十七条规定，可转让的取水权应系节约而来，且须经原取水审批机关批准。《办法》一是对申请材料、交易程序进行了细化规定；二是为体现高效便民、鼓励交易原则，要求原取水审批机关在20个工作日内完成申请报告审查、节水措施现场核查工作；三是对实践中广泛存在的双方约定的交易期限超出取水许可证有效期的情形作出了特别规定；四是对取水权回购和竞争性再配置作出了规定。

（六）关于灌溉用水户水权交易

灌区与农户是典型的“取用分离”关系，灌区管理单位办理取水许可证，具有取水权，但“取而不用”；农户不办理取水许可证，但实际上通过渠系既取又用，农户具有事实上的用水权益。《办法》根据党的十八届五中全会精神，将其称为灌溉用水户水权交易，并作出以下规定：一是必须先确权后交易，确权形式并不强求一致，水权证、水票、登记簿等水行政主管部门予以认可的形式均可；二是这种交易一般自主开展，不需审批，只是超过一年的需要事前备案；三是规定了灌区权利义务，特别是规定灌区可以回购用水权，用以重新配置或者对外交易。

需要说明的是，《办法》对实践中已经出现且比较成熟的三种水权交易类型进行了规范，但并不意味着对其他交易类型的排斥。目前，我国水权水市场建设方兴未艾，各地可结合自身实际，积极开展实践探索。

许 维 执笔

李 鹰 审核

专栏三十五

2016年“世界水日”“中国水周”宣传活动开展情况

水利部政策法规司

2016年3月22日是第二十四届“世界水日”，3月22—28日是第二十九届“中国水周”。联合国确定2016年“世界水日”的宣传主题是“Water and Jobs（水与就业）”。经水利部研究确定，我国纪念2016年“世界水日”和“中国水周”活动的宣传主题为“落实五大发展理念，推进最严格水资源管理”。《中共中央关于制定国民经济和社会发展第十三个五年规划的建议》明确提出：“实行最严格的水资源管理制度，以水定产、以水定城，建设节水型社会。”这是党中央在深刻把握我国基本国情水情和经济发展新常态，准确判断“十三五”时期水资源严峻形势的基础上，按照创新、协调、绿色、开放、共享的发展理念，针对水资源管理工作提出的指导方针和总体要求。

围绕宣传主题，结合我国水情，在纪念“世界水日”“中国水周”宣传活动期间，水利部组织开展了系列宣传活动。

一是在《人民日报》《中国水利报》、水利部网站等媒体上发表陈雷部长署名文章。系统阐述了全面建设节水型社会、加强水环境保护、强化江河湖泊用途管制、系统修复水生态、健全完善水治理体制等内容，呼吁全社会加快形成节水、惜水、爱水、护水、亲水的浓厚氛围。

二是于3月21日召开“世界水日”“中国水周”新闻发布会。邀请《人民日报》、新华社、中央电视台等20余家中央媒体围绕宣传主题发表了《我国将实行水资源消耗总量和强度双控行动》《水利部将加快节水型社会建设》《五大关键词看“十二五”期间我国水利改革发展亮点》等报道。

三是发布主题宣传画1套、宣传口号20余条，编辑出版《世界水日·中国水周特刊》，组织各流域机构及省、自治区、直辖市水利（水务）厅（局）和新疆生产建设兵团水利局，积极创新，利用传统媒体和网络新媒体开展了内容丰富、形式多样的水利法治宣传活动。

四是组织新闻媒体进行深度报道。组织中央媒体围绕宣传主题持续深入开展了宣传报道。3月22日《经济日报》刊发了《“最严管水制度”引发深刻变革》的深度报道，阐述了建立健全水权制度、农业水价综合改革加速破题等群众关心的热门水话题，正面引导舆论。

五是开展节水护水公益宣传活动。组织拍摄了《点滴之水　可成江河》等节水护水公益广告，组织开展了以“节约每一滴水　守护每一片绿”为主题的节水宣传进校园活动。

六是联合共青团中央启动“关爱山川河流”节水护水志愿服务行动。来自水利部机关和在京直属单位的节水护水志愿者、水利公益宣传员等社会各界人士千余人参加，向社会传递了节水护水志愿者的服务精神。

程麟波　刘宇敏　执笔

李　鹰　审核

专栏三十六

水利系统“七五”普法规划解读

水利部政策法规司

党的十八大以来，以习近平同志为核心的党中央对全面依法治国作出了重大部署，对法治宣传教育提出了新的更高要求。2016—2020年是“十三五”规划的实施阶段，为适应新形势新任务对水利普法工作提出的新要求，水利部根据中共中央、国务院转发的《中央宣传部、司法部关于在公民中开展法治宣传教育的第七个五年规划（2016—2020年）》精神，编制印发了《全国水利系统法治宣传教育第七个五年规划》（以下简称《水利“七五”普法规划》）。

《水利“七五”普法规划》全面总结了水利“六五”普法期间的经验做法，结合水利工作实际，针对新形势下水利普法工作要求和特点，在五个方面对水利“七五”普法进行部署和安排。

一、关于指导思想、主要目标和工作原则

《水利“七五”普法规划》的指导思想是坚持高举中国特色社会主义伟大旗帜，全面贯彻党的十八大精神和深入学习贯彻习近平总书记系列重要讲话精神，坚持协调推进“四个全面”战略布局和“五大发展”理念，强调走绿色发展的治水之路。主要目标是推动水利系统干部职工法律素养提升、全行业依法治水管水能力提高、全社会水资源保护意识增强。提出了围绕中心、服务大局等5项工作原则。

二、关于水利“七五”普法的十项主要任务

《水利“七五”普法规划》提出了10项主要任务：深入学习宣传习近平总书记关于全面依法治国的重要论述、突出学习宣传《中华人民共和国

宪法》、深入宣传中国特色社会主义法律体系、深入学习宣传党内法规、深入学习宣传水法规、深入学习规范行政机关行政行为的法律法规、大力推进水法治文化建设、推进法治教育与道德教育相结合、深入推进依法治水、多措并举持续推进依法治水进程等。

三、关于普法对象和措施要求

《水利“七五”普法规划》进一步明确了普法对象是一切有接受教育能力的公民，重点是水利系统领导干部和行政执法人群。对完善水利系统机关工作人员学法用法制度、贯彻落实行政机关“谁执法谁普法”的普法责任制、加强水法治文化建设、打造水利法治宣传教育精品等提出了具体措施和要求。

四、关于五年工作的安排

《水利“七五”普法规划》从2016年开始，到2020年结束，分三个阶段开展。一是宣传发动阶段，要求在2016年第三季度前完成；二是组织实施阶段，要求各实施单位依据本规划确定的目标、任务和要求，制定水利法治宣传教育年度工作计划并组织实施；三是检查验收阶段，要求在2020年7—12月完成水利“七五”普法总结验收和先进表彰工作。

五、关于加强组织领导和保障工作

《水利“七五”普法规划》从切实加强领导、明确职责分工、建立长效机制、落实经费保障和加强队伍建设等五个方面提出了具体的组织领导和保障等要求，明确各单位可以把普法依法治理工作经费纳入本单位的财政预算，切实保障普法工作的顺利开展。

程麟波　刘宇敏　执笔

李　鹰　审核

能力建设与流域管理篇

水利科技创新成效

水利部国际合作与科技司

2016年，水利科技工作深入贯彻落实全国科技创新大会精神和创新驱动发展战略，紧密围绕水利改革发展需求，深化水利科技体制改革，着力加强科技创新，在重大问题研究、科技推广和技术监督等方面取得显著成效，为水利改革发展提供了有力的科技支撑和保障。

一、水利科技管理改革取得重要进展

（一）创新政策和制度不断完善

结合水利科技实际，制定《水利部关于实施创新驱动发展战略　加强水利科技创新的若干意见》，提出了全面推进水利科技体制改革，加强水利科技创新的政策措施。全面加强“十三五”水利科技创新顶层设计，编制完成《“十三五”水利科技创新规划》，与科学技术部联合印发实施。会同科技部等有关部门，制定《国家水安全创新工程实施方案（2015—2020年）》，全力构建保障水安全的科技创新服务环境。

（二）重大科技项目立项取得突破

积极参与国家科技计划管理改革和任务部署，国家重点研发计划“水资源高效开发利用”重点专项正式启动，经费概算20亿元，2016年启动项目31个，经费8.77亿元；“重大自然灾害监测预警与防范”重点专项即将启动。指导4个公益性科研院所充分发挥基本科研业务费作用，围绕行业基础性、支撑性、应急性科研工作和流域重大科技需求组织科研项目。

（三）科研机构改革不断深化

陆桂华副部长多次深入科研院所调研指导，积极推进水利科技领域

“放管服”改革，健全完善院所管理机制，给科研院所和科研人员更大的自主权，进一步提升科技创新活力。4 家部属非营利性科研机构科研及科技开发收入稳步提升，年均增长 14.2%，支撑水利改革发展的能力持续增强。积极推进解决转制科研机构改革遗留问题。

二、重大问题研究与成果推广成效显著

（一）重大水利科技成果不断涌现

“生态节水型灌区建设关键技术及应用”荣获国家科技进步一等奖，“长距离输水工程水力控制理论与关键技术”“高混凝土坝结构安全关键技术研究与实践”两项成果获得国家科技进步二等奖，“复杂水工混凝土结构服役性态诊断技术与实践”获国家技术发明二等奖。另有 36 项成果获大禹奖。标志着我国水利科技水平快速提升，支撑水利改革发展能力不断加强。

（二）科技成果推广转化持续加强

与科技部联合印发《节水治污水生态修复先进适用技术目录》。水利科技创新成果参加国家“十二五”重大科技成就展取得圆满成功。加强科技示范项目顶层设计，推广转化“地下水超采区高效节水灌溉综合技术”等 90 余项先进实用科技成果。编制印发《水利科技成果公报》和《水利先进实用技术重点推广指导目录》。举办各类技术培训推介会 30 多场次，培训技术人员 5000 多人次，推介新技术新产品 300 余项。

（三）“科水合作”取得积极进展

加强与科学技术部合作，两部联合建设节水创新示范区，积极推进“科水合作”。目前，编制完成了《节水型社会创新试点工作方案》，示范区技术集成创新科研经费已在“水资源高效开发利用”重点专项中得到落实。

三、科技管理与创新平台建设不断加强

（一）水利科技管理水平全面提高

进一步坚持科技需求导向，引导科研人员聚焦生产应用中的重点难点

问题，有针对性地开展研究攻关。针对科技管理人员和项目负责人，举办两期科技管理培训班，提升创新意识，明确管理要求。继续强化在研项目管理，加强项目中期评估检查，基本实现项目到期即收。取消科技成果鉴定，建立科技成果评价制度，水利科技成果分类评价管理改革正有序推进。

（二）科技创新平台建设与管理进一步加强

以中国水利水电科学研究院、南京水利科学研究院为依托的两个国家级科技创新基地基本形成。召开年度重点实验室主任座谈会，不断强化重点实验室及工程中心建设与管理。编制实施《水利科研能力建设“十三五”规划》。积极推进重大科研仪器设施开放共享，调查摸清部属科研单位重大科研仪器设备基本情况，完成与科技部管理平台对接。

四、水利部科技委决策咨询作用进一步发挥

水利部科技委认真履行职责，凝聚专家智慧，充分发挥决策参谋作用。围绕水利重大问题和部重点工作，组织开展“水权水市场专题咨询会”“长江控制性水利水电工程多目标联合调度”等6次专题调研，提出了有建设意义的调研报告。国务院领导同志对“关于进一步加强汉江流域最严格水资源管理工作的建议”作出重要批示。根据工作需要，完成了水利部科技委人员调整工作。

五、水利技术监督工作大力推进

（一）标准化改革持续推进

完成113项强制性标准整合精简工作，研究提出强制性水利技术标准体系框架，出台2016年版《水利工程建设标准强制性条文》，启动《水资源强制性标准》等3项强制性标准研编工作。按照“确有必要，管用实用”原则，进一步优化完善现行标准体系，组织开展体系内805项标准复核工作。建立团体标准协调机制，研究提出政府主管标准转为团体标准的建议清单。

（二）标准项目管理不断强化

发布水利行业标准23项，报批国家标准13项。配合水资源司积极推动《水资源质量标准》编制工作。继续加强标准编制进度管理，基本实现标准编制无阶段滞后。不断提高标准质量，完善专家审查论证机制。优化标准特征名。大力推进标准国际化，新出版标准英文版2项，报中国国家标准化委员会审批3项，累计完成翻译标准24项，启动国内外标准系统比对工作。

（三）标准实施与监督切实加强

完成80项标准复审和537项标准评价工作。组织开展水利工程建设标准强制性条文专项监督检查，强化标准与认证、工程稽查等工作的协同。初步从标准自身特性、标准实施效益、标准推广应用情况三个方面建立了评价指标体系。

（四）计量和资质认定工作深入开展

积极推动水利计量，“沉积物中二噁英类化合物”标准物质被列为国家一级标准物质。强化资质认定工作，修订发布《水利行业检验检测机构资质认定评审程序规定》等规范性文件3部；完成28家水利检验检测机构资质认定评审工作；强化人才队伍建设，选派水利国家资质认定评审员和技术专家约150人次；举办资质认定评审员和评审准则培训班2期，培训180人次。

六、2017年水利科技工作思路

2017年，水利科技工作要全面贯彻落实党的十八届三中、四中、五中、六中全会精神，紧密围绕水利中心工作，大力推进水利科技体制改革，健全水利科技创新体系，深入开展重大科技问题研究和成果推广，全面做好技术监督工作，努力争取在重点领域和关键环节实现新突破。

（一）继续推进水利科技体制改革

召开全国水利科技创新大会，深入贯彻落实创新驱动发展战略，全面部署实施《水利部关于实施创新驱动发展战略　加强水利科技创新的若干意见》和《“十三五”水利科技创新规划》。加强部属科研院所指导，强化公益性职能，落实好国家有关政策，制定完善管理制度，充分调动科研单位和科研人员的积极性。不断增强自主创新能力，着力创建国际一流的综合性水利科研机构。积极推进部属 4 个转制科研机构改革解决遗留问题。

（二）切实加强重大项目组织和创新平台建设

认真做好“水资源高效开发利用”等国家重点研发计划项目组织管理，力争取得一批高水平的研究成果。全面加强水利科技创新平台建设和管理，积极申请组建国家重点实验室和工程技术研究中心。加强科研仪器设施的运行管理与开放共享。

（三）着力推进科技成果转移转化

强化水利科技成果管理，完善科技成果评价机制。加快科技成果示范应用，做好水利技术示范项目的组织凝练，推广转化 100 项先进实用水利科技成果，促进科技成果转化为现实生产力。进一步加大科技成果宣传力度，积极打造先进实用水利技术宣传推广平台。

（四）不断增强水利部科技委决策咨询作用

紧密围绕水利中心工作，针对水利改革发展热点难点问题和水利科技创新重点问题，积极主动回应部党组关切和社会关注，认真开展好决策咨询。

（五）全力做好水利技术监督工作

充分发挥标准化对水利发展改革的引领、支撑、底线和规制作用，缩短编制周期，提高标准文本质量，提升标准化科学管理水平。推进水利技术标准公开，强化标准实施监督，培育发展团体标准，增强水利标准国际影响力。加强水利计量顶层设计，不断强化资质认定和质量监督工作。

朱寿峰　曾向辉　金旭浩　执笔

吴宏伟　审核

专栏三十七

2016年大禹水利科学技术奖获奖名单

中国水利学会

序号	推荐等级	项目名称	主要完成单位	主要完成人员
1	一等奖	变化环境下气象水文预报关键技术	中国水利水电科学研究院、长江水利委员会水文局、清华大学、北京师范大学、黄河水利委员会水文局、武汉大学、大连理工大学	王浩、雷晓辉、蒋云钟、段青云、王俊、洪阳、廖卫红、杨明祥、王建华、霍世青、赵铜铁钢、王旭、谢先红、张云辉、李义天
2	一等奖	大型灌溉排水泵站节能与稳定运行关键技术研究及应用	中国农业大学、中国灌溉排水发展中心、中国水利水电科学研究院、株洲南方阀门股份有限公司、上海连成(集团)有限公司、山东双轮股份有限公司、常州东申泵业有限公司、山西省水利水电勘测设计研究院、安徽省水利水电勘测设计院	王福军、李琪、陆力、肖若富、黄靖、王家斌、王俊龙、李怀成、骆克斌、李明、姚志峰、许建中、李端明、张志民、唐学林
3	一等奖	气候变化下黄淮海流域水循环模拟预测关键技术及适应性对策	河海大学、水利部交通运输部国家能源局南京水利科学研究院、中国水利水电科学研究院、中国科学院大气物理研究所	余钟波、张建云、杨传国、严登华、王国庆、郝振纯、鞠琴、谷黄河、李彬权、郝洁、徐兴奎、鲍振鑫、王振华、蔡辉艺、付晓雷

续表

序号	推荐等级	项目名称	主要完成单位	主要完成人员
4	一等奖	膨胀土边坡破坏机理与关键技术研究及在大型输水工程中的应用	长江水利委员会长江科学院、南水北调中线干线工程建设管理局、河南省水利勘测设计研究有限公司	郭熙灵、程展林、程德虎、龚壁卫、朱太山、李青云、庞敏、丁金华、胡波、温世亿、程永辉、贾少燕、徐晗、姚雄、高英
5	一等奖	干旱区膜下滴灌棉田水盐综合调控技术	清华大学、新疆农业大学、新疆水利水电科学研究院、新疆坎儿井灌溉技术有限责任公司、西安理工大学、中国地质大学（武汉）、西北农林科技大学、新疆塔里木河流域巴音郭楞管理局	田富强、王全九、胡宏昌、杨鹏年、张胜江、范世峰、汪丙国、周金龙、张江辉、姚新华、牛文全、靳孟贵、王春霞、范兴科、丛振涛
6	一等奖	淮北平原区水资源多目标立体调蓄系统及实践	安徽省水利部淮河水利委员会水利科学研究院（水利水资源安徽省重点实验室）、水利部交通运输部国家能源局南京水利科学研究院、中国水利水电科研研究院、淮河水资源保护科学研究所、安徽省蚌埠市水利勘测设计院、阜阳市水资源管理处	王振龙、严登华、鲍振鑫、程绪水、刘猛、秦天玲、陈小凤、王小军、李瑞、袁红武、王发信、林锦、胡军、李欣燕、刘超
7	一等奖	小浪底水库淤积形态优选与调控的理论及关键技术	黄河水利委员会黄河水利科学研究院、武汉大学、黄河勘测规划设计有限公司	张俊华、夏军强、马怀宝、窦身堂、李书霞、李涛、蒋思奇、王婷、李昆鹏、万占伟、张翠萍、张防修、李元亚、余欣、郜国明

续表

序号	推荐等级	项目名称	主要完成单位	主要完成人员
8	一等奖	咸寒区渠道冻害评估与处治技术	水利部交通运输部国家能源局南京水利科学研究院、新疆水利水电科学研究院、新疆额尔齐斯河流域开发工程建设管理局	蔡正银、贺传卿、石泉、黄英豪、罗伟林、王怀义、关云飞、何建村、周小兵、高长胜、杨桂权、苏珊、柯敏勇、徐惠、张惠兰
9	二等奖	农村水电站安全保障关键技术研究与应用	水利部农村电气化研究所、水利部交通运输部国家能源局南京水利科学研究院、河海大学	陈生水、田中兴、徐锦才、蔡新、刘仲民、盛金保、岳梦华、郭兴文、舒静、杨东利
10	二等奖	西辽河平原“水-生态-经济”安全保障研究	中国水利水电科学研究院、松辽水利委员会水文局（信息中心）、沈阳农业大学、内蒙古自治区水文总局、内蒙古农业大学	陈敏建、李和跃、汪林、何俊仕、白显金、李畅游、张秋霞、徐凯、陆垂裕、何桥
11	二等奖	水利资源和地理空间基础信息库构建与应用	水利部水利信息中心、中国水利水电科学研究院、河海大学、北京吉威数源信息技术有限公司	成建国、蒋云钟、陈子丹、赵红莉、冯钧、冶运涛、陈真玄、刘雪凯、杨旭、杜军凯
12	二等奖	南方湖库富营养化发生机制与生态修复调控技术	河海大学、珠江水资源保护科学研究所	王沛芳、侯俊、闻平、钱进、李一平、刘斌、张松贺、黄鹤、刘丽诗、饶磊
13	二等奖	珠江水质生物监测与评价技术	珠江水资源保护科学研究所、珠江流域水资源保护局	刘威、闻平、王旭涛、张立、黄少峰、黄迎艳、吴建青、李学灵、朱永楠、祝明

续表

序号	推荐等级	项目名称	主要完成单位	主要完成人员
14	二等奖	中小河流突发性洪水监测预报预警关键技术及应用	水利部水利信息中心、河海大学、清华大学、水利部南京水利水文自动化研究所、中国水利水电科学研究院	刘志雨、任立良、杨大文、陈智、黄诗峰、胡健伟、孙龙、李国芳、侯爱中、尹志杰
15	二等奖	高精度大流量计量标准装置及关键技术研究与应用	中国水利水电科学研究院、长江水利委员会长江科学院、中国水利学会	邓湘汉、陆力、王黎、吴剑、徐红、孟晓超、朱雷、魏国远、张建光、陈颖
16	二等奖	挡潮闸通航孔大跨度新型工作闸门——升卧式翻板闸门研究	广东省水利电力勘测设计研究院	刘细龙、贺高年、黄峻、陈福荣、曾庚运、刘启波、魏林坚、肖段龙、黄立财、李滨
17	二等奖	基于环境友好的大型水利水电工程混凝土骨料施工新技术及应用	长江勘测规划设计研究有限责任公司、中国长江三峡集团公司白鹤滩工程建设部、中国长江三峡集团公司向家坝工程建设部、长江水利委员会长江科学院	龙慧文、陈雯、张志胜、樊义林、车公义、倪锦初、覃尚贵、陈文夫、袁建伟、郭辉
18	二等奖	超长联大跨连续梁设计关键技术研究与实践	黄河勘测规划设计有限公司	吴健、李孟然、徐世俊、陈明非、杨纪、冯仲林、宋银平、黄毅、于剑丽、殷世林
19	二等奖	水工结构混凝土声波检测关键技术	长江地球物理探测（武汉）有限公司	张建清、刘润泽、熊永红、刘方文、陈敏、李文忠、李张明、陆二男、喻维刚、詹建生

续表

序号	推荐等级	项目名称	主要完成单位	主要完成人员
20	二等奖	黄河防御洪水方案关键技术研究	黄河勘测规划设计有限公司、黄河水利委员会防汛办公室、黄河水利委员会水文局、黄河水利委员会黄河水利科学研究院	刘红珍、李保国、魏军、张素平、付健、安催花、李海荣、宋伟华、李焯、李荣容
21	二等奖	平原水库全库盘铺膜防渗关键技术及应用	山东省水利勘测设计院、河海大学	刘长余、刘英豪、袁俊平、刘斯宏、汪易森、单既连、曹雪山、和桂玲、高峰、王柳江
22	二等奖	平原河网地区河道型水源地原水生态净化与水质保障关键技术研究	上海勘测设计研究院有限公司、盐城市水利局、上海海洋大学	李巍、朱雪诞、胡伟、何玉良、仲跃、左倬、仓基俊、何文辉、陈煜权、张俊
23	三等奖	复杂地质区水库渗漏承压机理及安全和环境协同的风险防控技术	深圳市清林径引水调蓄工程管理处、深圳市水务规划设计院有限公司、中国水利水电科学研究院、深圳市水务工程检测有限公司	陈汉宁、周立、平扬、时磊、严俊、李敏达、于沭
24	三等奖	严寒地区高地下水大型渠道冻害防治及抗冻胀护坡关键技术研究	中水东北勘测设计研究有限责任公司	金正浩、王德库、苗金和、王科峰、郭学仲、张树臣、刘忠富
25	三等奖	库岸土质边坡失稳机理及防治措施研究	江西省水利科学研究院	吴海真、刘颖、陈芳、龚羊庆、胡强、徐升、虞慧

续表

序号	推荐等级	项目名称	主要完成单位	主要完成人员
26	三等奖	新型输水涂塑复合钢管及接口的研制与应用	山东省水利科学研究院、山东沃亚森曼机械科技有限公司	高印军、杨华杰、王大勇、张钊、郭磊、刘学杰、冯东
27	三等奖	江淮中下游地区城市防洪水文水利计算与规划关键技术研究	江苏省水利工程规划办公室、河海大学	喻君杰、叶健、刘俊、罗龙洪、苏长城、袁文秀、欧建锋
28	三等奖	鄱阳湖沙山地区风力侵蚀监测与防治关键技术研究	江西省水土保持科学研究院	莫明浩、杨洁、方少文、段剑、王凌云、宋月君、刘仁林
29	三等奖	土石山区水土保持植被优化配置技术研究与应用	泰安市水土保持生态环境监测站	范瑞安、苗晓靖、齐玉诚、陈赫男、马睿、谢厚国、郭莹莹
30	三等奖	高效节水灌溉关键技术研究与应用示范	昆山市水利工程质量安全监督和水利技术推广站、河海大学、昆山市水利局、南京东邦科技有限公司	张剑刚、徐俊增、缴锡云、杨士红、王乙江、景惠中、魏巍
31	三等奖	山东南四湖生态健康评价与保护技术研究	山东省淮河流域水利管理局规划设计院、济南大学、中国科学院南京地理与湖泊研究所、山东恒瑞勘测设计咨询有限公司	闫芳阶、杨丽原、张长江、刘恩峰、王忠华、李飞、刘友春
32	三等奖	水量分配方案约束下流域非汛期水量调度研究及其在抚河流域的应用	江西省水利科学研究院、东华大学、南昌工程学院	刘聚涛、杨永生、李荣昉、邓坤、丁永生、程丽俊、王永文

续表

序号	推荐等级	项目名称	主要完成单位	主要完成人员
33	三等奖	东苕溪河流健康体系—纳污能力及预警系统研究	浙江省水文局	胡琳、俞锡根、卢卫、柯斌樑、张正康、曾国熙、陈立辉
34	三等奖	环保型多功能混凝土搅拌楼（站）关键技术研发及应用	水利部产品质量标准研究所、杭州江河机电装备工程	曹玉芬、徐晓立、吴燕明、方勇、揭建安、冯新红、许杰
35	三等奖	江苏典型地区农业干旱遥感监测研究	江苏省水利科学研究院、江苏省防汛防旱指挥部办公室	黄俊友、宋玉、朱建英、王冬梅、梁文广、陶娜麒、鲍艳松
36	三等奖	鄱阳湖地理信息系统研究	江西省水利规划设计院、江西省水利科学研究院	柯劲松、周航宇、张冬、张李荪、杨智翔、许小华、万先斌

赵　晖　执笔
吴伯健　审核

水利国际合作进展

水利部国际合作与科技司

2016年，水利国际合作工作全面贯彻党和国家的外交方针政策，紧紧围绕水利中心任务，讲好“中国故事”，宣传“中国声音”，贡献“中国力量”，自觉服务国家外交大局。坚持合作共赢，广泛开展对外交流合作，积极推进中国水外交，助力水利改革与发展。

一、水利对外交流合作不断深化

（一）广泛开展多双边合作

牢牢把握“大国是关键，周边是首要，发展中国家是基础，多边是重要舞台”的外交方针，结合水利改革发展重点工作，圆满完成高层互访19次，举办14次多双边高层圆桌会或技术交流研讨会，与荷兰、阿尔巴尼亚、匈牙利等6个国家签署水资源领域合作谅解备忘录。联合国秘书长潘基文访问国际小水电中心。陈雷部长出席第二届布达佩斯水峰会、俄罗斯第二届东方经济论坛和第七届今日水电论坛，会见欧盟环境委员卡梅奴·维拉。制定了中欧水资源交流平台2016—2018年工作计划。

（二）积极参与国际重大水事活动

积极组织参加第二届世界灌溉论坛、国际大坝委员会第84届年会等8个重要涉水国际会议。建立水利部落实2030年可持续发展议程水目标协调机制。参与气候变化大会和“落实可持续发展目标确保人人享有水和卫生”高级别研讨会。水利部当选亚洲水理事会副主席。中国专家当选世界泥沙研究学会主席、国际大坝委员会副主席，连任多个协会主席，这是当今中国水利科技水平和国际地位的充分体现。

（三）不断加强国际项目合作管理工作

“中国洪水管理战略研究”项目评为亚行在华技援项目优秀案例。全球环境基金赠款“生物多样性保护中国水利行动”等项目正式启动，“中国小水电增效扩容改造增值”项目获批。世界银行贷款“淮河平原洼地治理”项目即将顺利完成。中瑞、中法等政府间合作项目进展顺利，中丹战略行业合作项目正式启动。完成国家国际科技合作专项 2 个，新立项 1 个。申报亚行技术援助项目 1 个。

二、“一带一路”建设和“走出去”战略全力推进

（一）加强水利领域“一带一路”建设指导工作

陈雷部长出席中央推进“一带一路”建设工作座谈会，水利部国际合作与科技司专门组织传达会议精神。制定《水利部落实共同推进“一带一路”建设谅解备忘录三年工作安排方案》，积极开展“一带一路”战略、大力推进“走出去”调研，与亚洲开发银行合作举办南南合作水管理经验交流会。

（二）水利“走出去”成果丰硕

实施了一批“走出去”亮点工程，习近平主席为黄河勘测规划设计有限公司设计的厄瓜多尔辛克雷水电站竣工发电按下启动键。李克强总理见证长江勘测规划设计研究院秘鲁南部流域水资源规划项目签署协议。申报 2017 年度对外援助储备项目 10 个、对外援助培训三年滚动计划项目 77 个。

三、跨界河流涉外工作稳步开展

（一）稳步推进跨界河流涉外谈判

组织完成 50 余次跨界河流谈判会晤，既坚决维护中国水资源核心利益，又服务周边外交大局。中哈分水协议研究协商工作有序进行。继续推进中俄跨界水联委会和中俄防洪机制相关工作。稳步开展中印跨境河流合作，签署朗钦藏布-萨特莱杰河水文报汛谅解备忘录实施方案。

（二）积极开展周边水外交

落实李克强总理有关指示精神，组建了澜湄合作机制水资源联合工作组。陈雷部长出访俄罗斯、泰国、柬埔寨，高位推动与周边国家在水利领域的务实合作。积极推进与周边国家双边水利合作，分别与蒙古、泰国、

柬埔寨签署有关水资源领域和水利项目合作的谅解备忘录。为湄公河流域国及南亚国家举办了5期培训班，培训技术人员近百人。4次邀请湄公河流域国媒体代表和专家来华参观交流，增信释疑，取得积极成效。对湄公河下游国家实施应急补水，主动增加对哈、对俄报汛频次，协助有关国家做好应对洪灾工作，周边国家领导人多次向中国表示感谢。

（三）努力夯实跨界河流基础工作

周学文副部长赴中哈、中蒙跨界河流调研，了解当地跨界河流水资源开发利用和保护、水利工程等情况。组织赴云南、广西调研中越界河整治情况，为进一步完善双方界河治理合作机制提供有力支撑。组织专家在湄公河流域国主流媒体发表文章，主动宣传中国在跨界河流负责任的做法，回应不实言论，进一步增信释疑。

四、引智及外事管理成绩突出

（一）认真开展引智工作

水利部推荐的法国专家唐泽尔教授获中国政府“友谊奖”。获批国家外国专家局引进国外技术、管理人才项目3项，资助经费60万元。针对水利工作重点，围绕水资源管理、防洪减灾等主题，精心组织选派100余名技术和管理人员出国（境）培训，学习引进国际先进的技术和理念，切实提高参训人员的综合业务能力。

（二）不断加强外事管理

召开水利国际合作工作会议，传达中央最新文件精神和要求，部署“十三五”国际合作工作。继续严控因公出国（境）团组数量和规模。修订出台《水利部因公出国（境）证照管理办法》，提出加强和改进水利科研人员出国管理的实施意见，强化外事管理制度建设。举办外事联络员培训班，提升外事队伍能力和水平。组织完成2015年因公出国（境）出访报告评审工作及2017年因公出国（境）团组计划申报工作。

五、2017年水利国际合作工作思路

2017年，水利国际合作工作要继续抓好党的十八届三中、四中、五中、六

中全会精神贯彻落实，紧密围绕水利中心工作，扎实开展多双边水利对外交流与合作，积极推动水利领域“一带一路”建设，认真做好跨界河流涉外工作，不断提升外事管理水平，为我国实施开放新战略提供有力的水利支撑。

（一）扎实开展水利多双边对外交流合作

继续加强与世界各国水资源主管部门的高层交往。落实与波兰、罗马尼亚等6个国家签署水利合作谅解备忘录。与欧盟建立中欧水政策对话机制，召开第五届中欧水资源交流平台高层对话会、第五届中澳高层水政策研讨会等10个重要交流活动。承办好第四届亚洲水理事会董事会、中欧水企业高层研讨会等国际会议。认真做好2030年可持续发展议程涉水目标的落实。

（二）大力实施“一带一路”建设和“走出去”战略

研究制定《推进“一带一路”建设水利合作专项规划》。组织召开水利推进“一带一路”建设工作座谈会。加强对国际合作项目的管理和指导。鼓励水利水电企业积极开拓国际市场，不断提升中国水利国际竞争力和影响力。

（三）稳步开展跨界河流涉外工作

继续做好中哈分水协议研究协商工作。积极推进与俄在跨界河流利用和保护以及防洪减灾领域合作。稳步推进澜湄合作机制下水资源领域合作，扎实开展澜湄水资源合作项目，不断推动与流域各国双边水利合作。继续与印度在水文报汛和应急事件处置领域开展合作。扎实开展跨界河流政策研究，进一步夯实跨界河流基础技术和信息支撑工作。

（四）不断提升外事管理水平

认真学习领会中央外事管理工作方针政策，积极开展外事工作调研。研究制订国际会议管理办法等外事管理规章制度，强化外事制度建设。继续加强因公出国（境）管理，严控出访团组数量和规模。举办外事处长培训班，充分发挥外事联络员的桥梁和纽带作用。

郝　钊　钟　勇　池欣阳　执笔

刘志广　审核

扎实推进水利人才队伍建设

水利部人事司

2016年是“十三五”开局之年，水利人才队伍建设积极践行中央新时期水利工作方针，牢固树立五大发展理念，深入贯彻落实《国家中长期人才发展规划纲要（2010—2020年）》和《关于深化人才发展体制机制改革的意见》，坚持党管人才原则，始终把服务水利发展作为人才工作的出发点和落脚点，大力实施人才优先发展战略，为推动水利改革发展提供了强有力的人才保障和智力支持。

一、统筹布局，深入谋划水利人才队伍长远发展

“十三五”时期是全面建成小康社会的决胜阶段，也是推进水利现代化进程、提升水安全保障能力至关重要的五年。党中央、国务院高度重视水利，出台了加快水利改革发展的决定，研究制定了国家水安全战略，明确了新时期水利工作方针，为“十三五”时期水利改革发展指明了方向。水利人才是推动水利改革发展的第一资源，为深入贯彻落实习近平总书记关于人才工作的新思想新观点新要求，贯彻落实《国家中长期人才发展规划纲要(2010—2020年)》《关于深化人才发展体制机制改革的意见》精神，水利部人事司围绕“十三五”水利改革发展的新形势、新任务，以科学发展观和人才观为指导，深入实施人才优先发展战略，坚持问题导向，谋篇布局，组织编制并印发实施《全国水利人才队伍建设“十三五”规划》。规划以体制机制改革创新为动力，以高层次创新型人才、急需紧缺人才、基层人才、贫困地区人才为重点，明确了今后一段时期水利人才队伍建设的指导思想、基本原则和总体目标，提出了加快推进水利人才队伍建设的四项主要任务、六项重点工程以及三项保障措施，为培养一支数量充足、布局合理、结构优化、富有活力、勇于创新的水利人才队伍指明了发展方向。

二、改革创新，不断增强水利人才队伍发展内生动力

水利人才要快速发展，首要是加强制度创新。水利部人事司抓住影响人才发展的关键环节，重视加强高层次人才选拔培养，完善高层次人才选拔机制，着力凝聚一批专业水平高、创新能力强的高层次专业技术人才，有效破解影响水利改革发展的关键难题；加大首席技师评选及工作室建设力度，协调职业院校聘请首席技师为技能导师，充分发挥技能人才引领示范作用。进一步创新人才评价机制，修订完善经济、会计、政工 3 个系列职称评审赋分细则和水利行业高级技师评审赋分细则，采取背靠背+分模块的创新评审模式，提高人才评价工作规范化水平。健全完善人才培训机制，充分发挥网络培训优势，组织开展网络自主选学，创新推行“在线学习+线下培训”模式，拓展培训周期，提高培训效益。健全完善培训考核和激励约束机制，调动干部参加培训的积极性，营造良好学习氛围，激发干部学习成才的活力，不断提升干部服务水利改革发展事业的素质和能力。

三、突出重点，扎实推进各类水利人才培养取得新进展

水利部人事司以党政人才、高层次人才和基层人才为重点，统筹推进水利人才队伍深入发展。深入贯彻中央推进领导干部能上能下的有关要求，研究制订并印发实施《水利部党组推进领导干部能上能下实施细则（试行）》，进一步激发干部队伍内生动力，营造干事创业，担当作为的良好氛围。重视干部培养锻炼，加强对口支援，选派了 21 名干部到西部石漠化片区以及贫困地区挂职服务。发挥高层次人才示范引领作用，组织领军人才、特贴专家、青年拔尖等高层次人才的推荐选拔工作，有 4 人入选第二批国家“万人计划”领军人才，2 人获评全国工程勘察设计大师，2 人入选文化名家暨“四个一批”人才，18 人享受国务院政府特殊津贴，2 人荣获第十三届“全国技术能手”荣誉称号，30 人获评行业首席技师，引领带动了整个水利专业人才队伍发展，促进了水利后备人才培养。加强基层人才队伍建设，协调为青海玉树开设“订单班”，定向招生、专班教学、

定向就业，提高当地“造血”能力，为基层人才培养提供新的模式。加大基层水利技术和骨干人才对口培训，培训各类基层水利干部3000余人。创新水利人才帮扶模式，指导四川甘孜、西藏阿里编制水利人才队伍建设规划，加强对口指导和对口支援，统筹推动贫困地区、西部地区和民族地区基层水利人才队伍发展。

四、下一步水利人才队伍建设重点

按照《全国水利人才队伍建设“十三五”规划》总体布局和统一部署，“十三五”时期，水利人才队伍建设将紧紧围绕“四个全面”战略布局，按照政治坚定、敢于担当、能力过硬、作风优良、纪律严明、清正廉洁的要求，着眼水利改革发展需要，培养造就一支具有“献身、负责、求实”的水利行业精神、数量充足、布局合理、结构优化、富有活力、勇于创新的水利人才队伍。

（一）着力提升人才队伍素质能力

以提高领导水平、增强执政能力、强化作风建设、推动改革发展为核心，坚持好干部标准，培养造就一支具有铁一般信仰、铁一般信念、铁一般纪律、铁一般担当的党政人才队伍。以提高专业水平和创新能力为核心，以领军人才、高层次创新人才为重点，打造一支适应水利现代化建设需要，专业水平高、创新能力强，数量充足、结构合理的专业技术人才队伍。以岗位成才为导向，以提升职业素质和职业技能为核心，以高技能人才培养为重点，培养一批具有执着专注、作风严谨、精益求精、敬业守信、推陈出新的水利工匠精神的高技能人才，大力提升技能人才队伍的整体素质和技能水平，建成一支数量充足、技艺精湛、素质优良的技能人才队伍。以提升市场意识和市场化运作能力为核心，以培养高层次经营管理人才为重点，建设一支政治素质好，具有高度社会责任感、开拓精神、创新能力、战略眼光和国际视野，懂经营、善管理、守法纪、重诚信的优秀经营管理人才队伍。

（二）合力补强人才队伍薄弱环节

加快基层水利人才队伍建设，以服务基层水利发展为导向，以全面提高基层水利服务能力为核心，以提高基层水利人才队伍综合素质和专业能力为重点，增加人才总量，改善人才结构，破解发展困境。重点推进贫困地区水利人才队伍建设，对贫困地区水利人才开发与培养精准发力，做好智力帮扶、技术支持、人才培训“三精准”，全面提升贫困地区水利人才能力素质。围绕水利发展重点领域和重点环节，加大急需紧缺人才引进与培养，坚持培养与引进并重，补齐短板，通过引进、培训、锻炼培养等多种渠道，使急需紧缺人才得到有效补充。

（三）大力推进人才机制体制改革

进一步完善人才管理和流动机制，充分发挥用人主体的主导作用，畅通人才流动渠道，引导人才向基层、中西部和艰苦边远地区流动。进一步创新人才教育和培养机制，加大改革力度，探索建立以创新创业为导向的人才教育培训新机制，提升人才的创新意识和创新能力。重视优秀人才的发现和培养，健全有利于人才脱颖而出的选拔培养机制，培养后备骨干，增加人才储备，保障人才持续发展。进一步改进人才评价和激励机制，坚持德才兼备，引导人才潜心钻研，敬业奉献，发挥经济利益和荣誉价值的双重激励作用。

（四）强力夯实人才队伍发展基础

进一步加强人才教育培训实施体系建设，发挥人才教育培训基地核心作用，加强师资队伍建设和培训教材、课程建设，发挥网络培训优势，逐步建立兼容、开放、共享、规范的“互联网+”人才教育培训体系，提高水利人才教育培训的信息化水平。不断加强水利后备人才培养体系建设，引导各类水利院校改进人才培养模式、创新人才培养理念、深化教育教学改革，突出水利特色，改进教学方法，提升培养质量，推进水利后备人才培养。持续加强水利人才工作基础建设，加强理论与实践研究，完善工作制度，规范工作流程，推进人才管理信息化建设，创新管理模式，加强自身队伍建设，不断提高服务水利人才发展的水平。

围绕水利人才队伍建设主要任务，通过组织实施党政人才活力激发工程、创新领军人才推进工程、高技能人才培养工程、基层人才能力提升工程、人才精准扶贫助推工程、急需紧缺人才培养工程等6项重点人才工程，不断引领水利人才队伍建设向纵深推进，不断开创水利人才队伍建设的新局面，为实现水利改革发展总体目标提供坚强的支撑和保障。

孙高振　孙　斐　陈业平　执笔

侯京民　审核

专栏三十八

2016 年水利高层次人才名册

水利部人事司

项　目	姓名	单　位
第二批"万人计划"领军人才	王建华	中国水利水电科学研究院
	严登华	中国水利水电科学研究院
	胡少伟	南京水利科学研究院
	李原园	水利水电规划设计总院
全国工程勘察设计大师	王小毛	长江勘测规划设计研究院
	景来红	黄河勘测规划设计有限公司
文化名家暨"四个一批"人才	汤鑫华	中国水利水电出版社
	别道玉	长江水利委员会
享受政府特殊津贴专家	王建华	中国水利水电科学研究院
	严登华	中国水利水电科学研究院
	吴一红	中国水利水电科学研究院
	周怀东	中国水利水电科学研究院
	王　煜	黄河勘测规划设计有限公司
	刘晓燕	黄河水利委员会
	张金良	黄河勘测规划设计有限公司
	马军旗	河南黄河河务局开封第一黄河河务局
	齐爱民	河南黄河河务局封丘黄河河务局
	胡少伟	南京水利科学研究院
	盛金保	南京水利科学研究院
	窦希萍	南京水利科学研究院
	郦建强	水利水电规划设计总院

续表

项　　目	姓名	单　　位
享受政府特殊津贴专家	陈　伟	水利水电规划设计总院
	苏加林	中水东北勘测设计研究有限责任公司
	万育生	综合事业局水资源管理中心
	徐峰俊	珠江水利科学研究院
	吴继业	长江勘测规划设计研究院
第五批“5151”人才工程部级人选	曾　焱	水利部水文局
	廖文根	水利水电规划设计总院
	马　军	中水东北勘察设计研究有限责任公司
	温彦锋	中国水利水电科学研究院
	陈建国	中国水利水电科学研究院
	杨华全	长江水利委员会
	谭界雄	长江水利委员会
	张建清	长江水利委员会
	路新景	黄河水利委员会
	张新海	黄河水利委员会
	张原锋	黄河水利委员会
	程绪水	淮河水利委员会
	林荷娟	太湖流域管理局
	吴时强	南京水利科学研究院
	李国英	南京水利科学研究院
	张书函	北京市水科学技术研究院
	梁凤国	辽宁省水文局
	李芳花	黑龙江省水利科学研究院
	唐　毅	浙江省水利水电工程局
	李祖发	福建省水利水电勘察设计研究院
	罗　辉	山东省南水北调工程建设管理局
	别大鹏	湖北省水利水电规划勘测设计院

续表

项　　目	姓名	单　　位
第五批“5151”人才工程部级人选	邱　静	广东省水利水电科学研究院
	陈宏明	广西水利电力勘察设计研究院
	杜　历	宁夏水利科学研究院
	彭卫军	新疆水利水电勘测设计研究院
	黎昔春	湖南省水利水电勘察设计研究总院
	吴换营	天津市水利勘测设计院
	张黎明	新疆兵团勘测设计院（集团）有限责任公司
	陈俊贤	珠江水利委员会
	赵永川	云南省水利水电勘测设计研究院
全国技术能手	张　军	黄河水利委员会
	刘彤宇	黄河水利委员会
第二批全国水利行业首席技师	张　涛	长江水利委员会
	吴继业	长江水利委员会
	李义铭	长江水利委员会
	李　凯	长江水利委员会
	汪卫东	长江水利委员会
	林喜才	黄河水利委员会
	亓传周	黄河水利委员会
	金天龙	黄河水利委员会
	李登斌	黄河水利委员会
	张振辉	黄河水利委员会
	张洪昌	黄河水利委员会
	刘海鹏	北京北排水环境发展有限公司
	郭建祥	河北省水利水电勘测设计研究院
	赵福祥	河北省承德水文水资源勘测分局
	王海风	吉林省松原水文水资源分局
	王战义	陕西省交口抽渭灌溉管理局

续表

项　　目	姓名	单　　位
第二批全国水利行业首席技师	石小庆	陕西省泾渠管理局
	张淮武	甘肃省景泰川电力提灌管理局
	朱其林	江苏省扬州水文水资源勘测分局
	秦以培	江苏省盐城市水利局
	郭光海	浙江省宁波白溪水库管理局
	周伟丰	浙江省嘉兴市水利局
	张利明	浙江省金华市沙畈水库管理处
	孙国永	安徽省驷马山引江工程管理处
	李带发	福建省龙岩水文水资源勘测分局
	李吉涛	湖北省荆门市水文水资源勘测局
	潘　刚	湖北省漳河工程管理局
	张宇贵	四川省成都水文水资源勘测局
	李春桃	四川省水利电力工程局
	米　玛	西藏自治区阿里水文水资源勘测分局

孙高振　孙　斐　陈业平　执笔

侯京民　审核

不断提高水利安全监督管理能力

水利部安全监督司

2016年，水利安全监督工作认真贯彻中央水利工作和安全生产大政方针，坚持安全第一、预防为主，落实责任、强化监管，加强制度建设、考核督导和宣教培训，推进标准化和信息化长效机制建设，抓好直属单位和行业安全薄弱环节，水利安全生产形势保持平稳态势。项目稽察工作稳步推进，以水利建设项目进度、资金、质量和安全为重点，分批对重大水利工程和重点项目开展稽察督查，对年度中央水利建设投资完成情况开展抽查核查，狠抓稽察问题整改，有力地保障了大规模水利建设的顺利进行。

一、抓关键，强化工作部署

水利部高度重视安全监督工作，陈雷部长多次作出重要指示，刘宁副部长主持召开7次部安全生产领导小组会议和其他专题会议，认真贯彻落实国务院安委会各项工作部署，有针对性地指导全行业做好水利安全生产工作。及时印发年度安全生产工作要点，对全年水利安全生产工作进行安排部署。组织召开水利安全生产监督工作视频会，分析水利行业面临的新形势，安排部署重点工作。召开部直属单位长效机制座谈会，对部直属单位安全生产工作进行部署。

二、抓制度，强化长效机制

制定了水利安全生产《信息报告和处置规则》《巡查工作制度》和《应急预案》，规范水利安全生产信息报告、巡查和事故应急处置。制定了《关于建立健全水利安全生产责任体系的指导意见》《关于加强水利生产安全事故隐患排查治理的指导意见》《水利水电建设项目安全设施验收导则》和《水利工程生产安全事故重大隐患判定标准（试行）》，进一步落实行业安全生产监管职责和水利生产经营单位安全生产主体责任，目前重大隐患判定标准正在安徽、陕西两省开展试点。健全水利部直属单位安全生产长效机制，开展了登列危险源清单、完善应急预案和编制《安全风险防控手册》三项工作。深入开展安全生产月活动，组织了“一把手”谈安全生产、全国水利安全生产知识网络竞赛、水利安全生产应急预案竞赛等活动，创立了安全生产微信平台，制作完成了水利安全生产警示教育片《责任》《水利生产安全事故案例集（2009—2015）》等，水利部被国务院安委会评为全国安全生产月活动三个优秀组织部委之一。

三、抓落实，强化监督检查

全年组织 21 个检查组，对水利部批复初设的 23 个省的 43 项重大工程进行了首次安全生产巡查，实现了全覆盖；组织 27 个组，按年中、年末对省级水行政主管部门开展了安全生产监管工作考核，并对结果打分、排名、通报。开展了汛期安全生产检查、危化品专项整治督查。各流域机构和各省厅局积极落实水利部工作部署，认真开展自查，全行业新排查事故隐患 31323 项，整改落实率 92%。严格开展事故处置督导工作，派工作人员赴现场对贵州省遵义市农村饮水安全工程发生的较大生产安全事故和广西壮族自治区来宾市隧洞发生地质灾害事件进行督导，对水利安全生产管理工作提出明确要求。

四、抓重点，强化项目稽察

紧紧围绕水利中心任务，突出对重大水利工程的专项稽察，突出对面上重点项目的常规稽察，突出对重点关注领域的机动稽察，水利部分 8 批派出 145 个稽察组，对全国 466 个重点项目开展了稽察。积极推动地方稽察工作，印发了《水利部关于进一步加强流域机构和地方水利稽察工作的通知》《2016 年水利稽察工作安排意见》，统筹安排水利部司局、流域机构和省级水行政主管部门稽察任务分工，发挥好稽察综合效能。据统计，全年向各省（自治区、直辖市）派出 385 个稽察组，对 1375 个地方项目开展了稽察，充分发挥了水利稽察“保安全、保质量、保廉洁、促进度”

的作用。

五、抓责任，强化稽察整改

各司局、流域机构和省级水行政主管部门联动联促，对稽察发现的问题及时督促整改，以“一省一单”的形式向有关省级水行政主管部门、相关省级人民政府办公厅印发整改意见通知191份，各地向项目管理单位印发整改意见725份，整改责任更加明确，整改落实工作更加扎实有效。组织开展“回头看”，派出25个稽察组，对2015年以来稽察的365个项目、1357个问题的整改落实情况进行复查督办，确保工程风险化解在萌芽状态，不留隐患。对涉及工程进度、资金和质量安全等严重问题的8个项目，进行全国通报，并组织督查组进行现场督办，督促相关责任单位把整改工作落到实处。

六、抓基础，强化业务支撑

狠抓信息化建设，督促工程信息及时在上报系统登记入库，实现安全隐患排查、整改全过程动态监管。加快做好安全生产监管信息化工程（一期）水利部建设项目，组织完成了初设报告并经国家发展改革委、水利部核概批复。及时组织开展项目建设工作，认真编制实施方案，建立分工协作机制，加强与共建部委的信息共享。积极推进标准化建设，审定通过了第二批、第三批175家标准化一级达标单位。严格标准化创建工作质量，全年共派出3批12个核查组，对66家安全标准化一级达标创建单位的内业管理和工程项目现场进行全覆盖核查。加强评审机构日常管理，公布了第二批水利安全生产标准化评审机构名单，组织召开了评审机构工作会，制定评审机构考核试行办法，全年培训评审人员约1000余人。启动编制标准化通用规范，通过标准化达标创建促进水利安全生产工作。

叶莉莉　执笔

许文海　审核

水 文 工 作 进 展

水利部水文局

2016年，全国水文系统积极践行中央新时期水利工作方针，深入贯彻水利改革发展决策部署，围绕“大水文”发展战略，全面提升水文工作服务水平，为水利改革发展和经济社会发展提供了坚实可靠的基础支撑。

一、水文情报预报服务水平进一步提升

2016年，超强厄尔尼诺现象严重影响我国，入汛时间早，强降雨过程多，洪水范围广、历时长、量级大，强台风登陆多、影响重，全国遭遇了1998年以来最大洪水。面对严峻汛情，水利部水文局提早安排部署，加强监视分析，强化全时值守，加密中长期趋势研判，强化洪水预报调度分析，提高信息服务质量，为防汛抗旱工作提供了及时准确的雨水情信息和技术支撑，得到陈雷部长和刘宁副部长的高度评价。

一是扎实开展汛前准备工作。提早2个月派出6个工作组赴7个流域进行防汛抗旱水文测报检查，3月底前完成了珠江、淮河、黄河、长江等50个重要断面预报方案修订。

二是科学研判汛期雨水情趋势。先后开展了15次趋势预测分析，1月初就提出“今年涝重于旱，南方可能发生大范围早春汛”等重要预测结论。强化洪水滚动预报与调度分析，提前2~4天准确预报长江中下游及两湖全面超警、太湖出现最高水位4.90m。

三是大力提升信息服务质量。改进雨水情信息报送方式和内容，实行“一事一报”，累计发送雨水情短信30万条。每天向党中央、国务院以及国家防总22个成员单位提供各类简报、汇报、预测分析等10余种信息产品。

四是积极推进水情预警发布。督促指导各级水文部门及时发布水情预

警，全年共发布水情预警 1385 次，超过前 3 年发布的预警次数总和，较 2015 年翻了一番。

五是不断强化业务能力和队伍建设。完善首席预报员制度，强化考核，落实带班领导、首席预报员、值班员三级岗位责任制。

二、水文行业管理不断强化

一是成功召开全国水文工作会议。召开全国水文工作现场会议，刘宁副部长出席会议并讲话。会议全面总结了“十二五”水文工作成效与经验，分析了当前面临的形势任务、存在的机遇挑战，明确了“十三五”水文发展总体思路、目标任务。

二是持续推进水文体制机制改革。组织召开全国水文体制机制改革创新工作座谈会，进一步推动管理体制改革和基层水文体系建设。

三是改革探索取得成果和经验。积极推动水文购买社会服务，取得实际成效。认真总结各地水文用人用工改革试点经验，大力推进区县水文队伍、社会水文队伍和自身水文队伍建设，提出并确立了水文行业“新三支队伍”建设的内涵。

四是精简规范水文行政审批。“国家基本水文测站上下游建设影响水文监测工程的审批”整合为“洪水影响评价审批”，实行并联办理，纳入水利部投资项目在线审批监管平台；“外国组织或个人在华从事水文活动的审批”和“国家基本水文测站设立和调整审批”纳入水利部行政审批受理中心统一受理。

五是队伍建设成效突出。围绕水文系统三支队伍建设，对区县水文队伍、社会水文队伍和专业水文队伍建设开展全方位、多层次教育培训。认真做好第六届全国水文勘测技能大赛筹备工作，推动提高基层水文职工整体素质和业务水平。

三、水文规划前期和建设管理取得进展

一是积极推进规划和项目前期工作。印发《全国水文事业发展规划》，明确当前和今后一段时期水文事业发展的思路、目标、总体布局和主要任

务。加快推进《全国水文基础设施建设规划（2013—2020）》实施，组织开展大江大河水文监测系统、水资源监测能力、省界断面水资源监测站网、跨界河流水文站网、国家水文数据库等项目前期工作，部分项目已获批并安排实施。落实年度水文基建投资计划10.6亿元，其中中央投资9.0亿元，地方投资1.6亿元。

二是抓好中小河流水文监测系统项目建设收尾工作。累计投资161.5亿元的全国中小河流水文监测系统项目建设基本完成，召开了全国项目建设管理座谈会，督促项目收尾和验收工作，开展项目建设总结评价报告编制工作。

三是圆满完成国家地下水监测工程年度建设任务。国家地下水监测工程是一项重大战略性、基础性工程，水利部党组高度重视，多次召开专题会议研究部署。在全国水文系统共同努力下，地下水项目办攻坚克难、真抓实干，强化部门协调，加强建管与监督检查，超额完成年度监测站建设任务，信息服务系统建设稳步推进，在项目组织实施、制度体系建设、监督检查等方面取得很好成效。

四是不断规范水文项目建设管理。国家发展改革委和水利部联合印发《水文基础设施中央预算内投资专项管理办法》。水利部水文局印发《水文设施工程质量评定暂行办法》，较为完善的水文项目建设管理制度体系逐步形成。

四、水文业务工作成效显著

一是积极推进水文测验方式改革。印发《水利部关于深化水文监测改革的指导意见》，组织指导水利部黄河水利委员会水文局以及河北、江苏、安徽、江西、河南、甘肃等省水文部门积极推进试点改革，认真总结试点经验，推动水文监测工作创新发展。

二是不断提升水文科技水平。积极研发和推广高分辨率面雨量监测系统、国产声学流速仪等先进仪器设备。加强地下水、土壤墒情监测设备管理，组织检测并发布合格产品目录，有效保障国家地下水监测工程等项目建设质量。

三是稳步推进水文国际交流合作。圆满完成中哈、中俄、中朝、中蒙、中印、中孟、中越等跨界河流水文合作与技术交流工作，为哈方准确预报洪水灾害。积极组织和参加多个国际组织的有关活动，提升我国水文和水利的国际影响力。全年 30 人次出访 18 个国家和地区，水文国际交流合作得到各方的一致肯定。

四是扎实开展水文援藏援疆工作。8 个水文对口援藏牵头单位组织召开座谈会，制定“十三五”水文援藏计划。积极推进水文援疆工作，开展了水文援疆需求和成效调研。指导编制完成西藏新疆水文发展规划并组织进行审查，完成西部部分重要湖泊测量成果验收等有关工作。

五、水文服务领域进一步拓展

一是不断深化水文信息服务。编制完成《2015 年度流域地下水水质状况报告》，成果纳入《中国水资源公报》和《中国环境状况公报》。编制出版《地下水动态月报》《中国河流泥沙公报（2015）》。

二是稳步推动城市水文试点工作。编制完成《试点城市水文站网建设规划》项目任务书、《试点城市水文站网建设规划》技术大纲。截至 2016 年年底，全国城市水文试点城市增至 60 个。

三是持续加强水生态监测。编制完成《水生生物监测调查技术要求》。组织完成《黄河主要干支流重金属与微生物分布特征与生态环境质量研究》《云南省珠江流域重要高原湖泊水生态分析评价》等项目。

刘圆圆　执笔
蔡建元　审核

水利信息化持续推进

水利部水文局

2016年，全国水利系统深入贯彻中央决策部署，积极推进“以水利信息化带动水利现代化”，抢抓机遇，开拓创新，积极推进水利网信事业发展，水利网信工作水平全面提升，为水利改革发展提供坚实支撑和强力驱动。

一、水利信息化管理不断强化

（一）明确提出水利信息化发展“十三五”总体思路

2016年6月，召开全国水利网络安全和信息化工作视频会议，水利部部长、水利部网信领导小组组长陈雷在会上明确提出“全面提升水利信息化水平，推动‘数字水利’向‘智慧水利’转变，以水利信息化、网络化和智能化带动水治理体系和治理能力现代化”的总体思路；水利部副部长、水利部网信领导小组常务副组长刘宁主持会议并作总结。

（二）正式印发《水利信息化发展“十三五”规划》

水利部正式印发《水利信息化发展“十三五”规划》，成为指导“十三五”时期水利信息化发展的纲领性文件；7个流域机构均完成水利信息化“十三五”专项规划审查；黑龙江、上海、福建、广西、贵州、甘肃、宁夏等省（自治区、直辖市）和宁波、深圳等市的水行政主管部门印发本地区专项规划；加强培训力度，大力宣讲、解读全国水利信息化“十三五”规划。

（三）不断加强水利信息化建设与管理

水利部印发《水利部信息化建设与管理办法》《关于进一步加强水利信息化建设与管理的指导意见》，有效规范了水利信息化建设与管理。水利部办公厅印发《水利部网络安全与信息化领导小组工作制度》《关于加快推进卫星遥感在水利业务应用的通知》《关于开展水利数据资源调查的通知》，使水利信息化建设更上一个新的台阶。

（四）继续推动水利信息化项目立项相关工作

协助水利部规划计划司开展第二批［水利部黄河水利委员会（以下简称“黄委”）、水利部淮河水利委员会（以下简称“淮委”）］资源整合共享项目前期工作。水利部作为主用户的陆地水资源卫星预研论证工作通过国防科工局评审；生态环境保护信息化工程可行性研究报告通过国家发展改革委评审；水利安全生产监管信息化工程初步设计获国家发展改革委批复。扎实做好水利部接入国家政务内网相关项目前期工作，修改完成《水利部接入国家电子政务内网集中立项实施方案》并获批复；明确水利部海河水利委员会（以下简称“海委”）作为流域机构接入国家政务内网的试点单位。

（五）水利信息化技术标准工作成效明显

2016 年，颁布国家标准《水资源管理信息对象代码编制规范》，组织完成《湖泊代码》审定和《水资源监控管理数据库表结构及标识符》升国家标准审定，即将颁布；组织完成 16 项新增纳入《水利技术标准体系表》信息化技术标准项目建议书和申报书的修改，启动 12 项水利信息化标准制修订工作。

（六）水利信息化资源整合共享取得显著进展

2016 年 12 月，水利部网信办组织召开水利信息化资源整合共享试点总结会，总结了水利部机关、水利部长江水利委员会（以下简称“长江委”）、江苏省水利厅等单位试点经验，发布了水利一张图、一个库、一朵云、一门户、一目录等成果，部署了下一阶段整合共享工作。水利一张图在全行业得到大规模应用，构建了“水利一张图+业务应用”新模式。第二批流域机构资源整合共享项目正式立项；黄委确立了一张图、一个库、一门户、一平台、一张网、统一管理的“六个一”信息化工作重点，扎实推进信息化与治黄主业进一步融合。

（七）水利信息化应用多项成果获奖

由水利部水利信息中心主持完成的“全国水利一张图建设与应用”获2016年国家测绘科技进步特等奖，“第一次全国水利普查图集”获2016年度优秀地图作品裴秀奖金奖，“水利资源和地理空间基础信息库构建与应用”和“中小河流突发性洪水监测预报预警关键技术及应用”获2016年大禹水利科学技术二等奖。江西省水利厅“鄱阳湖地理信息系统研究”获2016年大禹水利科学技术三等奖；上海市水务局“智能苏州河综合信息服务平台”获2016年上海市智慧城市建设优秀实践成果奖。

（八）成功举办水利网络安全和信息化培训

水利部党组举办网络安全和信息化工作理论学习讲座，中央宣传部副部长、中央网络安全和信息化领导小组办公室主任、国家互联网信息办公室主任鲁炜应邀作《深入学习贯彻习近平总书记重要讲话精神，坚定不移走中国特色社会主义治网之道》专题讲座。水利部党组书记、部长陈雷主持讲座，部领导田学斌、刘宁、周学文参加学习。举办了水利信息化规划暨顶层设计、水利网络安全、水利遥感数据成果应用等方面的培训班，进一步加强水利行业的人才队伍建设。

二、水利网络安全保障能力明显提升

（一）开展水利部政务内网风险评估

完成水利部机关政务内网安全保密自查及整改，修订管理制度，完成国家保密局分级保护风险评估，获得《使用许可证》；协助5个部直属单位政务内网通过国家保密局分级保护风险评估。

（二）做好水利部政务外网等级保护测评

完成水利部网站信息系统等9个系统等级保护测评；组织完成黄委、海委重要信息系统等改造项目竣工验收。

（三）组织大规模水利网络安全、保密检查

组织开展了水利部机关各司局、部直属各单位及各省级水行政主管部门开展的两次网络安全自查工作，接受了公安部现场执法检查，完成了对

长江委水文局等7个流域机构的现场抽查工作并督促限期整改；配合开展了两次外网保密检查，累计检查终端1324台，抽查京外单位终端102台，有效提升保密防范意识。

（四）加强监测预警及重要时期网络安全专项保障

进一步完善水利行业信息通报机制，建立水利行业信息通报微信群，提高通报效率。对水利行业77个重点网站进行在线安全监测，通报17个单位25起网络安全事件；组织水利行业"两会"、G20峰会和十八届六中全会等重要时期网络安全专项保障，实行"零事件"报告制度，水利部机关24小时值守保障。

（五）稳步推进水利部直属单位软件正版化

印发了《关于推进水利部直属单位软件正版化工作通知》；部署开展了水利部机关和25家部直属单位的自查统计工作，现场抽查了南京水利科学研究院、长江委水文局、黄委河南局、淮委沂沭泗局、海委机关等单位的软件正版化工作，调研了江苏、湖北软件正版化工作；完成了2016年水利部软件正版化工作总结，正式报国家版权局。

（六）推进水利国产密码应用

编制《水利部政务外网身份认证系统SM2算法升级方案》；向密码局报送国产密码应用推进工作自查报告、2016年工作总结、2017年工作计划。现场抽查长江委水文局等7个单位的国产密码应用推进工作情况。

（七）推动水利工程工业控制系统安全防护

赴水利部小浪底水利枢纽管理中心、江苏省水利厅等典型单位进行水利工程工业控制系统调研，印发《关于开展水利工程工业控制系统基本情况调查的通知》，对全国中型及以上水利工程开展全面调查，共梳理33个直属单位和省级水利部门1190个重要工程控制系统和1225个一般工程控制系统。

（八）开展水利关键信息基础设施摸底调查

水利部机关及直属单位对网站、水利工程控制系统和重要业务系统等112个关键信息基础设施进行摸底调查，效果良好。

（九）加强水利党政机关网站安全管理

全力推进水利部门户网站改版，做好政府网站监管工作，组建水利矩阵，开展互联网网站安全专项整治行动。

三、水利业务系统建设与应用成效显著

（一）国家防汛抗旱指挥系统二期工程全面推进

全面落实组织机构建设；制订和完善项目建设管理规章制度；加快推进项目建设；颁布技术指导书推进地方有序开展项目建设；完成项目部分合同验收，部分项目已投入运行；完成新技术应用、建设管理和相关技术培训班；开展专项督查，推进流域和省级项目建设进度；确立项目建设示范单位。

（二）国家水资源监控能力建设一期项目通过终验、二期项目全面启动

完成一期项目验收，基本建成取用水、水功能区、省界断面三大监测体系，共设置取用水在线监测站 1.6 万个、水质在线监测站 244 个，采购大批实验室水质分析仪器，搭建水资源管理信息平台 40 个，实现了对全国 75% 的颁证许可水量在线监测，对全国重要地表水饮用水水源地（第一批）实现水质在线监测，对省界断面和 86% 重要江河湖泊水功能区实现水质常规监测，对省界断面水量监测率比 2011 年提高 2 倍，初步实现中央、流域和省（自治区、直辖市）水资源管理过程核心信息的互联互通和主要水资源管理业务的在线处理；开展二期项目技术方案编制、复核和一期项目财政支出绩效评价等工作。

（三）高分重大专项（民用部分）水利高分遥感业务应用示范系统（一期）顺利推进

完成 16 项关键技术、26 个软件模块和 18 个专题产品生产规范的专家评审，对水资源监测评价和管理、水旱灾害监测、水土保持监测和评价等子系统科研和示范应用科研项目验收，完成高分平台和业务子系统三次第三方测试，示范区开展地表水源地水体范围监测、地表蓄水量估算、土壤含水量反演、灌溉面积监测、三个水质参数反演和主要江河湖库水体分布

等 8 个产品监测示范应用，完成项目验收准备工作。

（四）水利财务管理信息系统等重点工程进展顺利

建成水利财务管理信息系统，经一年多的试运行后正式运行，实现了水利财务的全业务、全环节、全流程管理，为落实水利预算管理“三项机制”提供了技术支撑，提高了水利财务综合管理水平；整体推进水土保持信息化，实施全国水土保持信息管理系统升级工作，扎实开展生产建设项目监管示范工作，持续推进重点治理县数据入库工作，完成高分遥感水土保持业务专项工作。

（五）水利视频会商系统应用成效显著

水利视频会商系统范围进一步扩展，覆盖五级节点，总节点数达 8196 个。在太湖发生流域性特大洪水、长江流域发生 1998 年以来最大洪水期间，国家防总利用水利视频会商系统实时会商、提前预警、科学调度，为防汛抗洪减灾工作提供了有力保障。2016 年水利部召开异地视频会议 49 次，约 20.8 万人次参会，各流域、各省召开视频会议 1672 次，约 31.5 万人次参会，视频会议已成为会议常态，大大提高了工作效率、降低了行政成本。

（六）水利卫星遥感应用进一步推进

高分重大专项水利高分遥感业务应用示范系统顺利推进，联合应用多源高分卫星数据，对长江流域洪水、北川堰塞湖等水旱灾害，以及黄河公伯峡水库周边区域占用情况进行了连续动态监测，有效支撑了水利主体业务。7 月，国防科工局联合 8 家中央媒体就水利高分数据业务应用情况进行了专题采访和报道。8 月，刘宁副部长亲临高分三号发射总指挥室，见证了水利部为主用户的高分三号卫星成功发射。水利部水利信息中心联合中国航天科技集团第八研究院对《国家空间基础设施中长期规划（2015—2025 年）》中的陆地水资源卫星应用需求和技术指标开展了论证工作，并通过国防科工局的评审。

（七）水利信息化服务支撑能力全面提升

水利部水利行政审批受理中心工作有序开展，全面实现了网上预受理预审查，办结事项满意率100%。水利视频会商系统应用成效显著，系统范围进一步扩展，覆盖五级节点，总节点数达8196个。水利卫星通信应用成效明显，水利卫星通信网规模不断扩大，目前已建成737个小站，在偏远地区信息采集、应急通信发挥重要作用，特别为今年长江流域、“7·19”海河流域抗洪抢险以及内蒙古自治区抗凌等工作提供可靠的通信保障。

（八）水利行业网站取得佳绩

水利部门户网站在2016年中国政府网站绩效评估中荣获部委网站第六名，并荣获最具影响力政府网站奖；上海市水务局获市政府网站测评优秀奖；湖北省水利厅获省直单位网站绩效评估第六名。“水利信息化”微信公众号完成改版，提供多项服务；上海市水务局推出“微信企业号+微信订阅号+微信群+APP+对接今日头条和网易新闻”移动应用组合服务套餐，用户数和活跃度再创新高。水利政府网站普查工作形成常态化监管体制和季度抽查机制。

（九）新技术应用加快推进

“互联网+现代水利”行动计划在广东省率先实施，提出了以“互联网+”为抓手，推动网信新技术、新模式、新理念与水利业务深度融合，提供全方位高效率的数字化、网络化、智能化的水利业务应用，驱动广东省水利现代化的发展目标。宁夏回族自治区水利数据中心率先迁到自治区云平台，宁夏回族自治区水利厅按照自治区政务民生信息化建设发展规划要求，完成26项应用的数据中心迁移入云工作，借助信息化管理技术助推传统水利向智慧水利转型。

黄藏青　执笔
蔡建元　审核

专栏三十九

国家水资源监控能力建设取得新进展

水利部水资源司

国家水资源监控能力建设项目是落实《中共中央国务院关于加快水利改革发展的决定》精神，实行最严格水资源管理制度的重要技术支撑。按照“三年基本建成、五年基本完善”的总体部署，分两期建设，一期项目在2012—2014年实施，二期项目在2016—2018年实施，目前项目建设取得积极进展。

一、初步建成国家水资源管理系统

2016年，水利部成立国家水资源监控能力建设项目（2012—2014年）验收委员会，在水资源司对32个省级项目完成技术评估工作基础上，组织对7个流域机构和水利部部本级4家单位项目进行了分单位项目终验。4月中旬至7月在水利部部本级、流域和省级项目同步开展总体试运行工作，实现监测数据上报率达到95%以上，及时率和完整率达到90%以上，并通过了水利部水资源监控平台政务外网系统等级保护测评和政务内网系统分级保护测评以及第三方技术鉴定。7月20日，一期项目顺利通过终验。

通过国家水资源监控能力建设项目（2012—2014年）建设，初步建成国家水资源管理系统，实现全国75%总许可水量的在线监控，86%重要江河湖泊水功能区水质的常规监测，省界断面水质常规监测全覆盖，水量监测覆盖率较原有水平提高2倍；建立了三级水资源管理信息平台，基本实现水利部、流域和省（自治区、直辖市）水资源管理核心信息的互联互通和主要水资源管理业务的协同处理，积累了大量宝贵的水资源信息，水利部平台汇聚了水资源基础类、空间类和业务类数据超过100万条，流域和省层面上报监控数据超两亿条。

二、全面启动二期项目建设

2016年4月，水利部印发《国家水资源监控能力建设项目实施方案（2016—2018年）》，启动二期项目建设。二期项目将进一步提升水资源监控能力，对全国许可水量的80%以上和总用水量的50%（一期为36%）以上实现在线监测，对列入《全国重要饮用水水源地名录（2016年）》的地表水饮用水水源地实现水质在线监测全覆盖，完善各级信息平台功能，基本建成国家水资源管理系统，为实行最严格水资源管理制度提供服务和支撑。

程晓冰　蒋云钟　田　琦　杨海从　执笔

程晓冰　审核

专栏四十

国家地下水监测工程建设全面推进

水利部水文局

2016 年是国家地下水监测工程实施的关键之年、高峰之年。在水利部党组坚强领导下，在全国水文系统共同努力下，项目建设克服了点多面广、高度分散、实施难度大、时间紧、任务重等困难，科学谋划，真抓实干，强化部门协调，加强建管与监督检查，采取多种措施，全力推进工程建设，超额完成了年度建设计划，得到了水利部领导的充分肯定。

一、全力推进，超额完成年度任务

2016 年监测井建设超额完成。监测井工程 3 年共计划招标 109 个，目前已累计完成 106 个，完成率 97.2%。2016 年计划招标 74 个，已完成 78 个，完成率 105%。原计划到 2016 年年底累计完成监测站建设 7714 个，占总数的 75%。目前已累计完成监测井土建 8735 个，总完成率 84.8%，比原计划多完成 9.8%。国家地下水监测工程仪器设备共计划招标 48 个，其中 2016 年计划招标 47 个，已完成 47 个，完成率 100%。

信息系统建设完成基础软件、业务应用软件、省级信息系统硬件招标工作，有关软件开发也正在推进。监测中心大楼购置、验房与功能设计等工作顺利完成。2016 年下达建设资金 5.0 亿元，通过加强沟通，采取措施，加大力度推进支付进度，共完成支付 4.77 亿元，占 99.4%，超额完成了原定计划任务。

二、建章立制，强化项目建设管理

2016 年，水利部印发了国家地下水监测工程（水利部分）地下水监测方案（暂行），颁布了《监测数据通信报文规定》《数据库表结构及标识符》等21项项目技术标准。编印了项目法人监督检查方案，制定了监督检查内容细化表，水利部水文局全年共组织了11个检查组对16个省工程建设管理情况进行监督检查。为确保工程建设进度，水利部水文局通过组织召开项目总结会、任务布置会、建设推进会、项目建设专题会、监理约谈会、中标单位约谈会、实时跟踪督查等方式，多措并举，强化推进工程建设。同时规范项目办内部工作审批流程，编制审批流程登记表，对各省上报的招标文件、合同的审核及办理等重点环节进行进度控制，明确责任部门及各个节点时间期限，加快工作进度。

三、加强现场监管，严把质量控制

各省水文部门强化各级水文部门对本级项目建设管理的主体作用，明确省级与地市的职责与分工，确保责任落实到人，确保每个现场均有水文职工监管。同时，加强对监理单位、施工单位的管理，确保了施工进度和质量。辽宁省水文局将从事多年项目建设管理的人员纳入项目办；湖北、山西、江西、新疆等省（自治区）制定监测井责任人制度，签订工程建设现场管理责任书，将监测井建设管理细化到每个人，做到“人人有责任，站站有监管”；新疆严把成井质量，对不合格滤料重新筛选；湖北进行示范井建设；天津建立样例分级控制体系，在每个区县选择典型工地作为施工样例，规范施工工序；江苏对监测井全部取芯，并在取芯后会同专家再次复核确定终孔深度，将监测站质量控制贯穿于建设始终。

四、通力合作，项目建设有效推进

组织召开水利部、国土资源部两部委协调领导小组会、国家地下水监测中心管委会等，先后就大楼购置、运行管理模式、经费测算等事宜进行沟通、协调，达成了共识。两部委协调领导小组会议上明确了“两个分库、一个总库，全面共享、分别应用，构建机制、顺畅运行，独立监测、联合发布”的信息共享总体原则。

各省针对项目建设过程中实际重点、难点问题，加强与基层地方政府、水利、国土、城建、施工、监理等单位之间的沟通协调，解决了监测井站点位置、征地费用、施工进场及井位重复等协调难度较大的问题，全力推进项目建设。福建、四川两省水利厅与国土厅联合下文，明确解决建设用地问题；江苏、辽宁、新疆、陕西等省（自治区）水利厅下文明确各级水行政单位支持项目建设。

严宇红　执笔

蔡建元　审核

专栏四十一

中小河流水文监测系统建设取得显著成效

水利部水文局

中小河流水文监测系统项目自2011年启动实施以来，在水利部统一领导下，有关司局的大力支持下，各级水文单位高度重视，精心组织项目实施，已基本完成建设任务，项目全面进入收尾阶段。

2016年年初，水利部水文局组织召开了全国中小河流水文监测系统项目建设管理座谈会，对做好项目建设收尾有关工作进行了全面部署和安排。印发了《关于切实加快中小河流水文监测系统项目建设收尾工作的通知》；通过简报、监督检查、督办函、约谈等监管手段，进一步加强指导，全力推动项目建设进度和收尾工作。

经过近5年的项目实施，《全国中小河流治理和病险水库除险加固、山洪地质灾害防御和综合治理总体规划》提出“基本建成覆盖我国中小河流的水文监测体系，提高中小河流水文信息的采集、传输、处理水平和洪水预警预报能力”的规划目标已基本实现。中小河流水文监测系统项目在近年防汛减灾中已初步发挥建设成效，特别是2016年在超强厄尔尼诺和拉尼娜现象的影响下，全国遭遇了较强降雨，已完成的建设项目大幅提升了我国中小河流水文监测和预警预报能力，有效提高了防汛减灾指挥决策的科学性和时效性，为2016年防洪避险救灾、保障人民生命财产安全等方面提供了可靠的信息保障，取得了巨大的社会效益和经济效益。

2016年6月18—19日，江西省鄱阳县遭遇暴雨袭击，全县平均降雨量178mm，最大降雨量384.5mm，最大3小时、6小时、12小时降雨量超过了当地历史纪录。受强降雨影响，田畈街镇多处道路被淹，交通瘫痪。水文部门根据中小河流项目新建的莲花、大塘铺水文站以及区域内自动雨量监测站的水雨情，通过手机短信的方式为万年县、鄱阳县水利部门及沿河相关乡镇提供辖区江河湖库实时水雨情信息及流域、区域水雨情预警信息等服务，发送短信260余条，当地政府组织转移群众5600余人。

2016年6月23—25日，重庆市出现了一次大范围强降雨过程，根据中小河流水文站点监测数据，26个区县的999个雨量站降水超过50mm，16个区县的342个雨量站降水超过100mm，最大为降水量256.3mm，境内48条中小河流出现明显涨水过程，涨幅1~5m。暴雨洪水期间，水文部门发布预警短信近4000条、重要水雨情通报5期，重庆市防指相继发布暴雨洪灾Ⅲ级预警、启动暴雨洪灾及江河洪水Ⅳ级应急响应，紧急转移安置3542人，最大程度减轻了灾害损失。

2016年6月下旬至7月上旬，安徽省合肥市、巢湖市、芜湖市、马鞍山一带遭遇历史特大暴雨袭击，中小河流建设的红杨站监测到累计降水量948.0mm，为区域最大降雨量，21条中小河流发生了超警戒、超保证、超历史特大洪水，新建的罗河、缺口、金凤、丰乐、三河、派河、中派、柘皋、夏阁、三汊河、施口等20余个站点完整记录了洪水过程，水文部门及时发布预警预报87次，为受影响区域提前防范和人员撤离争赢得了宝贵时间，当地政府组织转移群众33.6万人，减少经济损失约81亿元。

刘　晋　执笔

蔡建元　审核

进一步加强河湖管理和规范工程运行管理

水利部建设与管理司

一、持续加强河湖管理

2016年，水利部采取有力措施，不断推进河湖管护机制创新，持续强化严格涉河建设项目监管和河道采砂监管。

一是开展河湖管理范围划界工作。落实中央直管河湖和水利工程划界经费，安排水利部黄河水利委员会、水利部海河水利委员会开展试点工作。配合财政部评审中心完成了中央直管河湖和水利工程划界经费审核。组织建安中心制定了界桩和标示牌制作标准。

二是推进河湖管护体制机制创新试点。组织对北京市海淀区等46个试点县（市）实施方案进行了审查，并由试点地区政府批复。根据实施方案，各试点县市全面组织开展了试点工作。

三是严格涉河建设项目管理。前三季度，共公告了7个流域机构审查的196项涉河建设项目。第三季度还公示了31个省（自治区、直辖市）和新疆建设兵团审查的119项涉河建设项目。

四是强化河道采砂管理。组织召开水利部、交通运输部加强长江河道采砂管理合作机制领导小组办公室会议，制定印发2016年两部长江河道采砂管理合作工作要点。组织开展两部长江河道采砂管理联合检查，对水利部长江委、交通运输部长航局和四川、重庆、湖北、湖南、江西、安徽、江苏7个省（直辖市）长江河道采砂管理情况进行了专项检查。组织对江苏、安徽、山东、河南等省淮河河道（湖泊）开展了采砂管理专项检查。

二、不断规范水利工程运行管理

2016年，以确保水利工程安全运行为核心，着力推进水利管理规范化、制度化，确保水利工程安全运行和效益充分发挥。

一是落实水库大坝安全责任制。水利部通告全国656座大型水库大坝安全责任人，省级水行政主管部门落实本省（自治区、直辖市）中型水库大坝安全责任人名单，县级落实小型水库大坝安全责任人名单。

二是组织开展水利工程运行管理督查。围绕当前工作重点，2016年启动了河湖管理督查试点。运行管理督查紧紧围绕水利部中心工作，以涉及防洪安全、供水安全、粮食安全、生态安全的水利工程为重点，深入开展现场监督检查，不断规范水利工程运行管理，有力促进了水利工程规范运行、安全运行和良性运行。

三是扎实开展水利工程管理考核。水利部组织修订印发《水利工程管理考核办法》及其考核标准，督促指导各地认真开展水利工程管理考核工作。2016年，水利部完成27个水管单位的考核验收和复核工作，并及时进行了通报。

四是推进大中型水库调度管理、风险管理等工作。水利部组织各地对大型水库调度规程、安全管理应急预案和安全鉴定工作情况进行全面调查，进一步加强水库调度管理、风险管理等工作，推进大型水库大坝安全管理应急预案和调度规程编制和审批工作，督促各地按照有关规定及时开展水库大坝安全鉴定工作。

五是加强水库枢纽工程运行管理。安排部属水库和有关地方所属水库先行开展水库大坝安全运行管理年度报告编制试点，进一步规范大型水库运行管理工作。组织开展部属水库安全管理工作调研，召开部属工程运行安全工作座谈会，通报部党组巡视组巡视发现的部分部属工程现场管理存在的问题；印发《关于加强部直属水利工程现场管理工作的通知》，进一步强化部属水库安全运行管理工作。

李春明　夏明勇　刘　江　赵建波　姜　沛　执笔

祖雷鸣　徐元明　审核

专栏四十二

水利建设市场信用体系建设取得积极进展

水利部建设与管理司

2016年，水利部认真贯彻落实中央关于加快社会信用体系建设决策部署，大力推进水利建设市场信用体系建设，营造公平诚信的水利建设市场环境，维护水利建设市场正常秩序，保障了大规模水利建设顺利实施。

一是健全信用体系规章制度。2009年，中央治理工程建设领域突出问题工作领导小组确定水利部为工程建设领域项目信息公开和诚信体系建设试点单位，以此为契机，水利部制定出台了《水利建设市场主体信用信息管理暂行办法》和《水利建设市场主体不良行为记录公告暂行办法》。2011年，印发《水利工程建设领域项目信息公开和诚信体系建设实施方案》。2014年，联合国家发展改革委印发《关于加快水利建设市场信用体系建设的实施意见》。2015年，制定出台《水利建设市场主体信用评价管理暂行办法》及8类市场主体信用评价标准。各地也结合自身实际，在信用信息公开、信息应用等方面出台了一系列制度，水利建设市场信用体系规章制度和标准体系框架基本形成。

二是加大信用信息公开力度。2010年，全国水利建设市场信用平台开通投入运行，及时记录并公布市场主体信用信息、项目信息和不良行为信息，初步建立水利建设市场信用信息数据库。2014年，颁布《水利建设市场主体信用信息数据库表结构及标识符》，统一水利行业信用信息标准，为实现信息平台的互联互通、数据共享提供技术保障。截至2016年年底，全国水利建设市场信用平台共公开7982家从业单位、60多万名从业人员的信用信息80多万条。江西、广东、湖北等省加大行政处罚力度，坚决对不良行为进行公开通报，打击水利建设领域违法违规行为，维护水利建设市场正常秩序。

三是开展市场主体信用评价。2015 年以来，水利部按照政府主导、统一评价、自愿参与、社会监督原则，统一组织水利建设市场主体信用评价工作。组织制定了评价管理办法，明确勘察、设计、施工、监理等 8 类水利建设市场主体信用评价标准，严格评价程序，做到标准公开、程序公开、过程公开、结果公开。信用评价具体工作主要通过购买服务委托相关行业协会承担，流域机构、各省级水行政主管部门配合完成对市场行为的赋分。两年来，分别对2015 年1485 家、2016 年1519 家水利建设市场主体信用评价结果进行了公告，对于提高市场主体诚信意识和信用水平、规范和维护水利建设市场秩序发挥了重要作用。

四是健全守信激励和失信惩戒机制。2016 年，水利部联合最高人民法院等9 部门印发《关于在招标投标活动中对失信被执行人实施联合惩戒的通知》，加强协同监管和联合惩戒。各级水行政主管部门积极推进信用评价结果应用，强化水利建设市场事中事后监管，将市场主体信用信息与施工、监理、质量检测等单位资质监管挂钩，与招标投标、评优评奖活动挂钩，对守信者给予激励，对失信者予以惩戒。水利建设领域守信激励和失信惩戒机制初步建立，信用体系建设已成为水利建设市场监管的利器。

叶炜民　执笔

刘伟平　审核

积极践行新时期水利工作方针
奋力推进长江绿色发展

——2016年长江流域重点工作进展与成效

水利部长江水利委员会

2016年，在水利部的正确领导下，水利部长江水利委员会（以下简称“长江委”）认真贯彻中央水利工作方针和水利部党组决策部署，治江各项工作取得新进展。

一、团结协作、科学防控，夺取防汛抗洪斗争新胜利

2016年，受超强厄尔尼诺现象影响，长江流域发生了1998年以来最为严重的洪涝灾害，干流监利以下江段全线超警，部分支流发生特大洪水。在党中央、国务院的亲切关怀和国家防总、水利部的正确领导下，长江防总和长江委超前谋划、周密安排、精准预报、科学调度，有效减轻了中下游防洪压力。汛前强化检查督导，采取“一省一单”方式督促流域各省（直辖市）防指抓紧完成薄弱环节整改，加快实施崩岸应急治理，及时消除安全度汛隐患。汛期强化应急值守、预警预报，先后组织85次防汛会商，启动9次应急响应，迎战2次洪峰，联合调度三峡等水库群拦洪、削峰、错峰，派出111个工作组、专家组赴各地指导抢险救灾，为及时做好险情处置提供了有力支撑。实现了确保人民群众生命安全、确保重要堤防和重要设施安全的目标，取得了防汛抗洪斗争的全面胜利。

二、规划引领、问题导向，开启长江保护发展新征程

认真落实《长江经济带发展规划纲要》，制定《推动长江经济带发展水利支撑与保障工作方案》，组织编制《长江经济带沿江取水口、排污口和应急水源布局规划》《长江岸线保护和开发利用总体规划》，并获批实

施。积极推进32项长江流域重要支流、湖泊、西南跨界河流综合规划和重要专项规划的编制与审查、审批进程，其中《长江中下游干流河道治理规划》《长江中下游干流河道采砂规划（2016—2020年）》等4项规划已获批复，长江流域水利发展“十三五”规划等3项规划成果已纳入全国相应规划。制定长江经济带水资源管理“三条红线”指标，开展长江经济带河段利用市场准入负面清单编制。配合国家有关部委和单位开展流域管理体制机制等重大问题调研，推动与国家长江经济带发展领导小组办公室战略合作。围绕支撑长江经济带发展等重点问题深入调研，将思想行动统一到“生态优先、绿色发展”的要求上来，凝聚成推进长江保护与发展的强大动力。

三、统筹协调、联合调度，实现水资源管理新突破

组织开展《长江流域控制性水库群联合调度研究顶层设计》和相关课题研究，水库群统一调度实践成效显著，长江上游21座控制性水库信息共享平台发挥重要作用。汛前及时调度流域水库群有序消落；汛期科学调度30多座大型水库拦洪、削峰、错峰，首次实施长江上游与中游清江和洞庭四水水库群的联合调度，首次实现三峡水库对城陵矶地区的补偿调度，避免了荆江河段约250km堤防超警，确保城陵矶地区的分洪运用；汛末统筹上游水库蓄水和中下游用水需求，精准测报、精细调度，圆满完成上游水库群蓄水目标，三峡水库连续第7年蓄至175m，为水资源综合利用奠定了坚实的基础。面对丹江口水库连续5年来水偏枯，强化汉江流域水量统一调度，保障了汉江中下游供水安全，完成了向北方供水任务。及时实施应急调度，应对攀枝花等城市枯季供水紧张、汉江中下游局部水华、芦家河水道通航困难等问题。实施澜沧江梯级水电站水量统一调度和应急调度，有效缓解湄公河沿岸国家水资源矛盾和重大旱情。流域控制性水库综合效益得到充分发挥，水资源统一调度管理取得显著成效。

四、依法治水、科学管水，取得流域管理新成效

圆满完成汉江流域加快实施最严格水资源管理制度试点工作，取得一

系列成果。开展长江流域3批共17条河流的水量分配工作，第一批汉江等5条河流水量分配方案获批实施。严格水资源论证、延续取水评估和取水许可管理，开展专项监督检查与考核，进一步加强节水优先工作。严格水功能区管理、入河排污口监管和饮用水水源地保护，对流域片194个国界和省界断面、1362个重要水功能区、195个重要入河排污口、35个地下水监测点，以及三峡、丹江口库区等敏感水域富营养化问题开展了监测，对未达标省界水体水资源质量状况进行了通报。加强水土保持监测，对流域片水土保持重点工程进行了督查和指导。推进长江重点河段河道崩岸治理，加强中小河流治理督导检查。强化流域水法规建设，非法采砂入刑司法解释出台，长江保护立法研究有序推进。深化行政审批制度改革，行政审批事项由11项简化整合为5项，全年办理行政许可252项，办结满意率达到100%。强化流域水行政执法，河道采砂、河湖管理等重点专项和三峡水库等重点区域水行政执法取得良好成效。“河长制”在流域内积极推进，与交通、环保部门在采砂管理、水资源保护监督检查方面的合作持续加强，跨部门跨区域协作联动机制初步建立，流域水事秩序稳定向好。

五、创新驱动、强化管理，展现改革发展新辉煌

大力推进水利信息化和综合站网建设，资源整合与共享取得明显成效，信息化与业务工作深度融合取得实质性进展，“水利一张图”平台在治江工作中得到成功应用，启动了水资源监控能力建设项目二期工程。推进科技创新，加强治江战略与重大技术问题研究，获批牵头负责第一批国家重点研发计划“水资源高效开发利用”重点项目4项、承担国家自然科学基金等项目70余项。荣获国家级、省部级科技奖励13项，获批专利122项。南水北调中线一期工程荣获菲迪克国际咨询工程项目优秀奖；世界规模最大、难度最高的三峡升船机投入试通航。加强科技人才队伍建设，新增全国勘察设计大师1名、水利部“5151人才工程”部级人选3人、享受湖北省政府专项津贴专家1人。加强国际交流与合作，澜湄水资源合作取得重大突破，中秘、中瑞、中韩等水资源管理国际交流深入开展。推进水利重大改革，开展丹江口水库健全国家自然资源资产管理体制

和水流产权确权试点方案编制工作。进一步优化机构设置，筹划成立澜湄水资源合作中心、水库联合调度管理局，完善水政综合执法机构。加强政务管理，健全规章制度，强化督查督办，服务能力不断提升。

六、挺纪在前、强化担当，迈出全面从严治党新步伐

坚持以上率下，不断推进全面从严治党向纵深发展，风清气正的良好氛围逐渐形成。坚持把思想引领和理论武装作为首要任务，深入学习贯彻党的十八大和十八届三中、四中、五中、六中全会以及习近平总书记系列重要讲话精神，“四个意识”和“四个自信”明显增强。扎实开展“两学一做”学习教育，及时制订实施方案，开展支部主题党日、专题研学、领导干部专题党课等活动，学习教育取得积极成效。实行党建责任清单管理，实施党建工作“三级联考”，党建工作责任进一步压实。强化党组织和党员队伍建设，开展“红旗党支部”创建和建党95周年纪念等活动，加强党费管理和党务公开，党组织政治核心、战斗堡垒作用和党员先锋模范作用持续增强。加强领导班子和干部队伍建设，推进干部交流，干部队伍结构进一步优化。认真落实党风廉政建设“两个责任”，强化压力传导，创新执纪问责方法，开展了遵守政治纪律和政治规矩、落实中央八项规定精神情况检查，对4个单位进行了巡察，全力配合水利部党组对长江委的巡视，推动了党风政风好转。

方清忠　张　沙　执笔
熊　铁　审核

规范管理　加快发展
“十三五”治黄改革发展实现良好开局
——2016年黄河流域重点工作进展与成效

水利部黄河水利委员会

2016年，人民治理黄河走过了70年光辉历程。在新的历史起点上，黄河水利委员会（以下简称“黄委”）积极践行新发展理念和中央新时期水利工作方针，在水利部党组的领导下，不忘初心谋治河、规范管理促发展、从严从实抓党建，实现了“十三五”治黄改革发展良好开局，促进了流域经济社会持续健康发展。

一、防汛防凌抗旱取得新胜利

把确保人民群众生命安全放在首位，认真落实防汛抗旱责任制，努力发挥水库调度综合效益，最大程度地避免和降低了灾害损失。2015—2016年度凌汛期，黄河封河最长达1242km，流凌最长达2532km，面对5年来最严重的凌情，超前部署、科学调度，果断处置6次严重险情，确保了防凌安全。面对主汛期局地强降雨过程，及时发布预警信息，启动防汛应急响应，先后派出58个工作组协助地方抗洪抢险，确保了防汛安全。首次成功实施小浪底水库汛限水位动态试验，丰富了水库调度模式。加强后汛期水库调度，五大骨干水库较汛前增蓄水量50亿m^3，为抗旱储备了宝贵水源。

二、水生态文明建设与水资源管理取得新成效

以确保供水安全、生态安全为目标，把黄河水资源作为控制要素和刚性约束，促进流域水环境保护、水生态涵养、水资源节约。在来水偏少37%的情况下，精细调度水量，实现了黄河连续17年不断流，全年干流供

水 215 亿 m^3，保障了供水安全。首次实施黑河春季融冰水量调度，东居延海连续 12 年不干涸。落实最严格水资源管理制度，积极协调推动渭河、洮河等支流水量分配方案制订，与流域内省（自治区）签订会议纪要。圆满完成 2015 年度最严格水资源管理制度考核，启动流域（片）水资源承载能力与监测预警机制建设。推进内蒙古自治区沈乌灌域盟市间水权转让试点节水工程建设。严格水功能区和入河排污口监督管理，组织实施流域（片）2016 年重要水功能区达标考核监督监测。组织完成 1600 多座中型以上病险淤地坝核实。

三、项目前期和规划工作取得新进展

充分发挥重大项目和治黄规划的基础性、先导性和牵引性作用，科学谋划事业长远发展，推动完善治黄总体布局。古贤水利枢纽项目建议书通过中国国际工程咨询公司评估，项目法人组建工作正式启动。东平湖蓄滞洪区防洪工程等 3 个项目初步设计获得批复。粗泥沙集中来源区拦沙工程（一期）可研审批所有前置条件办理完成。禹潼河段“十三五”治理工程可研通过水利部水利水电规划设计总院审查。南水北调西线工程、黑山峡河段开发工程专题论证取得新进展。黄河流域（片）水利发展“十三五”规划、水中长期供求规划、水资源保护规划全面完成，黑河及湟水等 7 条跨省（自治区）支流综合规划完成审批准备。

四、重大水利工程建设管理取得新成绩

以加快重大水利工程建设为重点，以打造精品工程为目标，以创建先进水管单位为抓手，统筹推进工程建设管理养护各项工作再上台阶。纳入国家 172 项节水供水重大工程的黄河下游防洪工程、黄藏寺水利枢纽工程等开工建设并完成年度建设任务。组织在建工程“飞检”2015 点次。黄河下游近期防洪工程完成水保、环保、移民等专项验收，禹潼河段近期治理工程提前通过竣工验收。出台工程管理范围内土地利用管理规定，对土地租赁情况进行清理规范。4 个试点单位完成河道和水利工程划界。台前、武陟第一河务局分获“全国绿化先进单位”“全国绿化模范集体”称号，

郓城、牡丹河务局通过国家级水管单位验收。

五、依法治河和科技治河迈出新步伐

围绕依法治河管河，加快立法步伐，加强普法宣传，加大执法力度，有效提升治黄法治保障能力和公共服务功能。《河南省黄河防汛条例》通过审议并公布，完成《黑河水量调度行政首长责任制办法》研究，提出《黄河法》《山东省黄河条例》立法研究相关方案和措施。黄委普法办等4家单位获“全国六五普法先进单位”。“七五”普法工作全面启动。处置各类水事违法行为1200多起，完成执法巡查监控系统建设并投入运行。实现行政许可事项网上预受理和预审查，受理许可161项，送达、公布许可决定146项。

不断加强科研攻关、基础研究、成果推广和信息化建设，科技在治黄工作中的影响力和权重比越来越大。“黄河水量调度管理系统”获得中国水利工程优质（大禹）奖，多项成果获得省部级科技奖。19个国家及省部级项目（课题）获批立项。完成人民治黄70年黄河治理开发与保护效益分析和治黄工作服务国家“一带一路”战略研究报告。黄河流域（片）农村水利科技创新联盟正式成立。地理信息公共服务平台初步搭建，综合信息服务门户上线试运行，黄委到县级河务局的视频会议系统基本建成。

六、深化治黄改革有序展开

把全面深化治黄改革作为理顺管理机制的关键一招，一批夯基垒台的重要改革举措相继实施。完成滨州、焦作河务局水管体制综合改革试点。完成24个水管单位水利综合执法改革，调增水政监察人员155人。完成山东河务局、河南河务局供水局所属供水分局划转工作，新的管理体制和运行机制初步建立。制定印发《黄委简化整合投资项目涉水行政审批实施细则（试行）》。对山东河务局、河南河务局纪检监察机构实行直接管理，在所属市级河务局全面开展纪检监察体制改革。

七、全面从严治党持续推进

加强理论武装，深入学习贯彻党的十八届六中全会精神和习近平总书记系列重要讲话精神，进一步增强“四个意识”，自觉同以习近平同志为核心的党中央保持高度一致。扎实开展“两学一做”学习教育。切实落实党风廉政建设“两个责任”，修订完善了黄委党组主体责任清单。开展两批5个黄委下属单位的巡察，对发现问题进行通报，提出整改要求。把握运用好“四种形态”特别是“第一种形态”，实现提醒谈话制度化。加大执纪力度，对20起典型案件进行集中通报。

把队伍建设摆在重要位置，为各类人才发挥作用、施展才华搭建舞台、创造机会。1人当选全国工程勘察设计大师，填补黄委空白。选派12名干部到海南省、青海省挂职交流。对8名未如实报告个人事项的干部进行诫勉谈话或取消考察对象资格。制定《机关工作人员绩效考核办法》和《委属单位绩效考核办法》，加强工作效能考核评估。

八、自身建设不断加强

进一步规范内部管理，防范各类风险、提升工作效能、夯实保障能力，为治黄事业加快发展创造条件。积极争取财政拨款，经费保障程度稳步提高。强化预算执行，完成了全年支付任务及19个单位预算执行及财务收支情况检查。出台《黄委领导干部经济责任审计办法》，首次对27个基层单位开展巡回审计，对黄藏寺水利枢纽等重大建设项目进行全过程跟踪审计，完成施工企业和机关部门代管单位专项审计，消除了“审计盲区”。出台《黄委经济考核暂行办法》和《黄委关于加强对企业重大经济事项监督管理的指导意见》，以管理促发展，完成了19家施工企业清理整合。

白　波　张　帆　执笔
苏茂林　李文学　审核

坚决贯彻落实新发展理念
实现“十三五”治淮良好开局

——2016年淮河流域重点工作进展与成效

水利部淮河水利委员会

2016年是实施“十三五”规划的开局之年，也是治淮事业发展进程中非凡的一年。李克强总理亲临淮河王家坝考察指导工作，充分体现了党中央、国务院对治淮工作的高度重视和对沿淮人民的深切关怀。一年来，淮河水利委员会（以下简称“淮委”）认真贯彻落实中央兴水惠民决策部署，积极践行新发展理念和新时期中央水利工作方针，扎实推进治淮事业各项工作，实现了“十三五”良好开局，为促进淮河流域经济社会发展提供了坚实的水利支撑和保障。

一、重大项目前期工作取得新进展

认真贯彻落实国务院和水利部关于加快重大水利工程建设的部署和要求，积极争取国家发展改革委、水利部支持，协调治淮省际工程项目法人组建等重大问题，加快立项进度，确保了流域机构在重大项目和省际工程推进中发挥主导作用。督促流域各省加快前期工作进度，组织召开前期工作推进会，印发前期工作任务分工，加强与地方发改、国土、环保等部门沟通协商，逐项落实责任、加强跟踪督办。推进淮干王家坝至临淮岗段、浮山以下段行蓄洪区调整和建设、淮河入海水道二期、洪汝河治理等省际工程和流域性骨干工程协调力度，加快前置要件办理。组织完成进一步治淮38项工程中期自评并通过中国国际工程咨询公司评估，及时提出加快进一步治淮的意见和建议，得到国家发展改革委、水利部认可。加强前期工作技术指导和监督检查，配合做好成果评审，有力推进审查报批进度。

2016年，引江济淮工程和河南、安徽淮干一般堤防加固工程可研已经国家发展改革委批复，河南省淮河流域滞洪区建设、山东省南四湖湖西洼地治理工程可研通过国家发展改革委委托评估，江苏省黄墩湖滞洪区调整与建设工程可研、淮河入海水道二期工程结合航道等级工程调整补充报告审查意见已报国家发展改革委，淮干峡山口至涡河口段行洪区调整和建设、河南省重点平原洼地治理、江苏省重点平原洼地近期治理工程可研已经水利部委托审查。截至2016年年底，进一步治淮可研已批项目总投资约434亿元，已上报待审批项目总投资约740亿元。

二、重点工程建设实现新跨越

加强工程建设调度会商，定期召开重点工程建设协调会，及时协调解决重大问题，督促各地制定开工计划，加快施工准备，确保工程按期开工。列入国务院172项节水供水重大水利工程的引江济淮、江巷水库工程如期开工建设。进一步治淮中河南、安徽淮干一般堤防加固工程开工建设，前坪水库工程成功截流，出山店水库工程正在进行大坝填筑，淮干蚌埠至浮山段行洪区调整和建设工程累计完成投资约占批复总投资的70%。在建工程投资规模创历史新高，投资计划执行进度达历史最好水平。进一步治淮38项工程已开工建设25项，其中5项已经完成，洪泽湖大堤除险加固工程首个通过竣工验收。加强工程质量安全管理，全面落实工程质量和安全生产责任制，强化全覆盖、高效能的质量和安全监管，全年未发生重特大生产安全事故。治淮19项骨干工程全部通过竣工验收，标志着新中国第二次大规模治淮圆满收官，治淮事业实现新跨越、迈入新阶段。

三、防汛抗旱减灾工作取得新成绩

认真部署汛前各项准备工作，及时调整淮河防总组成人员，组织召开淮河防总会议，组织开展汛前检查，举办防汛抢险联合演练，督促各项防汛抗旱责任制落实到位。汛期，淮河流域发生多次强降水过程，淮河干流出现超警戒水位洪水，10月淮河干流遭遇严重秋汛。淮河防总坚决贯彻落实习近平总书记关于做好防汛抗洪抢险救灾工作重要指示和李克强总理考察淮河防汛工作重要讲话精神，在国家防总的统一指挥下，加强与有关各省防指沟通协调，及时发布预报预警，先后派出22个工作组分赴流域四省指导工作，两次启动防汛Ⅳ级应急响应，科学调度水利工程，要求梅山、响洪甸等大型水库提前预泄，合理调度蚌埠闸提前开闸，适时开启三河闸泄洪，妥善处置河南固始史河严重堤脚崩塌。流域有关各省严格执行调度运用计划，为成功防御淮河干流超警戒水位洪水和严重秋汛赢得主动，最大程度减轻了洪涝灾害损失，积极应对南四湖地区旱情，及时做好台风防御工作，夺取了防汛抗旱防台风工作的全面胜利。持续加强防汛抗旱基础工作，新修订的淮河洪水调度方案、淮河大型水库群联合调度方案获得国家防总批复，南水北调东线一期工程水量应急调度预案编制完成已报水利部，流域防汛抗旱方案预案体系进一步完善。淮委国家防汛抗旱指挥系统二期工程建设项目主体工程基本完成，水文测报、计算机网络和通信保障系统建设不断完善，防汛抗旱能力进一步增强。

四、水资源管理与保护得到新提升

沂河、沭河流域水量分配方案已经水利部批复，淮河水量分配方案即将由国家发展改革委、水利部联合批复，沙颍河、涡河、洪汝河、史灌河水量分配方案已通过水利部水利水电规划设计总院技术审查。组织完成南水北调东线一期2016—2017年度水量调度计划编制并报水利部批准实施，加强苏鲁省际段水质水量监督检查，有力保障水量调度任务完成。淮河流域国家水资源监控能力建设项目（一期）建成投入使用，实现淮委与水利部、流域5省水资源监控平台互联互通，二期项目建设加快实施。淮河流域主要河流省界断面水资源监测站网建设新建工程持续推进。启动淮河流域水资源承载能力监测预警机制建设，试点工作全面完成。强化用水定额管理，组织完成河南、安徽、山东3省用水定额评估，流域节约用水管理工作不断强化。组织完成水资源管理专项监督检查，检查结果已成为国家考核流域各省落实最严格水资源管理制度的重要依据。严格建设项目水资源论证与取水许可管理，完成18项水资源管理成果，实施最严格水资源管理基础工作进一步夯实。

加强水功能区和入河排污口管理，2016年淮河流域全国重要江河湖泊水功能区水质达标率较上年提高2.5%，主要污染物入河排放量明显减少，重要入河排污口超标率得到有效控制。组织编制完成淮河流域生态流量试点工作实施方案并已经水利部审查，选择淮河干流、沙颍河等7条河流和洪泽湖等3个湖泊开展生态流量（水位）试点，为率先开展流域生态流量调度奠定基础。淮河流域14个全国水生态文明城市建设试点全面实施，全国首个建设试点济南市通过验收。完成南湾水库健康评估，持续推进洪泽湖、骆马湖、淮河干流生态监测。持续开展饮用水水源地和地下水保护工作。加强与环境保护部华东督查中心协作，联合地方环境保护部门搭建流域与区域协作平台，流域水资源保护与水污染联防成效明显，全年未发生重大水污染事件，淮河干流水质基本保持在Ⅲ类。

五、依法治水管水再上新台阶

加强流域综合管理的宏观研究，探索构建跨部门合作、流域与区域相结合的流域综合管理体系。加快完善流域水利规划体系，淮河流域水利发展“十三五”规划、水资源保护规划、水中长期供求规划编制完成已报送水利部，沂沭泗河洪水东调南下提高防洪标准论证启动实施。南水北调东线工程补充规划和东线二期工程规划总体方案编制完成。承担完成近20项人大建议和政协提案办理工作。组织开展“七五”水利普法。完善依法治水管水制度体系建设，制定出台重大水事违法案件处置管理办法等3项制度。深入开展淮干执法巡查、沂沭泗直管区水行政执法检查和流域采砂管理等专项执法检查，河湖管理成效明显。积极落实“三部两省通知”要求，充分发挥流域机构指导、监督和协调职能，强力推动骆马湖、新沂河等区域全面禁采。

直管工程管理取得新成果，骆马湖嶂山水利风景区成功创建国家级水利风景区，迄今淮委已有3个国家级水管单位、2个国家级水利风景区。加强水土保持预防监督管理，持续开展国家水土流失重点预防区和重点治理区动态监测，加强生产建设项目水土保持监督检查和国家水土保持重点工程督查，积极推进水土保持信息化建设和水土保持生态文明工程创建。扎实做好流域农村水利指导与监督检查工作。加大简政放权力度，在流域机构中率先完成投资项目涉水行政审批简化整合。推进工程建设招标投标改革，治淮重点水利建设项目招标投标全面进入地方公共资源交易市场。依法做好信息公开工作，水利公共服务能力进一步提升。

六、水利科技与信息化建设实现新突破

治淮 4 项科技成果获省部级科技奖，其中“淮北平原区水资源多目标立体调蓄系统及实践”获大禹水利科学技术奖一等奖，“大数据驱动的洪旱灾害监测预警与风险管理决策关键技术”获教育部科技进步一等奖。积极探索治淮重大问题研究，成功推动“淮河干流河道与洪泽湖演变及治理”列入科技部国家重点研发计划（2017 年度启动项目），积极配合、主动介入国家发展改革委牵头开展的淮河生态经济带规划编制，启动实施淮河流域水系连通规划、淮河源头（桐柏山、大别山区）水生态保护补偿方案研究等。淮河流域洪涝灾情评估及减灾决策支持系统通过验收，淮河实体模型试验基地建成投入使用，五道沟水文水资源实验站改建项目基本完成，淮河流域灌溉试验中心站建设持续推进。

对外技术交流合作不断深化，中荷淮河流域合作项目（一期）全面完成，荷兰基础设施和环境大臣舒尔茨成功访问淮委，双方签订进一步合作协议，联合河海大学、墨尔本大学成功举办中澳首届灾害管理国际学术研讨会，三方签署合作备忘录，治淮国际影响力进一步增强。淮委水利信息化顶层设计编制完成，淮委政务内网通过国家安全保密复测，淮河数据容灾备份中心通过保密测评，网络信息安全工作不断加强，信息化保障能力进一步提升，淮委综合管理信息资源整合与共享建设等水利信息化重点项目稳步推进。

七、落实全面从严治党迈出新步伐

深入学习贯彻党的十八大和十八届三中、四中、五中、六中全会精神以及习近平总书记系列重要讲话精神，认真贯彻党章和党内政治生活、党内监督、廉洁自律、纪律处分等党内法规，坚持严字当头、实字托底，坚决落实全面从严治党各项要求。扎实开展“两学一做”学习教育，制定学

习教育实施方案，成立学习教育协调小组和督导组，召开学习教育工作座谈会，突出抓好书记讲党课、专题学习研讨、建立负面清单、推动问题整改等关键动作，不断把学习教育引向深入。组织完成党员组织关系集中排查、不按规定缴纳党费和基层党组织长期不换届专项整治工作。深入推进党风廉政建设，层层夯实管党治党责任，制定印发主体责任、监督责任清单，深化干部教育监督管理，组织开展以案为鉴警示教育活动，持续加强作风建设，不断完善廉政风险防控体系，综合运用监督执纪“四种形态”，严肃查处各类违纪行为。支持纪检监察部门“三转”，进一步加强直属单位监督执纪力量，启动淮委党组首轮巡察工作，有力推进全面从严治党向基层延伸。自觉接受巡视监督，针对巡视反馈意见提出的 5 方面 10 个问题，及时研究制定整改方案，建立问题、任务、责任“三个清单”，目前基层单位监督执纪力量薄弱等 5 个专项整治全面完成，巡视整改方案确定的 44 项整改任务都已完成阶段目标。精神文明建设不断深化，印发实施《淮委精神文明建设 2016—2020 年工作规划》，2016 年淮委蝉联蚌埠市第十六届文明单位，3 个集体和 1 人荣获省部级表彰，一批集体和个人荣获司局级表彰和表扬。

王　飞　执笔
肖　幼　审核

深化改革　锐意进取
实现“十三五”流域水利发展良好开局

——2016 年海河流域重点工作进展与成效

水利部海河水利委员会

2016 年，水利部海河水利委员会（以下简称“海委”）深入贯彻落实党的十八大和十八届三中、四中、五中、六中全会以及习近平总书记系列重要讲话精神，在党中央、国务院和水利部党组的坚强领导下，奋发进取、真抓实干，圆满完成了全年主要工作任务，取得明显成效。

一、防汛抗洪取得重大胜利

受厄尔尼诺和拉尼娜现象共同影响，2016 年海河流域出现 1996 年以来最大范围强降雨，流域南系发生 1996 年以来最大洪水，多条支流发生超保或超历史洪水。面对重大汛情，在水利部和国家防总的坚强领导下，海委充分发挥海河防总职能，主动出击，密集会商，先后两次发布洪水预警、两次启动应急响应，派出 16 个工作组（专家组）分赴流域一线指导抗洪。对岳城水库实施错峰调度，削峰 94.1%，拦蓄洪水 3.69 亿 m^3；对大黑汀水库实施预泄调度，有效应对滦河洪水的同时，显著改善了水库水质；精心调度海河下游五座水闸枢纽应对暴雨洪水和风暴潮双向夹击，保障了海河下游特别是天津市防洪排涝安全；科学调度漳河上游水闸枢纽，确保了人员和工程安全。与地方防汛部门协调配合，科学调度北关枢纽、土门楼枢纽等关键节点，有效运用宁晋泊、大陆泽、永年洼和崔家桥等蓄滞洪区，最大程度减轻了灾害损失，取得了 2016 年防汛抗洪工作的重大胜利。扎实推进防汛抗旱减灾基础工作，编制完成了《海河流域中小河流防洪应急预案》，组织开展了蓄滞洪区运用补偿核查工作，防指二期、山洪灾害防治和洪水风险图编制等项目建设有序推进。

二、水利基础设施网络建设加快推进

着力补齐补强基础设施短板，统筹推进了引黄入冀补淀工程、蓄滞洪区建设、主要支流治理等流域重点项目和卫河干流治理、海河闸、四女寺北闸除险加固等委属重点项目前期工作。加强调度协调和监督检查，全力推进实施卫运河治理工程，主体工程建设基本完工。积极推进了独流减河口综合整治规划治导线调整后续工程建设工作。流域省界断面水资源监测新建站网一期工程基本完工，二期工程已经启动，海委大江大河水文监测系统建设一期工程前期工作进展顺利。国家水资源监控能力建设、国家地下水监测工程建设稳步推进。

三、水资源管理工作持续加强

全面落实最严格水资源管理制度，配合完成京津冀 2015 年“三条红线”指标落实情况的考核工作，完成流域内省级行政区用水总量指标按流域分解年度任务。克服困难，反复协调，持续推进了 9 条跨省河流水量分配工作，拒马河、蓟运河已征得地方政府同意，浊漳河取得明显进展。积极推进水资源消耗强度控制，组织开展京津冀晋 4 省（直辖市）用水定额评估和流域内 7 省（直辖市）、12 个全国示范区节水型社会建设评估。完成水资源承载能力监测预警机制建设京津冀全国试点、北京市流域试点和地级行政区承载能力评价。大力加强流域水资源优化配置和调度，海委直管水库、河道累计供水 16 亿 m^3，组织实施山西省、河北省向北京市集中输水 6900 万 m^3。加强南水北调中线一期工程 2015—2016 年度水量调度的监督监管工作，确保了年度调水任务顺利完成。

四、水生态文明建设成效凸显

完成流域水功能区、重要饮用水水源地年度达标评估和水环境监测任务，初步建立了流域水质监测数据共享协作机制。协调推动潘大水库网箱养鱼清理取得显著成效，截至 2016 年年底，网箱清理率已超过 70%。引滦上下游跨省生态补偿机制建设，经津冀两省（直辖市）协商基本达成一致。积极谋划做好网箱清理后潘大水库水资源保护工作，开展了引滦沿线水质综合评价分析、潘大水库饮用水水源保护区划分等前期工作。加强了生产建设项目水土保持督查、国家水土保持重点工程监督管理和水土流失动态监测工作，建立了流域新批生产建设项目水土保持全过程监管和流域与区域协调联动监管机制。

五、京津冀协同发展水利任务稳步推进

组织编制了《京津冀协同发展六河五湖综合治理与生态修复总体方案》和《京津冀多水源多渠道水资源保障总体方案》并通过审查。组织编制了《永定河综合治理与生态修复总体方案》并积极推动实施。会同淮委编制完成《南水北调东线后续工程规划总体方案》，同时完成《南水北调东线向北京供水专项论证报告》和北京城市副中心防洪工程方案专题论证工作，为京津冀协同发展战略深入实施和北京非首都功能疏解发挥了重要作用。

六、依法管水能力明显提升

全面深化行政审批制度改革，梳理完成海委行政审批权力清单，依法实施行政审批事项并联审批，进一步完善行政审批服务窗口功能，行政审批效率进一步提高。印发《海委全面加强依法治水管水工作方案》，推进各项工作法治化、规范化。深入开展水行政执法专项检查活动，强化执法监督，规范执法行为。全力维护区域水事稳定，积极协调了清漳河、浊漳河引水工程水事纠纷，组织开展了南水北调实施后流域省际水事矛盾预防对策研究。受水利部委托，完成重大水利工程建设、中小河流治理、农村水利、安全生产等工作的督导、检查、考核、稽察任务。配合水利部完成全国人大代表、政协委员有关建议提案的答复工作。依法依规做好政务公开工作，切实保障社会公众的知情权、参与权、监督权。

七、综合管理与改革工作不断深化

印发流域水利发展“十三五”规划，积极推进了各项流域综合规划和

专业、专项规划编制工作。不断强化工程运行管理，印发实施水库、水闸工程技术管理工作标准，加强维修养护验收管理，有序推进水利工程确权划界试点工作，工程管理水平进一步提升。强化水利建设市场监管，积极推进了重点建设项目信息公开和招投标电子化有关工作。不断加强科研管理，深入推进中法、中德等国际合作与交流，正式启动中丹合作。严格落实安全生产责任，大力推进标准化建设，加强监督检查和应急预案演练，保持了安全生产无事故。网络安全和信息化工作深入推进，重要信息系统安全等级保护项目通过验收，政务内网通过安全保密风险评估。完成国有资产清查工作，预算和资金管理水平明显提高。

八、党的建设和队伍建设深入推进

认真学习贯彻习近平总书记系列重要讲话和党的十八届三中、四中、五中、六中全会精神，扎实开展“两学一做”学习教育，切实强化思想理论武装，进一步增强“四个意识”特别是核心意识和看齐意识。深入推进全面从严治党，层层压实主体责任，完成海委直属机关党委、机关纪委换届，持续加强基层党建工作。纪检监察力量显著增强，廉政风险防控领域进一步拓展，审计监督作用进一步强化。深入落实中央八项规定精神，坚持抓早抓小，严格监督执纪，严防“四风”反弹。强化政治担当，扎实推进各项巡视整改任务。坚持正确选人用人导向，强化各级领导班子和干部队伍建设，加大干部管理和监督力度，持续加强教育培训和人才培养工作，为事业发展提供坚实组织保障。精神文明建设稳步推进，老干部、工青妇等工作进一步加强。

赵立坤　王　超　执笔

任宪韶　审核

深入贯彻落实中央决策部署
推进流域水利改革新发展

——2016年珠江流域重点工作进展与成效

水利部珠江水利委员会

2016年，水利部珠江水利委员会（以下简称“珠江委”）积极践行新时期中央水利工作方针，贯彻落实全国水利厅局长会议精神，准确把握新发展理念，认真做好防汛抗旱防台风工作，加快重大水利工程建设，强化流域水资源统一调度管理，加强依法治水管水，推进流域水生态文明建设，为促进流域经济社会快速发展提供了有力支撑。

一、防汛抗旱防台风工作成效显著

2016年，珠江汛情有四个特点：一是入汛早，降雨过程多。共发生31场强降雨过程且主要集中在前汛期。二是西江干流发生编号洪水，中小河流超警频繁。三是台风登陆晚但强度大，9个台风登陆或影响珠江，其中第4号台风“妮妲”是1983年以来正面登陆珠江三角洲的最强台风。四是骨干水库蓄水偏少，河口咸潮影响偏早。

珠江防总、珠江委加强应急值守，强化预测预报预警和流域组织协调，共启动应急响应11次，派员组成或参加国家防总工作组48批次，组织会商86次。从流域层面建立水文预警预报、调度沟通协调机制，实施红水河、柳江水库群联合应急调度，拦蓄洪水23.69亿m^3，最大削峰率约50%，确保大藤峡工程子围堰安全度过3次超标准洪水。据初步统计，2016年因灾死亡和失踪人员（46人）远低于2000年以来同期平均值（503人），直接经济损失也低于2000年以来同期平均值。

二、以大藤峡枢纽工程建设为重点的重大水利工程建设稳步推进

按照水利部部署，珠江委与广西大藤峡水利枢纽开发有限责任公司精

心组织，全力推进工程建设，各项工作取得显著进展。一期导流度汛目标如期实现，左岸泄水闸、厂房及船闸上闸首均已开始混凝土浇筑。扎实做好工程防洪度汛工作，结合流域调度成功防御 3 次超标准洪水过程。落实资金筹措与投资计划执行，全年完成投资 44.32 亿元。建立健全招投标管理体系，全年已完成或进入招标程序的有 35 个标段。及时解决工程建设中关键技术问题，确保施工图供应。联合水利部建设管理与质量安全中心在现场设立质量监督站，确保工程质量和生产安全。

2016 年 12 月底，百色水利枢纽工程顺利通过由水利部、广西壮族自治区人民政府和云南省人民政府共同主持的竣工验收，工程建设画上了圆满句号，进入正常运行管理、全面发挥效益的新阶段。

三、精心组织实施珠江水量调度

2015 年冬至 2016 年春枯水期，珠江防总、珠江委强化水量调度风险管理，加强跟踪监测，滚动优化调度方案，累计向澳门特别行政区提供含氯度 100 度以下优质淡水 3900 多万 m^3，连续第 12 次有效保证了澳门特别行政区、珠海等地的供水安全。面对流域 2016 年汛末枯水期可能发生严峻旱情形势，2016 年 7 月开始安排部署水量调度工作，9 月正式启动 2016—2017 年枯水期珠江水量调度，按照“重在水库前蓄、强化风险管理”的总体思路，强化沟通协调，滚动会商分析，积极组织开展上游骨干水库汛末蓄水和咸期的补水调度，督促指导珠海当地做好水库前蓄和供水调度工作，并做好应对突发性事件应急预案，目前各项工作正有序开展。

为减少西江干流梯级开发对关键物种和生态环境的不利影响，5—7 月，珠江防总首次成功组织实施了西江鱼类繁殖期水量调度（试验）工作，促进了“四大家鱼”和广东鲂的自然繁殖，为珠江鱼类资源恢复及保护发挥了积极作用。

四、扎实推进最严格水资源管理和水生态文明建设

积极推进主要跨省河流水量分配，第一批分配方案已获批复，第二批分配方案已通过审查。严格水资源论证审查和取水许可审批，不断夯实水

资源管理基础能力。采取切实有效措施，推进流域节水管理。强化水功能区监督管理，做好水功能区限制纳污红线考核工作。严格入河排污口管理，对北江武水源区、东江源区16个重点入河排污口组织开展了监督性监测。开展重要水功能区界碑整修维护，推进重要水功能区监督性监测。加强重要饮用水水源地达标建设管理，珠江流域19个水源地水量总体情况良好，供水保证率均可达95%以上。

五、滇黔桂粤跨省（自治区）水资源保护与水污染防治协作机制正式建立

经过多次调研协调及征求4省（自治区）人民政府办公厅同意，由珠江委牵头，云南、贵州、广西、广东4省（自治区）环境保护厅、水利厅共同参加的滇黔桂粤跨省（自治区）河流水资源保护与水污染防治协作机制正式建立。4省（自治区）协作机制的建立，将进一步加强西江沿线省际间水资源保护和水污染防治交流与合作，促进流域跨省（自治区）突发水污染事件的妥善解决，保护沿岸人民群众用水安全。

六、水利公共服务水平不断提高

珠江委充分发挥技术、人才、资料优势，指导流域各省民生水利工作。2016年先后派出约100批次、400人次的工作组，对农村饮水安全、中小河流治理、新建中型水库、病险水库水闸、水土保持、安全生产、高效节水灌溉等进行监督检查、专项稽察、技术指导，积极帮助地方出谋划策。对检查中发现的问题及时与有关部门沟通，提出整改意见和建议，督促地方落实整改措施。

行政审批网上办事平台建成投入使用，实现了网上申报、受理、流转、审批、查询、监控、跟踪督办等功能。规范后行政审批平均时长由原来的20个工作日缩短至10个工作日以下，审批效率大幅提高。

认真做好对口援疆援藏和水利扶贫工作，结合自身业务特点及技术优势，积极与对口支援单位开展交流合作，针对实际需求，从水利能力、技术支持、人才交流等领域入手，为其基础能力建设、人才队伍建设，尤其

是水利规划编制等前瞻性工作提供了支持和援助。

七、流域水利发展支撑保障能力不断增强

大力推进红河、柳江等8条重要干支流综合规划报批工作。组织广西、广东两省（自治区）及有关地市水行政主管部门召开座谈会，共同推动环北部湾水资源配置工程前期工作。结合流域水利改革发展实际，编制印发《珠江水利改革发展“十三五”规划》以及基础设施、科技发展、信息化及人才队伍建设等专业规划。加快推进国家防汛抗旱指挥系统二期、水资源监控能力建设（二期）、省界水文站点建设，推进珠江河口原型观测试验站等基础设施建设项目前期立项工作。做好科技项目申报工作，完成科技成果评审与推荐工作，着力推动奖励培育。深化安全生产责任制的落实，获得了2016年全国“安全生产月”和“安全生产万里行”活动先进单位称号。

八、港澳合作、对外合作进一步深化

为落实水利部与澳门特别行政区政府签订的《关于澳门附近水域水利事务管理的合作安排》，珠江委与澳门特别行政区政府海事及水务局共同成立了澳门特别行政区附近水域水利事务管理联合工作小组，已召开了两次会议。支持推动澳门内港海傍区水患治理等事宜，积极做好澳门特别行政区附近水域水利事务管理工作。重视与香港特别行政区高校的良好互动，继续选派优秀技术骨干学习培训，截至目前，已成功举办8期培训班，培训人员200余名。举办中国—东盟河口治理、保护与管理研讨会，推广水利管理经验及实践经验。与越南农业与农村发展部水利总局达成协议，推进双方在防洪减灾、水资源管理、河口治理、开发和保护方面的技术交流与合作。

2017年，珠江委将深入贯彻落实中央重大决策部署，以建设绿色珠江为总体目标，为流域经济社会平稳较快发展提供坚实的水安全保障。一是做好防汛抗旱防台风工作，进一步强化流域统一调度和管理，继续做好枯水期水量调度。二是扎实推进大藤峡工程建设，着力抓好主体工程建设进

度、移民安置、安全度汛等工作。三是推进流域水生态文明建设，充分利用滇黔桂粤跨省（自治区）河流水资源保护和水污染防治协作机制，加强交流与合作；实施好2017年西江鱼类繁殖期水量调度工作。四是大力推进依法治水管水，扎实做好全面推行河长制工作，进一步规范行政审批，加大流域综合执法力度。五是提高流域综合管理能力，继续完善水利规划体系，建设与完善流域科技创新体系，加强对流域内民生水利的检查指导。

袁建国　吴怡蓉　执笔

束庆鹏　审核

积极践行新时期水利工作方针 不断开创流域管理新局面

——2016年松辽流域重点工作进展与成效

水利部松辽水利委员会

2016年是全面建成小康社会决胜阶段的开局之年，也是新一轮东北振兴战略全面启动之年。一年来，在水利部的正确领导下，水利部松辽水利委员会（以下简称“松辽委”）深入贯彻落实中央兴水惠民决策部署，切实履行流域管理职责，不断完善水安全保障体系，为流域经济社会持续健康发展提供了坚实的水利支撑和保障。

一、抓早抓实，流域防汛抗旱减灾工作成效明显

2016年，为有效应对超强厄尔尼诺现象对流域防汛形势产生的不利影响，松辽委坚持早谋划早部署早行动，提前开展汛前检查，提早召开松花江防总工作会议，编制印发辽河鸭绿江流域防汛抗旱工作指导意见，修订松花江防总工作规则和应急响应工作规程；针对察尔森水库除险加固工程建设期不承担防洪任务以及丰满水库重建等实际情况，协调地方落实应对措施，完善水库防洪调度预案、度汛方案和防洪抢险应急预案，组织实施白山、丰满、尼尔基、察尔森等防洪骨干工程预泄迎汛，充分做好迎战大洪水和水库安全度汛准备工作。密切关注天气变化，加强与气象等部门会商，开展降水预报和洪水预报，及时启动防汛应急响应，累计派出18个工作组深入暴雨中心区及防洪重点区实地督促、检查和指导地方开展工作，有效应对图们江等局地洪水和强降雨过程；经与俄方紧急磋商过境抢测洪峰9次，获取即时汛情信息，为乌苏里江防汛工作提供了有力支撑。防汛抗旱基础进一步夯实，防指二期工程投入试运行，防汛水情移动查询系统得到广泛应用，全国山洪灾害防治项目省级年度实施方案和洪水风险图编

制审核工作全面完成。

二、从严管水，流域水资源约束性作用明显增强

严格水资源总量和强度双控。协调完成流域用水总量控制指标分解，推动完善覆盖流域和省市县三级行政区的用水总量控制指标体系，开展黑龙江、吉林、辽宁3省实行最严格水资源管理制度考核；13条江河水量分配基本完成，嫩江等7条江河水量分配方案获水利部批复，西辽河等6条江河水量分配方案报水利部待批，启动音河等第三批江河水量分配，将用水总量控制指标逐步落实到流域和水源。加强重点用水户管理，审批取水许可20余项，开展11项取水工程验收和20个取用水户水资源专项执法检查，纠正多起违法行为。以嫩江流域和洮儿河流域为重点，科学实施尼尔基水库和察尔森水库兴利调度，累计补偿供水22亿m^3，有效缓解下游用水紧张形势。开展松花江流域骨干水库联合调度前期工作，将流域重点工程纳入联合调度范围，为加强统一调度、合理配置水资源提供技术支撑。推动建立流域水资源承载能力监测预警机制，开展辽宁省朝阳市水资源承载能力试点工作，发挥试点带动和示范作用。全面建成流域水资源监控能力建设一期项目，开展二期项目前期工作，逐步实现水资源开发利用从源头到末端的全过程监管。

三、防治结合，流域水生态环境持续改善

突出服务型监管理念，制定流域重要水功能区水质达标考核名录和评价技术细则，开展水功能区限制纳污红线考核；实行水功能区、入河排污口和重要饮用水水源地清单管理，将21%的水功能区、40%的入河排污口和48个重要饮用水水源地纳入重点监管范围。深化松辽水系保护管理模式，组织召开水系领导小组工作会议，制定指导意见和工作规则；与环境保护部东北督查中心联合开展重点国控污染源和入河排污口对应关系调查、水污染防治专项督查等工作；完成89个水功能区监测断面、21个国境界河监测断面和451个地下水水质站监测工作，构建以流域中心为核心，以分中心、自动监测站、共建共管实验室为支撑的水环境监测网络，水质

监测水平持续提高。建立水质月度会商机制，针对辉发河等省界断面水质超标问题，及时向有关省（自治区）通报并妥善处理，推动建立以水域纳污能力倒逼陆域污染减排的综合治污和保护模式。紧抓春秋两季重要施工节点，及时对27个水土保持重点工程进行督导检查，促进改善项目区生态环境。采用现场检查、无人机核查等方式，实现265个生产建设项目监督检查全覆盖。开展国家级重点治理区和重点预防保护区、不同土壤侵蚀类型区、生产建设项目集中区等水土流失动态监测，监测面积13万km^2，为黑土区水土流失治理提供有力的技术支持。

四、突出重点，流域水利基础设施网络全面夯实

推动三江治理等防洪骨干工程和黑龙江三江连通等水资源配置工程建设。审查审核跨界河流治理等43项工程前期工作，推进农村饮水安全、大中型灌区节水改造和续建配套等工程建设，组织开展节水增粮行动12个项目县现场评估，确保民生水利工程长期发挥效益。组织对20项节水供水重大水利工程进行督查，开展流域中小河流治理、高效节水灌溉项目现场检查，确保工程建设质量和进度。按照水利部工作要求，对湖南、安徽两省重大水利工程进行专项督查，对云南、陕西、河南3省开展2批次专项稽察，对黑龙江、吉林、辽宁3省安全生产监督管理工作进行考核，确保工程安全、资金安全、干部安全和生产安全。抓好直管工程建设管理，察尔森水库除险加固主体工程基本完成，水电站增效扩容改造通过验收并投入运行，水土保持科技示范园项目前期工作稳步开展；着力解决尼尔基水利枢纽新增和遗留问题，副坝下游浸没及滞水影响处理等3项专题设计报告通过水利部审查，内蒙古自治区移民安置通过初验。完成流域省界断面水资源监测站网一期工程建设，组织开展二期工程前期工作，水文支撑能力进一步提升。

五、依法治水，流域综合管理能力不断提升

流域规划体系逐步完善，诺敏河等跨界河流综合规划进入收尾阶段，东北黑土区侵蚀沟治理专项规划编制完成，辽河口综合整治规划等专业专

项规划有序推进，针对流域西部地区生态安全、促进区域经济社会发展等水问题，着手开展松嫩低平原盐碱地治理开发与生态环境保护前期工作，为流域改革发展提供科学依据。规范改进行政审批工作，完成审批事项简化整合，依法审批水行政许可42项，集中排查52条跨界河流水事矛盾纠纷，开展河道管理、水文设施保护等多项水行政执法，组织“世界水日”“中国水周”系列宣传活动，营造流域良好法治氛围。稳步推进6项科研项目，“948”项目《水生态风险监控系统技术引进》通过水利部验收，《西辽河平原“水-生态-经济”安全保障》研究获大禹奖二等奖。落实安全生产责任，开展危险化学品安全专项整治、安全生产检查和隐患排查，强化工程安全监督，维护安全稳定发展环境。强化信息化顶层设计，制定网络安全和信息化“十三五”规划，推进信息资源整合共享，扩大信息化在水资源管理、水生态保护等领域的应用范围，提高流域管理现代化水平。

六、压实责任，全面从严治党要求深入落实

深入开展“两学一做”学习教育，开展专题党课、学习研讨等活动，加强学习教育督导检查，确保学习教育取得实效。落实党建工作责任制，成立党建工作领导小组，构建松辽委党组统一领导、机关党委综合协调、各级党组织齐抓共管的大党建工作格局；严肃党内政治生活，严格落实民主生活会、民主评议党员等制度，完成党员组织关系排查和党费自查自纠补缴工作；强化党内监督，开展基层党建述职评议考核，建立巡察工作制度，启动第一轮巡察工作。落实党风廉政建设主体责任，制定主体责任清单，严格执行逐级承诺、约谈等制度，对所有直属党组织党风廉政建设责任制落实情况进行检查考核，加强问题易发多发重要节点的警示监督，真正把压力传导到基层、把责任落实到个人。持续深化9个重点领域廉政风险防控，以察尔森水库除险加固工程为试点，健全覆盖工程建设管理全过程的廉政风险防控措施。严格执行中央八项规定精神，抓好巡视反馈意见整改落实，加强党风廉政宣传教育，严肃监督执纪问责，持续强化作风建设。推动纪检监察机构组建，配合做好移交和退出工作，确保纪检监察机

构充分发挥职能作用。顺利完成直属机关党委和纪委换届选举工作，开展基层党组织换届工作情况排查，任期届满的基层党组织全部完成换届。深入开展精神文明创建活动，充分发挥群团组织桥梁纽带作用，在省直机关党建工作考评中获优秀等次，2 个基层党委获先进基层党组织称号。

王　勇　高　远　种立博　执笔

赵万智　审核

凝聚依法治水合力 保障河湖安澜健康 助推流域经济社会发展提质增效

——2016年太湖流域重点工作进展与成效

水利部太湖流域管理局

2016年，在水利部的坚强领导下，太湖流域管理局（以下简称“太湖局”）全力抗御特大洪水，加快推进流域治理，着力深化改革创新，积极助推流域经济社会发展提质增效。

一、坚持未雨绸缪、紧密团结协作，奋力夺取防汛抗洪工作全面胜利

2016年，太湖流域先后遭受春汛、梅汛、秋汛及多次台风暴雨影响，太湖最高水位居历史第二位，发生特大洪水。党中央、国务院高度重视，习近平总书记、李克强总理、汪洋副总理先后作出重要指示批示，在流域防汛关键时刻，汪洋副总理、陈雷部长等领导亲自到太湖流域指导防汛抗洪工作。

按照中央领导指示和国家防总决策部署，太湖局会同流域内各省（直辖市），精心组织、周密安排，全力以赴保障流域防洪防台风安全。一是未雨绸缪、有效沟通，超前周密准备。针对2016年气象年景偏差的预判，及早全面部署防汛防台风工作，全面排摸防汛薄弱环节和隐患，较常年提前一个月完成防汛检查。提前预降水位，至4月1日成功将太湖水位降至防洪控制水位以下，为太湖洪水安全蓄泄预留了空间。二是靠前指挥、及时响应，形成工作合力。6次启动应急响应，成立了9个防汛工作组，派出和参加48个工作组、督查组、专家组赴流域各地协助指导防汛防台风工作。加强水文监测与预报，主汛期加密监测频次，开展应急监测，实时滚动预报，及时发布水情预警。解放军东部战区和武警水电第二总队主动参

战，华东区域气象中心加密分析预测，地方党委政府全力配合、上下联动，形成了上下游相互理解、区域服从流域、全流域一盘棋的崭新局面，生动诠释了流域团结抗洪、团结治水的精神。三是依法防控、统筹兼顾，科学精细调度。在地方政府的支持下提前启用常熟水利枢纽泵站排水，调度太浦闸持续大流量排水。流域骨干工程调度兼顾区域排涝需求，多次开启蠡河船闸，通过望虞河分泄江南运河及区域涝水，视下游水情适时控制太浦闸泄量，努力缓解地区汛情。及时完善、制定《太湖流域 2016 年超标准洪水应对方案》，国家防总批复后迅速组织实施，充分挖掘工程潜力，全力排水。2016 年，望亭水利枢纽、太浦闸等直管工程排水量均创历史新高。四是突出重点、强化督查，确保工程安全。汛期组织开展执法联合巡查与防汛督查，先后 6 次发出紧急通知，督促地方除险保安，同时派员跟踪督办。特大洪水应对期间，每日派出 4 个督查组，督促检查各地巡堤查险工作，并对环湖大堤、望虞河及太浦河堤防等流域重要堤防进行不间断巡查检查。发现险情和隐患，第一时间派出专家组开展技术分析，指导地方应急处置，确保重要堤防及水利工程安全。

2016 年防御特大洪水期间，太湖流域未垮一库、未死一人、主要河湖未溃一堤，百姓正常生活未受大的影响，夺取了防汛抗洪工作的重大胜利。流域防汛抗洪工作得到了水利部充分肯定，赢得了流域省（直辖市）一致好评和广泛赞誉。

二、坚持问题导向、系统总结分析，科学谋划进一步加快太湖治理

近年来，太湖局积极落实国务院批复的相关规划，加快协调推动流域骨干水利工程建设，促进流域综合治理格局不断完善。在全力以赴迎战 2016 年流域性特大洪水的同时，抢抓机遇、集中力量、科学谋划汛后太湖治理工作，以最快速度拟定《关于进一步加快太湖流域防洪设施建设的实施方案》。按照水利部“进一步加快太湖治理工作座谈会”要求，全力做好与相关省（直辖市）的沟通对接工作，努力凝聚共识，积极争取理解和支持，协调确定了近期太湖治理的总体思路、主要目标和重点任务。2016

年12月，会同国家防办组织召开防洪工作座谈会，深入分析太湖流域防洪薄弱环节和突出问题，研究提出加快工程体系建设、完善调度方案预案、强化监测预警等对策措施，为进一步做好太湖防洪和治理工作打牢基础。

2016年，太湖局着力攻坚克难，扎实推动治太重点水利工程建设。江苏省新孟河延伸拓浚工程、新沟河延伸拓浚工程，浙江省太嘉河工程、杭嘉湖地区环湖河道整治工程、扩大杭嘉湖南排工程、平湖塘延伸拓浚工程、苕溪清水入湖河道整治工程总体进展顺利。太湖流域水资源监控与保护预警系统项目于2016年6月正式启动实施。太湖局全力组织、协调推进太浦河后续、吴淞江、望虞河拓浚、环湖大堤后续四项治太骨干工程前期工作，深化太浦河后续工程方案、吴淞江工程总体方案论证，加强对望虞河扩大工程专题研究方案的技术指导与成果审核，协调明确了环湖大堤后续工程可行性研究报告审查审批方式。

此外，太湖局继续大力支持上海金泽水库和嘉兴、湖州饮用水水源地建设。全力做好江苏桃花水库、浙江葛岙水库、福建白濑水利枢纽和上白石水利枢纽等工程前期工作的技术指导与审核把关，贴身服务流域片节水供水重大水利工程建设。

三、坚持依法治水、强化河湖管理，探索创新更加有效的流域沟通协作机制

认真落实依法治国基本方略，以《太湖流域管理条例》为有力武器，持续强化依法管水治水护水。2016年“世界水日”“中国水周”期间，太湖水保护馆正式揭牌并在江苏园博园永久展示，围绕《太湖流域管理条例》宣贯开展了一系列宣传纪念活动，形成了持续影响。坚持“在规范中服务，在服务中规范”，研究梳理太湖局权力事项，全面启动淀山湖岸线利用管理规划编制工作。持续加大对水事违法行为的执法力度，深化流域与区域间、部门间执法合作，开展了“一湖两河”专项联合执法巡查和河湖管理专项执法检查，严肃查处江苏省104国道宜兴段建设工程破拆环湖大堤、占用太湖水域案件，苏州东太湖黄金湖岸等多起水事违法案件，协调推动地方开展重点河湖拉网式排查和违法项目整改，全面开展涉河建设

项目许可检查，强力督促地方整改，有力维护了河湖健康和良好水事秩序。

积极探索推动流域内重要水利改革的有效形式，深入开展河湖管理体制调研，按照中央关于推行河长制的决策部署和水利部实施方案要求，迅速商流域片各省（直辖市）水行政主管部门制定印发《关于推进太湖流域片率先全面建立河长制的指导意见》，为流域内各地紧密结合流域特点落实河长制提供更细、更实、更易于操作的指导和借鉴。随后，又抓紧制定太湖局贯彻落实河长制工作实施方案，举全局之力助推流域片率先全面建立科学规范的河长制体系。

不断丰富完善流域沟通协调机制，在用好太湖流域水环境综合治理省部际联席会议、水利工作协调小组、流域防总等现有平台的同时，积极探索更加务实、更加有效的流域议事沟通和执行机制。建立联络员制度，进一步完善太浦河水资源保护省际协作机制。建立环太湖城市水利工作联席会议机制，并于 2016 年 12 月联合两省一市水行政主管部门、环太湖 6 个市（区）人民政府及水利部门召开了联席会议第一次会议，进一步凝聚治水兴水的强大合力。

唐　力　执笔

黄卫良　审核

链接

太湖流域：齐抓共管
唱响团结治水主旋律

太湖流域面积近 4 万 km^2，包括江苏、浙江、上海两省一市。21 世纪之初的 10 年人均 GDP 达到了 7.5 万元，是同期全国人均 GDP 的 2.5 倍。但与经济高速发展伴生的是资源过度消耗、水体污染、生态恶化等问题。特别是 2007 年无锡供水危机，致使无锡市区 80% 的居民无法正常饮用自来水。大自然以最简单直接的方式给太湖人一记“当头棒喝”：资源环境能力已经无法承载高投入、高消耗、高污染的发展方式！

近年来，一场史无前例的治水风暴席卷全流域。中央领导高位推动，国家发展改革委、水利部、环境保护部等部委强力推进，《太湖流域水环境综合治理总体方案》《太湖流域管理条例》批复实施，流域江苏、浙江、上海两省一市重拳出击，民众的节水护水意识迅速提升，全社会环保氛围更加浓厚，开放的治水环境还吸引了国内外科研院所的“智力”支持，太湖流域经济社会发展进入了一个以“绿色”为指针的新进程。

流域的关联性、整体性和复杂性，决定了太湖治理需要部门间、区域间更广泛的统筹与合作。太湖流域水环境综合治理省部际联席会议制度、水环境综合治理水利工作协调小组、环太湖城市水利工作联席会议制度等一系列科学合理、高效务实的工作机制，不断加深流域与区域、水利与其他相关行业的沟通、协调与合作，太湖流域团结一心、合力施策成为太湖治理的主旋律。

9 年间，两省一市瞄准更高的生态环境标准，加快调整产业结构，环太湖地区关停企业数千家，江苏4300余家，浙江1000多家，大大优化了产业布局；加快建设城镇污水垃圾处理体系，流域已基本建立了“组保洁、村收集、镇转运、市集中处理”的城乡生活垃圾收运体系，实现了城乡垃圾统筹处理和县以上生活垃圾无害化处理设施的全覆盖；实施围网养殖综合整治、生态清淤、河网综合整治和蓝藻打捞；不断强化农业面源污染综合防治；强化生态修复与建设，新增湿地保护面积30多万亩。生态清淤、控藻护源、湿地保护、内河整治、退渔还湖、关停并转、招商“选”资……一项项举措，一次次行动，一点点改变，都体现着还太湖“一湖清水”的坚定决心和钢铁意志。

太湖水环境的改善，让老百姓的切实感受到环境的变化，也有实实在在的数据为证：据水利部太湖流域管局监测数据分析，2007年以来，太湖已实现连续9年安全度夏，2016年太湖水质保持稳中向好态势，总体的水质类别在Ⅳ类，22条主要入太湖河道水质均已达到或优于Ⅴ类，确保不发生大面积“湖泛”。截至2016年底，太湖流域禁养区内所有养殖场以及太湖上游没有治污设施的养殖场全部关闭搬迁，2017年底前太湖流域所有规模化畜禽养殖场的治污设施将全部建成。

下一步对太湖治理的工作重点将从两个方面入手，一是围绕主要入湖河流，实施小流域整治，突出氮磷控制，通过对上游工业、农业、生活三大污染源治理改进，加大产业结构调整力度、重点削减化工、印染、电镀等行业产能数量，降低上游污染负荷；另外加大对湖体的清淤、捞藻，消除内源污染，改善沿湖水生态环境，力争到2020年使太湖水质提升到Ⅲ类。

太湖水环境综合治理，不仅治出了秀水美景，也治出了发展后劲和生态共识。“绿水青山就是金山银山”的理念深入人心，绿色发展的叠加效应逐步显现，生产方式和生活方式绿色化逐渐成为全流域的共识和自觉。

李先明　席　晶　尤　珍　执笔

席　晶　审核

党的建设与水文化建设篇

全面从严治党纵深发展

水利部直属机关党委

水利部党组深入学习贯彻习近平总书记系列重要讲话精神，坚持党要管党、从严治党方针，聚焦服务中心、建设队伍核心任务，从严从实抓好党的建设各项工作，把全面从严治党要求落实到水利工作全过程和各领域，为加快水利改革发展提供了坚强保证。2016 年 11 月，在中央国家机关工委召开的学习宣传贯彻党的十八届六中全会精神动员部署会暨贯彻落实全面从严治党要求座谈会上，水利部党组书记、部长陈雷应邀作了交流发言。

一、落实管党治党责任

牢固树立抓好党建是最大政绩的理念，认真履行全面从严治党主体责任，党组书记对党建工作亲自分管亲自抓，党组班子成员自觉肩负分管领域从严治党责任，经常召开党组会议研究党建和反腐倡廉工作。2016 年年初召开党的工作会议和党风廉政建设工作会议，印发党组工作要点和党建工作要点，举办基层党组织书记示范培训班和落实主体责任、学习贯彻党的十八届六中全会精神专题培训班，开展党建述职评议考核工作，推动党建工作与业务工作同部署、同落实、同检查、同考核，把责任落实到人头，把压力传导到末梢。认真履行意识形态主体责任，加强阵地建设，牢牢把握舆论导向。

二、扎实开展“两学一做”

把开展“两学一做”学习教育作为 2016 年机关党建的龙头任务，坚持谋在细处、学在深处、做在实处，推动“两学一做”学习教育深入开展。成立学习教育协调小组，制定印发工作方案，召开学习教育工作座谈会，举办基层党组织书记示范培训班，制定学习教育动作清单、学习清单、问题清单和督导清单，保证学习教育抓在日常、严在经常。水利部党组中心组分专题开展集中学习研讨，认真开好年度民主生活会，水利部部领导带头讲专题党课，以普通党员身份参加支部学习研讨和专题组织生活会。组织开展主题联学、党章党规知识竞赛、主题党日、警示教育等形式多样的学习教育活动，广泛开展向时代先锋楷模和水利先进典型学习活动，举办纪念建党 95 周年“两优一先”表彰大会暨革命歌曲演唱会，引导党员干部学起来、做起来。开设专题网站，创建微信平台，编发专题简报，编印“两学一做”知识图解和党章知识摘编，征集评选“两学一做”典型案例，开展学习教育“灯下黑”专项整治，采取派员列席点评、现场知识测试、查阅资料台账等方式加强分类指导，确保学习教育不走过场、取得实效。

三、抓好基层组织建设

聚焦基层党组织建设薄弱环节和党员教育管理突出问题，开展专项检查和集中整治，积极稳妥抓好基层党建各项重点任务。党员补交党费工作全面完成，直属机关基层党组织基本按期换届，党代表和党员违纪违法未给予相应处理情况清理完毕，党员组织关系集中排查取得阶段性成果。总结提炼严格组织生活支部工作法，开展学习品牌案例征集展示活动，推进社团组织党的组织和党的工作全覆盖，着力夯实基层党建组织基础。《全面从严治党新常态下加强基层党组织建设的实践与思考》调研报告被中央国家机关党建研究会评为一等奖。

四、从严管理领导干部

严格执行述职述廉、年度考核、谈心谈话、诫勉谈话、个人重大事项报告、离任审计等制度，强化干部日常监督和管理。扎实开展干部档案专项审核工作，完成 58 名部管干部“三龄一历”信息的重新认定。加强干部选拔任用管理，对直属单位正处级岗位全部实施任前备案，认真落实领导干部个人有关事项报告制度，汇总综合 5432 名领导干部个人事项报告信息，对随机抽查的590名领导干部个人事项信息进行比对核实，对漏报或填报不规范的领导干部给予批评教育，对不如实填报的给予诫勉。严格执行在职和离退休领导干部企业兼职、社团兼职的有关规定，从严审批领导干部因私出国（境）申请，切实加强因私出国（境）证件的集中管理。

五、严格考核严肃问责

坚持有权必有责、有责要担当，用权受监督、失责必追究，制定水利部党组贯彻《中国共产党问责条例》实施办法，修订印发党风廉政建设责任制考核办法和责任追究办法，把“两学一做”学习教育、推进党建重点任务、贯彻中央八项规定精神、落实“两个责任”等情况纳入督导检查和考核内容，采取书面督导、上门指导、重点抽查、政治巡视等多种方式强化责任落实。水利部领导带队赴直属单位开展年度总结考核、党建工作考核和党风廉政建设责任制考核，面对面传导压力，推动基层党建全面走向严实硬。强化追责惩戒机制建设，落实“一案双查”，对履行“两个责任”不力的直属单位党组织、纪检组严肃追责问责。

王　鹏　执笔

刘学钊　周振红　审核

党风廉政建设真管真严

水利部直属机关党委

2016年，水利部党组深入学习贯彻党的十八大和十八届三中、四中、五中、六中全会以及习近平总书记系列重要讲话精神，按照中央纪委六次全会部署，坚持党要管党、从严治党，坚持挺纪在前、抓早抓小，着力强化全面从严治党主体责任，认真落实各项党内法规，扎实推进水利系统党风廉政建设和反腐败工作，各项工作取得新的成效，为水利改革发展提供了坚强有力保障。

一、坚持教育从严，筑牢全面从严治党思想根基

组织党员深入学习习近平总书记系列重要讲话精神和党中央党风廉政建设新理念新思想新安排，先后举办党组中心组扩大学习班、党员干部示范培训班等，教育引导党员干部深刻把握全面从严治党新的重大部署。以党章和新近出台的一系列党内法规为重点，深入开展党章党规党纪教育。向党员干部发放学习辅导资料，用党费为机关司局及直属单位党组织书记、纪检部门负责同志订阅《中国纪检监察报》。举办水利廉政讲堂，邀请中央纪委宣传部部长朱国贤到部机关作专题辅导报告。组织党内法规知识竞赛和网上测试，在中央国家机关“党章党规在我心中”活动中获组织奖。组织全体党员干部学习贯彻《中共中央关于辽宁拉票贿选案查处情况及其教训警示的通报》精神，收看《永远在路上》等警示教育片。

二、坚持作风从严，抓好八项规定精神贯彻落实

对水利部党组贯彻落实八项规定精神相关配套制度进行系统化梳理，修订水利部党组《实施办法》和《水利部会议管理办法》，出台《水利部机关公务用车使用管理办法（暂行）》。畅通监督渠道，创新监督方

式，在水利部网站添加“中央国家机关举报网站”链接，在水利纪检监察信息网增设纠正“四风”监督举报直通车，在中国水利报头版公开直属机关纪委举报电话及邮箱。看住年节、假期等“四风”问题易发多发重要节点，盯紧“四风”隐形和变异形态，专门印发通知、发送提示短信，对党员干部定期预警，及时提醒。狠抓中央国家机关工委落实中央八项规定精神情况专项巡视和国家审计署专项审计发现问题整改落实，采取自查自纠、专项检查、巡回督导、群众监督等多种形式，全面加大中央八项规定精神执行情况的监督检查力度，对薪酬补贴发放、公务用车管理、办公用房管理、干部违规持股、公共资产购置等方面开展专项治理。从严管理“三公经费”，2016 年部机关“三公”经费预算较 2015 年减少 8. 28%。

三、坚持预防从严，强化党风廉政建设源头治理

加大对水利基层单位党风廉政建设和反腐败工作的指导力度，出台《中共水利部党组关于进一步促进水利国有企业落实党风廉政建设责任制的指导意见》。进一步加强水利社团监督管理，落实社团党风廉政建设的具体措施。全面清理行政审批中介服务事项和中央指定地方实施的行政审批事项，11 项行政审批中介服务事项取消了 10 项，中央指定地方实施行政审批事项已取消 6 项，此外，将 7 项涉水前置审批分为 3 类合并实施。水利部行政审批受理中心对行政许可事项实行统一受理、一次性告知、办理时限承诺、申请人满意度评价等制度，2016 年群众评价满意率为 100%。严格按照党内规则和程序办事，认真贯彻民主集中制原则，坚持“三重一大”事项集体研究决定。进一步完善党务、政务和办事公开制度，大力推行电子政务，推动权力在阳光下规范、廉洁、高效运行。着力规范水利工程建设市场秩序，积极推动水利工程建设电子招标，推进水利建设项目招标投标全面进入公共资源交易市场。联合国家发展和改革委印发实施意见，加快水利建设市场信用体系建设，开展水利建设市场主体信用评价，截至目前，累计公布 61. 2 万余名从业人员、7871 家从业单位信用信息，发布不良行为记录 300 多条。

四、坚持执纪从严，坚决维护党规党纪刚性约束

充分发挥巡视监督利剑作用，准确把握政治巡视定位，2016 年开展了 4 轮巡视工作，重点查找了被巡视单位党的领导弱化、主体责任缺失、管党治党不力等问题。现已对 17 个部直属单位进行了巡视，累计发现违反“六项纪律”方面问题 215 个，反映领导干部问题线索 125 个。目前，有 13 家被巡视单位已经完成整改工作，并向社会公开通报了整改情况。严肃查处各类违纪行为，综合运用监督执纪“四种形态”，对反映党员领导干部的一般性问题，及时同本人见面，进行谈话提醒、约谈函询。2016 年共查处 11 起违反中央八项规定精神的典型案件，给予纪律处分或组织处理 22 人，共对 10 名局级干部诫勉谈话，对 22 名有举报反映的领导干部进行函询。以“三类人”为重点，加大纪律审查工作力度，十八大以来先后对 32 人给予党纪政纪处分，其中司局级 20 人、处级 12 人。坚持对典型问题公开曝光，2016 年对 16 名党员干部违纪问题在全行业予以通报，达到了惩戒一个、震慑一批、教育一片的效果。

安　鹏　执笔

刘学钊　罗湘成　审核

精神文明建设持续深化

水利部直属机关党委

2016年，水利精神文明建设工作全面贯彻落实党的十八大和十八届三中、四中、五中、六中全会精神，深入学习贯彻习近平总书记系列重要讲话精神和治国理政新理念新思想新战略，以培育和践行社会主义核心价值观为主线，着力加强思想道德建设，着力深化群众性精神文明创建活动，着力推进水文化繁荣发展，为推动水利改革发展新跨越、保障国家水安全提供坚强的思想保证、强大的精神力量、丰润的道德滋养、良好的文化条件。

一、思想建设强基固本

深入开展“两学一做”学习教育，以尊崇党章、遵守党规为基本要求，以用习近平总书记系列重要讲话精神武装头脑为根本任务，通过专题集中学习研讨、开设专题网站、编发专题简报、编印学习材料、运用支部工作APP等方式，引导党员干部在深学笃行中厚植理想信念。深入学习贯彻习近平总书记系列重要讲话精神，教育引导党员干部学习领会党中央治国理政新理念新思想新战略的基本内容、丰富内涵和核心要义，切实增强“四个意识”特别是核心意识、看齐意识，更加自觉地在思想上政治上行动上同以习近平同志为核心的党中央保持高度一致。深入学习宣传贯彻党的十八届五中、六中全会精神，组织开展“聚焦‘十三五’、共谋建小康”主题联学、学习品牌案例征集展示、“百场支部学习会、千名书记讲党课、万名党员写感言”等活动，教育引导党员干部自觉把思想和行动统一到中央和部党组的决策部署上来。深化中国特色社会主义和中国梦学习宣传教育，广泛开展中国特色社会主义理论体系学习和“中国梦·我的梦”主题教育实践活动，引导广大干部职工紧密联系水利改革发展中的重点热点问题，认真学习党的路线方针政策和国家法律法规，进一步增强道路自信、理论自信、制度自信、文化自信，不断增强政治认同、理论认同、情感认同。

二、核心价值凝心聚力

持续深化社会主义核心价值观宣传教育，举办全国水利文明单位（北方片）党委书记学习践行社会主义核心价值观宣贯班，进一步增强文明单位党委书记培育践行社会主义核心价值观的意识和能力。以纪念中国共产党成立 95 周年和中国工农红军长征胜利 80 周年为契机，组织参加“不忘初心　继续前进”中央国家机关庆祝建党 95 周年暨纪念红军长征胜利 80 周年干部职工文艺汇演，并结合水利实际，组织举办水利部纪念建党 95 周年革命歌曲演唱会、纪念红军长征胜利 80 周年书画作品展以及见证——2016 抗洪纪实摄影展，持续深化社会主义核心价值观学习教育。开展“践行核心价值观　争做最美水利人”主题实践活动，广泛宣传水利凡人善举、身边好人，编辑出版《中国水利人（二）》，引导干部职工不断增强价值判断力和道德责任感。开展 2016 年水利建设市场主体信用评价工作，建立完善水利建设市场守信激励、失信惩戒机制，加快推进水利建设市场信用体系建设。

三、文明创建不断提升

开展对前四届全国文明单位和前七届全国水利文明单位复审复核工作，为 2017 年申报推荐全国文明单位奠定基础。组织开展精神文明建设专题调研，通过集中座谈、问卷调查、查阅资料、实地考察等方式对 31 个省（自治区、直辖市）、5 个计划单列市及新疆建设兵团水利部门开展调研，为加强和改进新形势下水利精神文明建设提供决策参考。研发并试运行水利系统文明单位网上申报及管理系统，举办水利系统文明单位网上申报及管理系统培训班，建立水利系统文明单位动态管理机制，推动提升文明单位创建信息化管理水平。开展 2015—2016 年度全国水利建设工程文明工地申报及考核工作，进一步提升水利工程建设管理水平，规范文明施工行为。联合团中央开展“2015—2016 年度全国青年文明号”评选工作。

四、志愿服务打造品牌

作为第三届中国青年志愿服务项目大赛主办单位，联合团中央及全国水利系统各级团组织、青年志愿者机构面向全社会发起以“人人节水　志愿先行”为主题的节水护水志愿服务行动，推动更多的公众自觉加入到节水护水行列。在 2016 年第三届中国青年志愿服务项目大赛上，91 项节水护水类志愿服务项目分获金、银、铜奖，中国水利工程协会推送的“甘泉润万家志愿行”等 12 个节水护水项目荣获大赛金奖。开展水利系统“关爱山川河流·保护河流尾闾”志愿服务及公益宣传活动，广泛宣传我国基本水情和水资源形势，提高人们保护河流尾闾意识，引导社会公众争做关爱山川河流的先行者、推动者、践行者。水利部在中央国家机关志愿者服务工作情况汇报会上做了交流发言，介绍了水利系统志愿服务工作经验。

李　磊　执笔

刘学钊　周振红　审核

水文化建设扎实推进

水利部直属机关党委

水文化建设是弘扬中华民族精神、丰富祖国文化资源、增强民族文化自信的客观要求，也是深化人水和谐理念、推动水利科学发展的重要举措。近年来，水文化建设作为精神文明建设的重要载体和抓手，以服务水利改革发展为主线，着力深化水文化研究，着力传承优秀水文化，着力扩大水文化传播，着力丰富水文化产品，努力满足广大水利干部职工多层次、多方面、多样化的精神文化需求，为加快推进水利改革发展提供了有力的思想文化保障。

一、筑牢水文化基础

筑牢水文化思想基础，提升广大水利干部职工对水文化的认知认同，必须把培育和践行社会主义核心价值观作为首要任务，推动水文化建设向纵深发展。持续深化社会主义核心价值观宣传教育，举办宣贯班、革命歌曲演唱会、书画作品展以及摄影展等一系列活动，推进社会主义核心价值观在水利系统落细落小落实。广泛宣传水利凡人善举、身边好人，引导干部职工不断增强价值判断力和道德责任感。积极培育水利志愿服务文化，推广使用水利志愿服务标识。开展主题节水护水志愿服务行动及公益宣传活动，广泛宣传我国基本水情和水资源形势，提高人们保护河流尾间意识，引导社会公众争做关爱山川河流的先行者、推动者、践行者。

二、加强水文化研究

水文化是一个理论性和实践性都很强的问题，加强水文化研究，不断创新水文化理论成果，对于构建具有水利特色的水文化理论体系，推动水利科学发展具有重要意义。组织开展“基于水利实践的水文化建设”专题调研和“水文化体系建设”专题研究，梳理水文化发展现状，完善水文化体系内涵和要素，构建系统科学和有生命力的水文化体系。组织开展水文化与水利改革发展关系研究，深化对传统治水理念、治水方略、治水措施以及先进治水思想、治水技术、治水经验的认知，提炼科学的文化内涵，丰富治水管水理念，为新时期水利改革发展提供有益借鉴。开展水文化遗产保护与管理现状调查研究以及水利遗产保护与传承研究工作，摸清水文化遗产的内容、种类和分布情况，梳理水文化遗产的科学内涵，整编水文化遗产资料，做好各类水文化遗产的保护利用工作。组织召开学术研讨会、经验交流会、座谈会等，围绕人与水、社会与水、经济与水的关系多角度、宽领域地加强水文化研究，努力构建较为完善的水文化理论体系。

三、传承优秀水文化

传承优秀水文化，挖掘我国传统水文化的底蕴内涵，对于保护好利用好各种物质的和非物质的水文化遗产具有重要意义。加强水文化遗产数据库和管理系统建设，做好历史山洪灾害和历史海洋灾害等数据资料的采集整编工作。加强与联合国教科文组织沟通，探讨“世界水利遗产”的保护框架与措施，配合有关部门成功将太湖溇港、郑国渠、槎滩陂 3 处中国古代灌溉工程列入世界灌溉工程遗产名单，安徽寿县芍陂农业遗产成功申报农业部中国重要农业文化遗产。加强与文物部门的沟通协调，中国水利水电科学研究院成功获批国家文物局水利遗产保护与研究重点科研基地。深化水利遗产保护学术交流研讨，组织召开古代防洪工程现状与保护学术研讨会、古代灌溉工程现状与保护学术研讨会、古海塘保护与申遗学术研讨会等，总结交流经验，推动水文化遗产保护工作的开展。加强水文化遗产展陈工作，充实中国水利博物馆古代水利机具、河工器具以及文献档案馆藏，对“大禹治水”“大运河”“百年水旱灾”等多媒体视频资料进行重构，不断增强水文化遗产的艺术表现力和感染力，建成开馆太湖水利同知署暨太湖水利展陈馆。

四、扩大水文化传播

扩大水文化传播，搭建水文化交流平台，对于推进水文化大发展大繁荣，提升全社会对水利工作的认知具有重要意义。深入贯彻落实国家“一带一路”建设战略，加强水文化对外学术交流以及国际合作，为中国水利技术、标准和设备等实施“走出去”战略奠定基础。加强水情教育基地建设，中国水利博物馆、北京节水展馆等8家单位荣获第一批国家水情教育基地。巩固加强水利文明网、中国水文化网、《中国水利报》、中国水文化杂志等媒体主阵地作用，在中国网开设“水利公益宣传”专题网页，面向广大网络用户开展国情水情和水文化宣传教育。制播《喝安全水圆幸福梦》《点滴之水可成江河》《以防为主　生命至上》等水利公益广告，完成电视短片《水说》拍摄工作，提升全社会的水危机意识、忧患意识和水资源节约保护意识。开展“美丽中国水”主题系列宣传活动，研发中华水文化微信公众平台，多渠道、多途径传播水文化。组织开展水文化建设方面的水利现代远程教育专题制播工作。

五、丰富水文化产品

深入学习贯彻习近平总书记在文艺工作座谈会、中国文联第十次全国代表大会和中国作协第九次全国代表大会上的重要讲话精神，动员广大水利文学艺术工作者深入水利基层一线，体验生活，创作一批具有时代精神和水利特色的文艺精品。出版发行《中国水利史典》（一期工程），推进《中国水利史典》（二期工程）编纂工作，《中国水利史典》荣获第六届中华优秀出版物（图书）奖。编撰出版《道光朝东西两防海塘全纪》《水去哪儿了》以及《中华水文化书系》数字化工程，制作出版《中华治水故事》3D动画片与MPR出版物。创作出版以水生态文明建设为主题的报告文学《水土中国》和以节水型社会建设为主题的报告文学《水中国》。组织实施中国经典水利史料数据库和中国现代江河水利志资源库建设项目。

六、强化水文化指导

水文化建设是一项系统性很强工程，必须统筹协调各方面力量，形成水文化建设合力。按照水利部人事司关于水文化建设工作机制和职责分工要求，协调抓好《水文化建设规划纲要（2011—2020年）》的组织实施。

印发《水文化建设2016—2018年行动计划》，科学谋划当前和今后一个时期水文化建设的总体思路、重点工作和保障措施。调研评估《水文化建设2013—2015年行动计划》落实情况，确保各项任务圆满完成。组织水文化专家赴基层单位开展技术咨询服务，结合各单位特点和实际情况，加强对水文化建设工作的技术指导。开展水工程与水文化有机融合案例征集展示活动，在组织推荐、网上投票、专家评审的基础上，评选出10个富涵水文化元素的典型案例，为其他水工程文化建设提供借鉴与启示，推动提升水工程文化内涵与品位。

李　磊　执笔

刘学钊　周振红　审核